Kohlhammer

Die Herausgeberinnen und der Herausgeber

Die Psychologin **Dr. habil. Cora Titz** ist als wissenschaftliche Mitarbeiterin am DIPF | Leibniz-Institut für Bildungsforschung und Bildungsinformation tätig. 2005 promovierte sie in Göttingen und habilitierte 2011 an der Goethe-Universität in Frankfurt am Main. Ihr derzeitiger Arbeitsschwerpunkt ist die wissenschaftliche Auseinandersetzung mit Konzepten des Sprach- und Schriftspracherwerbs.

Dr. Sabrina Geyer ist wissenschaftliche Mitarbeiterin an der Goethe-Universität Frankfurt sowie am DIPF | Leibniz-Institut für Bildungsforschung und Bildungsinformation. Die Schwerpunkte ihrer wissenschaftlichen Arbeit sind der kindliche Erst- und Zweitspracherwerb, die Sprachdiagnostik und Sprachförderung für ein- und mehrsprachige Kinder in Kita und Grundschule sowie die Professionalisierung pädagogischer Fachkräfte.

Dr. Anna Ropeter ist als wissenschaftliche Mitarbeiterin am DIPF | Leibniz-Institut für Bildungsforschung und Bildungsinformation tätig. Von 2007 bis 2011 promovierte sie an der Ruprecht-Karls-Universität Heidelberg im Bereich der Säuglings- und Kleinkindforschung. Sie ist außerdem als Psychologin im Sozialpädiatrischen Zentrum Frankfurt Mitte tätig.

Hanna Wagner studierte Psychologie, Politikwissenschaften und Pädagogik in Göttingen. Seit 2008 ist sie wissenschaftliche Mitarbeiterin am DIPF | Leibniz-Institut für Bildungsforschung und Bildungsinformation in Frankfurt am Main. Ihre Arbeitsschwerpunkte sind die Diagnostik und Förderung des kindlichen Sprach- und Schriftspracherwerbs sowie die Beratung von Bildungseinrichtungen. Zusätzlich ist sie in der systemischen Familienberatung und -therapie tätig.

Susanne Weber studierte Psychologie in Göttingen. Seit 2009 ist sie wissenschaftliche Mitarbeiterin am DIPF | Leibniz-Institut für Bildungsforschung und Bildungsinformation. Ihre Arbeitsschwerpunkte liegen im Bereich der Diagnostik und Förderung des kindlichen Sprach- und Schriftspracherwerbs.

Der Psychologe **Prof. Dr. Marcus Hasselhorn** ist als Bildungsforscher und Leiter der Abteilung für Bildung und Entwicklung am DIPF | Leibniz-Institut für Bildungsforschung und Bildungsinformation in Frankfurt am Main tätig. Seine Arbeitsschwerpunkte sind die Ontogenese individueller Voraussetzungen erfolgreichen Lernens, Lern- und Leistungsstörungen, pädagogisch-psychologische Diagnostik sowie die Veränderbarkeit und Beeinflussbarkeit individueller Lernvoraussetzungen (z. B. Schulbereitschaft).

Titz/Weber/Wagner/Ropeter/
Geyer/Hasselhorn (Hrsg.)

Sprach- und Schriftsprachförderung wirksam gestalten: Innovative Konzepte und Forschungsimpulse

Verlag W. Kohlhammer

Dieses Werk einschließlich aller seiner Teile ist urheberrechtlich geschützt. Jede Verwendung außerhalb der engen Grenzen des Urheberrechts ist ohne Zustimmung des Verlags unzulässig und strafbar. Das gilt insbesondere für Vervielfältigungen, Übersetzungen, Mikroverfilmungen und für die Einspeicherung und Verarbeitung in elektronischen Systemen.

Die Wiedergabe von Warenbezeichnungen, Handelsnamen und sonstigen Kennzeichen in diesem Buch berechtigt nicht zu der Annahme, dass diese von jedermann frei benutzt werden dürfen. Vielmehr kann es sich auch dann um eingetragene Warenzeichen oder sonstige geschützte Kennzeichen handeln, wenn sie nicht eigens als solche gekennzeichnet sind.

Es konnten nicht alle Rechtsinhaber von Abbildungen ermittelt werden. Sollte dem Verlag gegenüber der Nachweis der Rechtsinhaberschaft geführt werden, wird das branchenübliche Honorar nachträglich gezahlt.

Dieses Werk enthält Hinweise/Links zu externen Websites Dritter, auf deren Inhalt der Verlag keinen Einfluss hat und die der Haftung der jeweiligen Seitenanbieter oder -betreiber unterliegen. Zum Zeitpunkt der Verlinkung wurden die externen Websites auf mögliche Rechtsverstöße überprüft und dabei keine Rechtsverletzung festgestellt. Ohne konkrete Hinweise auf eine solche Rechtsverletzung ist eine permanente inhaltliche Kontrolle der verlinkten Seiten nicht zumutbar. Sollten jedoch Rechtsverletzungen bekannt werden, werden die betroffenen externen Links soweit möglich unverzüglich entfernt.

1. Auflage 2020

Alle Rechte vorbehalten
© W. Kohlhammer GmbH, Stuttgart
Gesamtherstellung: W. Kohlhammer GmbH, Stuttgart

Print:
ISBN 978-3-17-036334-2

E-Book-Formate:
pdf: ISBN 978-3-17-036335-9
epub: ISBN 978-3-17-036336-6
mobi: ISBN 978-3-17-036337-3

Vorwort der Herausgeber

Bildung durch Sprache und Schrift (BiSS) ist eine gemeinsame Initiative von Bund und Ländern. Ihr liegt eine Vereinbarung zwischen dem Bundesministerium für Bildung und Forschung (BMBF), dem Bundesministerium für Familie, Senioren, Frauen und Jugend (BMFSFJ), der Kultusministerkonferenz (KMK) und der Jugend- und Familienministerkonferenz der Länder (JFMK) zugrunde. 2013 startete BiSS als eine bildungsetappenübergreifende Initiative zur Verbesserung der Sprachförderung, Sprachdiagnostik und Leseförderung. Seitdem entwickelten bundesweit über hundert Verbünde aus je drei bis zehn Kindertageseinrichtungen und/oder Schulen entlang thematischer Module ihre Konzepte der Sprachbildung sowie der Sprach- und Leseförderung weiter. Ein für die wissenschaftliche Ausgestaltung und Gesamtkoordination von BiSS verantwortliches Trägerkonsortium unterstützt die Durchführung der Initiative. Verantwortlich für dieses wissenschaftliche Trägerkonsortium sind Michael Becker-Mrotzek und Hans-Joachim Roth (Mercator-Institut für Sprachförderung und Deutsch als Zweitsprache der Universität zu Köln), Marcus Hasselhorn (DIPF | Leibniz-Institut für Bildungsforschung und Bildungsinformation) und Petra Stanat (Humboldt-Universität zu Berlin in Kooperation mit dem Institut zur Qualitätsentwicklung im Bildungswesen, IQB).

Der vorliegende Band ist der vierte der sechsbändigen Herausgeberreihe »Bildung durch Sprache und Schrift«. In diesem Band werden die BiSS-Entwicklungsprojekte fokussiert. Die Entwicklungsprojekte haben das Ziel, innovative und theoretisch fundierte Konzepte und Maßnahmen in der Sprachbildung, Sprachförderung und Schriftsprachförderung zu erproben, zu präzisieren und zu optimieren. Die Entwicklungsprojekte schließen Forschungslücken zu Förderideen, die zwar aus theoretischer Sicht vielversprechend erscheinen, die aber bislang noch nicht praktisch umgesetzt wurden oder zu denen es keine oder nur wenig empirische Evidenzen gibt. In den einzelnen Kapiteln des Bandes findet die Leserin oder der Leser neben der inhaltlichen Begründung der Projekte aus dem Elementar-, Primar- und Sekundarbereich auch den jeweiligen theoretischen Hintergrund sowie empirische Befunde zu ausgewählten Fragestellungen. Außerdem bietet jedes Kapitel erste Ansätze zur Diskussion darüber, wie die Ergebnisse für die Praxis nutzbar sind – eine Diskussion, von der wir uns wünschen, dass sie weitergeführt und vertieft wird.

Inhalt

Vorwort der Herausgeber 5

Teil I: Die BiSS-Entwicklungsprojekte – Der Elementarbereich

Kapitel 1:
Fühlen – Denken – Sprechen: Eine Fortbildung für Kita-Fachkräfte zur Professionalisierung alltagsintegrierter sprachlicher Förderung 13
Merle Skowronek, Katharina Voltmer, Maria von Salisch, Katja Koch, Peter Cloos & Claudia Mähler

    Einleitung 13
    1   Alltagsintegrierte Sprachförderung und der Einsatz von Sprachlehrstrategien 14
    2   Zusammenhänge zwischen wissenschaftlichem Denken, Emotionswissen und Sprache 15
    3   Fragestellung und Ziele des Projekts 17
    4   Konzeption der Fortbildung »Fühlen – Denken – Sprechen« 19
    5   Evaluationsdesign 27
    6   Ausblick auf verschiedene Evaluationsebenen 30
    Literatur 31

Kapitel 2:
Fühlen – Denken – Sprechen: Sprachbezogene Interaktions- und Dialogmuster in frühpädagogischen Fachkraft-Kind-Settings 35
Anika Göbel, Oliver Hormann & Peter Cloos

    Einleitung 35
    1   Theoretisch-empirischer Bezugsrahmen 37
    2   Methodischer Hintergrund der Videoanalysen 40
    3   Typologisierung sprachbezogener Fachkraft-Kind-Interaktionen 42
    4   Fazit: Die Bedeutsamkeit von Interaktionsmustern für alltagsintegrierte Sprachbildung 53
    Literatur 55

Teil II: Die BiSS-Entwicklungsprojekte – Der Primarbereich

Kapitel 3:
Fachintegrierte Sprachförderung im Sachunterricht der Grundschule: Entwicklung, Erprobung und Evaluation eines Fortbildungskonzepts auf der Grundlage des Scaffolding-Ansatzes 59
Katrin Gabler, Susanne Mannel, Ilonca Hardy, Sofie Henschel, Birgit Heppt, Rosa Hettmannsperger-Lippolt, Christine Sontag & Petra Stanat

    Einleitung 59
    1   Sprachliche Anforderungen im Fachunterricht der Grundschule 61
    2   Ansätze der Sprachförderung 62
    3   Qualifizierungsmaßnahmen zur fachintegrierten Sprachförderung 66
    4   Das BiSS-Entwicklungsprojekt ProSach im Überblick 67
    5   Die Konzeption der fachintegrierten Sprachförderung in ProSach 69
    6   Die Professionalisierungsmaßnahme in ProSach 76
    7   Diskussion und Ausblick 80
    Literatur 81

Kapitel 4:
Erfassung und Bedeutung des Fachwortschatzes im Sachunterricht der Grundschule 84
Birgit Heppt, Sofie Henschel, Rosa Hettmannsperger-Lippolt, Christine Sontag, Katrin Gabler, Ilonca Hardy, Petra Stanat & Susanne Mannel

    Einleitung 85
    1   (Bildungs-)Sprachliche Kompetenzen und Schulerfolg 86
    2   Ziele und Fragestellungen des vorliegenden Beitrags 89
    3   Erfassung und Bedeutung des Fachwortschatzes im Sachunterricht der Grundschule am Beispiel des Projekts ProSach 90
    4   Diskussion 103
    Literatur 107

Kapitel 5:
TRIO – **Gemeinsame Qualifizierung des Fachpersonals in Grundschule und Kindertagesstätte zu alltagsintegrierter sprachlicher Bildung und Sprachförderung in Kleingruppen** 110
Kristina Schierbaum, Diemut Kucharz, Janin Brandenburg, Jan-Henning Ehm, Marcus Hasselhorn, Sina Simone Huschka, Sabrina Geyer, Alina Lausecker, Rabea Lemmer & Petra Schulz

    Einleitung 110
    1   Fragestellungen und Untersuchungsziele 111

2	Arbeitsprogramm	112
3	Gemeinsame Qualifizierung der pädagogischen Fach- und Lehrkräfte	113
4	Evaluationsergebnisse	117
5	Fazit und Ausblick	127
	Literatur	128

Teil III: Die BiSS-Entwicklungsprojekte – Der Sekundarbereich

Kapitel 6:
Förderung des mündlichen bildungssprachlichen Handelns in den Sachfächern der Sekundarstufe I ... 135
Torsten Steinhoff, Hendrik Borgmeier, Tim Brosowski & Nicole Marx

	Einleitung	135
1	Theoretische Grundlagen	136
2	Interventionsstudie	138
3	Interpretation	151
	Literatur	153

Kapitel 7:
Lese- und Schreibflüssigkeit diagnostizieren und fördern ... 156
Sabine Stephany, Valerie Lemke, Markus Linnemann, Evghenia Goltsev, Necle Bulut, Pia Claes, Hans-Joachim Roth & Michael Becker-Mrotzek

	Einleitung	156
1	Zur Struktur der Lese- und der Schreibflüssigkeit	158
2	Zusammenhänge von Lese- und Schreibflüssigkeit mit Lese- und Schreibkompetenz	166
3	Förderung von Lese- und Schreibflüssigkeit	169
4	Zusammenfassung und Ausblick	178
	Literatur	179

Die Autorinnen und Autoren ... **182**

Teil I: Die BiSS-Entwicklungsprojekte – Der Elementarbereich

In Teil I dieses Bandes wird in zwei Kapiteln ein umfangreiches BiSS-Entwicklungsprojekt vorgestellt, das im Elementarbereich angesiedelt ist. In den vergangenen Jahren hat sich das Credo der Sprachförderung im Kitabereich von intensiven, gezielten Sprachförderprogrammen hin zu Konzepten alltagsintegrierter sprachlicher Bildung verschoben. Hierbei sollen alle Kinder hochwertigen sprachlichen Input durch die pädagogischen Fachkräfte erhalten, der an ihre kindliche Lebenswelt anknüpft. Offenbar gelingt jedoch im Kita-Alltag gerade die Unterstützung im Bereich »sprachliche Anregung« oftmals noch nicht ausreichend, während sie für die Bereiche »Emotionen und Verhalten« in der Regel schon in einem guten bis befriedigenden Ausmaß funktioniert, wie erste Ergebnisse aus BiSS-Evaluationsprojekten zeigen (vgl. z. B. Henschel, Gentrup, Beck & Stanat, 2018).

Im BiSS-Entwicklungsprojekt »Professionalisierung alltagsintegrierter sprachlicher Bildung bei ein- und mehrsprachig aufwachsenden Kindern: Fühlen – Denken – Sprechen« wurde eine forschungsbasierte Fortbildungsreihe für pädagogische Fachkräfte entwickelt, die eine Optimierung sprachlicher Interaktionen im Kita-Alltag zum Ziel hat. Dabei steht der adaptive Einsatz von Sprachlehrstrategien in den Bereichen »Emotionswissen« und »wissenschaftliches Denken« im Fokus.

In Kapitel 1 stellen Merle Skowronek, Katharina Voltmer, Maria von Salisch, Katja Koch, Peter Cloos und Claudia Mähler die theoretischen Hintergründe dieses BiSS-Entwicklungsprojekts, seine Fragestellung sowie die Konzeption der Fortbildungsreihe inklusive ihrer Module und dem Evaluationsdesign der Fortbildungsreihe vor, deren quantitative Ergebnisse allerdings noch ausstehen. Zunächst wurde im Projekt mithilfe von Videografien der »Ist«-Zustand tatsächlicher Interaktionsmuster zwischen pädagogischen Fachkräften und Kindern erfasst. Videografiert wurde in zwei typischen Kita-Situationen, für die angenommen werden kann, dass sie sich in Art und Umfang der eingesetzten Sprachlehrstrategien unterscheiden, nämlich beim Essen und beim dialogischen Lesen.

Von einer qualitativen Forschungsperspektive aus gehen Anika Göbel, Oliver Hormann und Peter Cloos in Kapitel 2 mithilfe der videografierten Interaktionssituationen im Projekt den Fragen nach, wie pädagogische Fachkräfte und Kinder sprachbezogene Interaktionen innerhalb pädagogisch gerahmter Kontexte herstellen und durch welche sprachlichen Mittel pädagogische Fachkräfte die Entstehung alltagsintegrierter Sprachbildung bei Kindern in Kindertageseinrichtungen ermöglichen. Dabei ziehen die Autorin und die Autoren Fallbeispiele heran, um drei Interaktionstypen zu verdeutlichen, die durch die jeweiligen Handlungsorientierungen der Fachkräfte bestimmt werden (ablauforientierte, lernorientierte und bildungsorientierte Interaktion). Diese Interaktionstypen haben einen Einfluss darauf, wie Sprachlehrstrategien eingesetzt werden und welche Wirkung sie entfalten.

Henschel, S., Gentrup, S., Beck, L. & Stanat, P. (2018). Projektatlas Evaluation. Erste Ergebnisse aus den BiSS-Evaluationsprojekten. Online verfügbar unter: https://biss-sprachbildung.de/pdf/biss-website-projektatlas-evaluation.pdf [25.03. 2019].

Kapitel 1:
Fühlen – Denken – Sprechen: Eine Fortbildung für Kita-Fachkräfte zur Professionalisierung alltagsintegrierter sprachlicher Förderung

Merle Skowronek, Katharina Voltmer, Maria von Salisch, Katja Koch, Peter Cloos & Claudia Mähler

> Die im Forschungsprojekt entwickelte Fortbildungsmaßnahme »Fühlen – Denken – Sprechen«, die in diesem Kapitel vorgestellt wird, dient der Professionalisierung der Fachkräfte in Kindertagesstätten zu alltagsintegrierten Sprachfördermöglichkeiten bei ein- und mehrsprachig aufwachsenden Kindern. Sie verfolgt das Ziel, die Fachkräfte darin zu schulen, am Interesse des Kindes anzusetzen und Sprachlehrstrategien adaptiv einzusetzen, um auf diesem Wege die Interaktionsqualität spracherwerbsförderlicher zu gestalten. Vorschulkinder befinden sich in einem Prozess, in dem sie die Welt entdecken und verstehen möchten – hierzu zählen sowohl der Wunsch nach einer Erklärung von Emotionen als auch der Wunsch nach Zuwachs von Wissen. Beide Bereiche hängen empirisch mit dem Sprachstand zusammen (z. B. von Salisch, Hänel & Denham, 2015a; Wellington & Osborne, 2001). Die Fortbildungsmaßnahme basiert auf der Annahme, dass es sich daher besonders lohnt, an der natürlichen Neugierde hinsichtlich dieser zwei Domänen anzuknüpfen und durch den Einsatz von Sprachlehrstrategien die kindliche Sprache anzuregen und zu elaborieren. Um die Inhalte des Gelernten zu vertiefen, werden zwischen den Fortbildungstagen Videocoachings durchgeführt. Die Fortbildungsmaßnahme wurde formativ sowie summativ im Prä-Post-Follow-up-Design evaluiert. Die Fachkräfte wurden in der Interaktion zweier typischer Alltagssituationen videografiert, Fachkräfte und Eltern wurden befragt und die Kinder wurden hinsichtlich ihrer Entwicklung untersucht. Da die Datenauswertung noch nicht abgeschlossen ist, stehen erste Evaluationsergebnisse noch aus.

Einleitung

> »Sollte man etwa auf die sehr kostspieligen Sprachförderprogramme des BMFSFJ getrost verzichten? Dies scheint nicht die angemessene Lösung des Problems zu sein. Es sollte vielmehr kritisch darüber reflektiert werden, was in einem solchen Rahmen wirklich machbar ist, und was genau man mit vorschulischer Sprachförderung bewirken will.« (Schneider, 2018, S. 70)

Die durch die internationalen Schulleistungsstudien wie PISA 2000 (Baumert et al., 2001) transportierte Erkenntnis, dass die Beherrschung der Unterrichtssprache eines

Landes eine wichtige Voraussetzung für den schulischen Erfolg von Kindern darstellt, führte in der Vergangenheit zur vermehrten Durchführung diverser Sprachfördermaßnahmen im deutschsprachigen Raum. Vor allem Kinder mit Deutsch als Zweitsprache stellen eine Risikogruppe dar – so zeigen sich laut Dubowy, Ebert, von Maurice und Weinert (2008) gravierende Defizite in Bezug auf Wortschatz und Grammatik, verglichen mit einsprachig aufwachsenden Kindern. Viele – sowohl additive als auch alltagsintegrierte – Programme führten jedoch auf Ebene der Sprachentwicklung der Kinder nicht zu den gewünschten Effekten, wobei bildungsschwache sowie Kinder mit Migrationshintergrund mehr zu profitieren scheinen (vgl. Schneider, 2018). Offen bleibt weiterhin die Frage, welche sprachförderlichen Ansätze genutzt werden können, um zur Förderung der sprachlichen Kompetenzen aller Kinder in Kindertagesstätten beizutragen. Die hier beschriebene Fortbildungsmaßnahme »Fühlen – Denken – Sprechen« (kurz: FDS) zielt auf eine Professionalisierung der Fachkräfte in Kindertagesstätten im Hinblick auf alltagsintegrierte Sprachfördermöglichkeiten ab. Dabei ist ihr Fokus auf ein- und mehrsprachig aufwachsende Kinder gerichtet, sodass sie inhaltlich auch auf die Besonderheiten des Zweitspracherwerbs eingeht. Sie wurde basierend auf dem aktuellen Forschungsstand zur Sprachentwicklung und -förderung zwischen Februar 2016 und Dezember 2018 konzipiert und evaluiert.

1 Alltagsintegrierte Sprachförderung und der Einsatz von Sprachlehrstrategien

Das Ziel vieler alltagsintegrierter Sprachfördermaßnahmen ist es, Kinder in ihren alltäglichen Interaktionen in Kindertagesstätten sprachlich zu fördern. Diese spezielle Form der Sprachunterstützung tritt in der Förderpraxis der Kindertageseinrichtungen zunehmend an die Stelle sogenannter additiver Ansätze, in denen speziell ausgebildete (interne oder externe) Fachkräfte in Kleingruppen für einen begrenzten Zeitraum vor allem sprachlich schwächere Kinder fördern (Dubowy & Gold, 2014). In der Regel sind additive Maßnahmen »sprachdidaktisch« ausgerichtet, d.h. sie zielen auf die Vermittlung von sprachlichem Regelwissen, wie z.B. der korrekten Pluralbildung, ab (Jampert, Best, Guadatiello, Holler & Zehnbauer, 2005). Im Rahmen alltagsintegrierter Sprachförderung haben die Fachkräfte indes die Aufgabe, begleitend zu den übrigen Aktivitäten dem Kind durch gezielte Ansprache sprachliche Modelle an die Hand zu geben sowie pragmatisch bedeutsame Kommunikationsanlässe zu schaffen, in denen die Kinder beiläufig erworbenes Sprachwissen erproben können (Dietz & Lisker, 2008). Tatsächlich aber kommen Studien (Albers, 2009; König, 2009) zu dem Ergebnis, dass nur ein geringer Teil aller Interaktionsprozesse im Elementarbereich eine hohe sprachliche Anregungsqualität erreicht, der überwiegende Teil dient lediglich der Bewältigung alltäglicher Sprachroutinen. Ein Großteil des im Kita-Alltag liegenden Förderpotenzials liegt demnach momentan noch brach.

Alltagsintegrierte Professionalisierungsmaßnahmen zur Sprachförderung haben das generelle Ziel, Fachkräfte darin zu schulen, das sprachförderliche Potenzial von Situationen zu erkennen und zu nutzen. Im Mittelpunkt dieser Fortbildungen steht meist der zielgerichtete Einsatz diverser Sprachlehrstrategien (SLS). Nach Ritterfeld (2000) soll der Einsatz der SLS den Wortschatz der Kinder erweitern und gleichzeitig grammatische und pragmatische Regeln der deutschen Sprache vermitteln. Löffler und Vogt (2015) weisen hierbei darauf hin, dass die Qualität der Sprachförderung vor allem vom adaptiven Einsatz der Strategien in Bezug auf den kindlichen Entwicklungsstand abhängt. Dannenbauer (2002) hebt hervor, dass SLS am kindlichen Können angelehnt und damit lernförderlich eingesetzt werden sollten. Gemeinsam haben die SLS, dass sie einen interdependenten Bezug zum kindlichen Sprachprodukt aufweisen, diesem entweder vorausgehen, nachfolgen oder es begleiten (Koch & Hormann, 2014). Zudem zeigen Studien, dass es wertvoll ist, dem kindlichen Fokus zu folgen und das, was im Aufmerksamkeitsfokus des Kindes liegt, sprachlich zu thematisieren (Best, Laier, Jampert, Sens & Leuckefeld, 2011).

Verschiedene Studien liefern Belege dafür, dass dem direkten sprachlichen Austausch zwischen Kindern und ihren Bezugspersonen eine höhere Bedeutung für die Wirksamkeit sprachlicher Förderung zukommt als den distalen Rahmenbedingungen, z. B. dem Fachkraft-Kind-Schlüssel oder dem Ausbildungsgrad der Fachkraft (Leseman, Rollenberg & Rispens, 2001; Mashburn et al., 2008). Studien, etwa von Tabors, Snow und Dickinson (2001) oder Aukrust und Rydland (2011), können überdies langfristige Effekte einer hohen Interaktionsqualität für die Bildungskarrieren der Kinder, u. a. für die Aneignung sprachlicher und schriftsprachlicher Fähigkeiten in der Schule, nachweisen. In einer Literaturübersicht fasst Schneider (2018) zusammen, dass Kinder aus bildungsfernen Schichten sowie Kinder mit Migrationshintergrund tendenziell von Sprachfördermaßnahmen mehr profitieren als Kinder aus bildungsnahen Schichten und einsprachig deutsche Kinder. Trotz dieser Erkenntnisse sind die Wirksamkeitsstudien zu Fortbildungsmaßnahmen für Fachkräfte ernüchternd: Schneider (2018) zieht in seinem Review über den Nutzen von Sprachförderprogrammen im Kindergarten den Schluss, dass sich erste positive Veränderungen seitens der Fachkräfte nicht unmittelbar auf die Entwicklung der sprachlichen Fähigkeiten der Kinder niederschlagen. Er betont auch den Mangel an Wirksamkeitsüberprüfungen, die über den Förderzeitraum hinausgehen, und vermisst damit eine gründliche Evaluationsarbeit.

2 Zusammenhänge zwischen wissenschaftlichem Denken, Emotionswissen und Sprache

Kinder im Vorschulalter haben große Lust, Neues zu entdecken, sie interessieren sich dafür, wie sie selbst und ihre Umwelt funktionieren (Zimmer, 2003). Gerade deswegen lohnt es sich besonders, die Interessen der Kinder gezielt auch für die Sprachförderung zu nutzen. Dies ist in zweierlei Hinsicht wertvoll: Zum einen kann die Sprachförderung am Aufmerksamkeitsfokus der Kinder ansetzen, zum anderen zeigen Studien bereits, dass der Sprachstand und das Emotionswissen (von Salisch et al., 2015a, 2015b) sowie der Sprachstand und das wissenschaftliche Denken (Wellington & Osborne, 2001) eng miteinander verzahnt sind. Es scheint sich daher beim Vorschulalter um eine besonders günstige Zeit zu handeln, um der natürlichen Neugierde der Kinder und ihrer Sprachentwicklung nachzugehen.

Als *Emotionswissen* wird das Wissen und Verständnis von eigenen und fremden Emotionen bezeichnet. Kinder lernen innerhalb ihrer sozialen Interaktionen – sowohl mit Gleichaltrigen als auch mit erwachsenen Bezugspersonen – Emotionen in Gesicht, Stimme und Körpersprache anderer Menschen zu lesen und Gründe für ausgedrückte sowie innere Emotionen zu erkennen, und sie erlangen Wissen über Konsequenzen und Möglichkeiten der Regulation von Emotionen in Bezug auf soziale und kulturelle Normen (Denham, 1998; Pons, Harris & Doudin, 2002). Die Entwicklung dieser Fähigkeiten beginnt bereits im Säuglingsalter und schreitet besonders im Alter zwischen drei und sechs Jahren schnell voran (Klinkhammer & von Salisch, 2015; Petermann & Wiedebusch, 2016). Im Laufe der Kindheit und Adoleszenz wird das Emotionswissen fortschreitend verfeinert und auf komplexere Emotionen, wie z. B. Scham, Schuld und Neid erweitert (Pons, Harris & Rosnay, 2004). Emotionswissen wird zum größten Teil durch sprachliche Interaktion vermittelt (Lagattuta & Wellman, 2002; Tenenbaum, Alfieri, Brooks & Dunne, 2008) und steht daher auch stark im Zusammenhang mit sprachlichen Fähigkeiten (Beck, Kumschick, Eid & Klann-Delius, 2012; von Salisch et al., 2015a, 2015b; Voltmer & von Salisch, 2018). Sprache dient als ein Mittel der Repräsentation, welches es Kindern erleichtert, die eigenen emotionalen Erfahrungen zu organisieren, zu erinnern, zu reflektieren und im Nachhinein zu bewerten (Nelson & Fivush, 2004). So können vergangene Erfahrungen besser dazu herangezogen werden, sich emotionale Erlebnisse zu erklären und zukünftige emotionale Situationen einzuschätzen. Sprache verändert implizites Wissen über Emotionen auf der Handlungsebene (Emotionsskripte) in explizites Wissen, das mit anderen geteilt werden kann. Außerdem verschafft das Sprechen über Befindlichkeiten (*mental state language*) Kindern Zugang zum nicht beobachtbaren emotionalen Innenleben ihrer Mitmenschen (Dunn & Brown, 1994; Harris, 1992). Es erleichtert damit die Perspektivübernahme. Eine Metaanalyse wies zudem kürzlich nach, dass ein ausgeprägtes Wissen über Emotionen darüber hinaus den akademischen und sozialen Erfolg der Kinder in der Grundschule vorhersagt (Voltmer & von Salisch, 2017).

Unter der Fähigkeit des *wissenschaftlichen Denkens* wird nach Zimmerman (2005) eine Reihe unterschiedlicher kognitiver Kompetenzen verstanden. Dazu gehören das deduktive und induktive Schlussfolgern, die Bildung von Rückschlüssen aus Analogien, die Bildung, Prüfung und Überarbeitung von Hypothesen, das Treffen von Vorhersagen, das Interpretieren von Daten und Evidenzen sowie das Koordinieren von Theorie und Beweis. Wissenschaftlich zu denken ist ein anspruchsvoller Prozess: Das Kind muss überprüfbare Fragen entwickeln können und verstehen, wie man Hypothesen testen und angemessene Schlüsse aus den Evidenzen ziehen kann (Morris, Croker, Masnick & Zimmerman, 2012).

Um Prozesse zu integrieren, die am wissenschaftlichen Denken beteiligt sind, entwickelten Klahr und Dunbar (1988) das *Scientific Discovery Dual Search*-Modell

(SDDS-Modell). Es vereint drei Komponenten des wissenschaftlichen Denkens: das Generieren von Hypothesen, das Experimentieren und die Evidenzbewertung. Während lange Zeit davon ausgegangen wurde, dass Kinder erst ab der Sekundarstufe in der Lage sind, wissenschaftlich zu denken, zeigen aktuellere Befunde wie z. B. die Übersichtsarbeit von Zimmerman (2007), dass auch Grundschulkinder schon über erste Basiskompetenzen des wissenschaftlichen Denkens verfügen. So fanden beispielsweise Sodian, Zaitchik und Carey (1991), dass bereits Grundschulkinder einfache Experimente beurteilen und zwischen Hypothesenprüfung und Effektproduktion unterscheiden können. Um auch im Vorschulalter (Vorläufer-)Kompetenzen des wissenschaftlichen Denkens zu erforschen, ist zu beachten, dass Sprache notwendig erscheint, um gedachte Prozesse mitzuteilen (Zlatev & Blomberg, 2015). Als förderliches Interaktionsformat im Vorschulalter hat sich das *Sustained Shared Thinking* (SST) herausgestellt. Hier handelt es sich um den gemeinsamen versprachlichten Denkprozess, der dem interaktionellen Lösen und Besprechen von Problemen, der gemeinsamen Begriffsklärung und der Ereignisbewertung dient (Siraj-Blatchford, 2009). Hildebrandt, Scheidt, Hildebrandt, Hédervári-Heller und Dreier (2016) konnten in ihrer Studie zeigen, dass der Einsatz von SST Kinder dazu anregt, sowohl mehr zu (wider)sprechen als auch mehr Hypothesen zu bilden.

Sprachentwicklung steht also sowohl mit der Entwicklung des Emotionswissens als auch mit der Entwicklung wissenschaftlichen Denkens in Wechselwirkung. Sprache ist der Schlüssel, um Emotionen und Gedanken zu repräsentieren und ggf. zu verbalisieren, und sie hilft uns auch, Denkprozesse mit anderen zu teilen. Im Alltag von Vorschulkindern spielen das Verstehen des Gegenübers (Emotionswissen) und das Verstehen der Welt (wissenschaftliches Denken) eine große Rolle. Sprachliche Interaktionen mit Bezugspersonen, insbesondere gezielte Sprachförderung, sollten somit sowohl zur Sprachentwicklung als auch zur Entwicklung von Emotionswissen und wissenschaftlichem Denken positiv beitragen. Umgekehrt sollte auch die Sprachentwicklung der Kinder davon profitieren, wenn die Förderung in den Inhaltsbereichen erfolgt, die die Kinder brennend interessieren. Die in diesem Projekt fokussierten Interaktionssituationen des Bilderbuchvorlesens und der Mahlzeiten eignen sich in besonderer Weise, alle drei Entwicklungsbereiche zu adressieren. Dadurch erweitern sich die Fragestellungen und Ziele des Projekts neben der Sprachförderung auch auf die gezielte Förderung der beiden Domänen *Denken* und *Fühlen*.

3 Fragestellung und Ziele des Projekts

Das übergeordnete Ziel des FDS-Projekts war es, die Anwendung alltagsintegrierter SLS in der Kommunikation zwischen pädagogischen Fachkräften und Kindern im Vorschulbereich forschungsbasiert zu professionalisieren. Dazu war es erforderlich, die bisherige Forschung zu SLS auf reale dialogische Gesprächssituationen – also alltägliche Situationen in Gruppen – zu erweitern.

In einem dreistufigen Vorgehen wurden zunächst Daten zur tatsächlichen Gestaltung sprachlicher Interaktionen mit Blick auf die dabei auftretenden Dialogmuster zwischen Erwachsenen und ein- bzw. mehrsprachigen Kindern in verschiedenen kommunikativen Settings (Bilderbuchbetrachtung und Mahlzeiten) erhoben. Die Daten dienten der Analyse der »Ist-Situation«. Bilderbuchbetrachtungen und Mahlzeiten wurden ausgewählt, weil sie zum einen alltägliche wiederkehrende Situationen im pädagogischen Alltag darstellen und sich im Hinblick auf die Funktionen, die Sprache in diesen Handlungskontexten für die Kommunikation erfüllt, unterscheiden (▶ Kap. 2 in diesem Band). Zum anderen sind sie auch Gegenstand anderer Studien (z. B. Beckerle et al., 2018), sodass sich hier Vergleichsmöglichkeiten ergeben. Hieran schlossen sich folgende Forschungsfragen an:

- Wie stellen Kinder und Fachkräfte sprachbezogene Interaktionen innerhalb pädagogisch gerahmter Kontexte her? Durch welche sprachlichen Mittel ermöglichen pädagogische Fachkräfte alltagsintegrierte Sprachbildung (▶ Kap. 2 in diesem Band)? Welche unterschiedlichen Sprachmuster (Länge/Reziprozität/Komplexität der Redebeiträge) und welche SLS lassen sich im Elementarbereich in den gemeinsamen Fachkraft-Kind-Aktivitäten identifizieren?
- Wie hängen diese Muster und SLS untereinander sowie mit den Strukturen der sprachfördernden Settings und dem ein- oder mehrsprachigen Hintergrund der Kinder zusammen?
- Wird in den Sprachmustern der Fachkräfte ein Bezug zu verschiedenen Themengebieten (Emotionswissen und wissenschaftliches Denken) hergestellt? Unterscheiden sich die eingesetzten SLS für die jeweiligen Themengebiete?

In einem zweiten Schritt wurde die hier beschriebene Fortbildung zur alltagsintegrierten sprachlichen Bildung (»Fühlen – Denken – Sprechen«) entwickelt und durchgeführt. Sie wurde unter Einbezug von übergreifenden und in diesem Projekt gewonnenen Erkenntnissen zur Sprachbildung und zur Förderung von Emotionswissen und wissenschaftlichem Denken gestaltet. Die gelernten Inhalte sollten die pädagogischen Fachkräfte in die Lage versetzen, in emotionsbasierter Kommunikation einerseits und durch die Förderung des wissenschaftlichen Denkens durch Sprache andererseits (also in den zwei Domänen *Fühlen* und *Denken*) wirksam sprachförderlich zu handeln.

Durch eine im dritten Schritt erfolgende formative und summative Evaluation kann diese Implementation von alltagsintegrierter sprachlicher Bildung hinsichtlich ihrer Wirksamkeit überprüft werden. Durch die Erfassung der Daten zur Mehrsprachigkeit soll auch überprüft werden, ob ein- und mehrsprachig aufwachsende Kinder in ähnlicher oder unterschiedlicher Weise von der Maßnahme profitieren. Die konkreten Fragestellungen der Fortbildungsevaluation lauten:

- Lässt sich die Wirksamkeit der Fortbildung für die Initiierung sprachförderlicher Interaktionen bei Kindern mit unterschiedlichem Sprachhintergrund in Bezug auf Veränderungen in den Sprachmustern und SLS beim pädagogischen Fachpersonal nachweisen?
- Lässt sich die Wirksamkeit der Fortbildung in den Sprachfähigkeiten und der Sprachpraxis ein- und mehrsprachiger Kinder nachweisen?

- Zeigt sich durch die Fortbildungsmaßnahme ein Zuwachs an Emotionswissen und gereifter wissenschaftlicher Denkfähigkeit bei Kindern?

4 Konzeption der Fortbildung »Fühlen – Denken – Sprechen«

Alle inhaltlichen Module zielen darauf ab, das didaktische und diagnostische Wissen der Fachkräfte, das sogenannte *assessment knowledge*, durch verschiedene theoretische Inputs, vertiefende Übungen und Videoanalysen zu erweitern. Dies gilt als eine der Voraussetzungen für die Wirksamkeit von Fortbildungen (Lipowsky & Rzejak, 2012). Die Fortbildung umfasst in einer Fortbildungsgruppe insgesamt 40 Stunden Theorievermittlung und praktische Übungen (Module 1 bis 4 je achtstündig; Modul 5 und 6 je vierstündig). Damit wurde früheren Forschungsergebnissen Rechnung getragen, nach denen sehr kurze Interventionen keine Effekte zeigen (Lipowsky & Rzejak, 2012). Hinzu kam zweimal je eine Stunde Einzelcoaching (Übersicht ▶ Abb. 1.1). Das Einzelcoaching geschieht durch die Fortbildenden, die anhand von Videomaterial gemeinsam mit der Fachkraft Stärken und Schwächen bei der Umsetzung der gelernten Inhalte sowie zukünftige Ziele besprechen. Zudem haben die Fachkräfte zwischen den Fortbildungsmodulen praktische Interaktionsaufgaben zu bewältigen, um das Gelernte zu festigen. Während der Fortbildung erhalten die Fachkräfte einen Ausbildungsordner, in dem sie die bearbeiteten Inhalte aufbewahren können. Außerdem erhalten sie Karteikarten, die die wichtigsten Inhalte zusammenfassen und sie auch im Alltag an die Umsetzung der gelernten Inhalte erinnern sollen. Die ersten zwei Module dienen der Wiederholung und Vertiefung der Grundlagen der Sprachentwicklung und -förderung durch den Einsatz von SLS sowie der Haltung der Fachkräfte, der Gestaltung des Rahmens und dem Ausschöpfen des Potenzials der Interaktionssituationen. Im dritten und vierten Modul werden theoretische Grundlagen zum Emotionswissen und -verständnis sowie zum wissenschaftlichen Denken von Vorschulkindern vermittelt und mittels der davor erlernten SLS wird erarbeitet, wie beide gefördert werden können. Die zwei letzten Module dienen zum einen dem Transfer der gelernten sprachförderlichen Verhaltensweisen auf Situationen, die die Fachkräfte eigentlich als wenig geeignet für Sprachförderung einschätzen, und zum anderen der Auffrischung und Wiederholung der Inhalte. Die Fortbildung ist so konzipiert, dass zwischen den ersten fünf Modulen jeweils etwa drei bis sechs Wochen vergehen sollten, um den Fachkräften zu ermöglichen, die FDS-Methoden in der Praxis auszuprobieren und ihre Durchführbarkeit bewerten zu können. Modul 6 sollte mit größerem Abstand (3 bis 6 Monate) durchgeführt werden, da es sich um ein Auffrischungsmodul handelt.

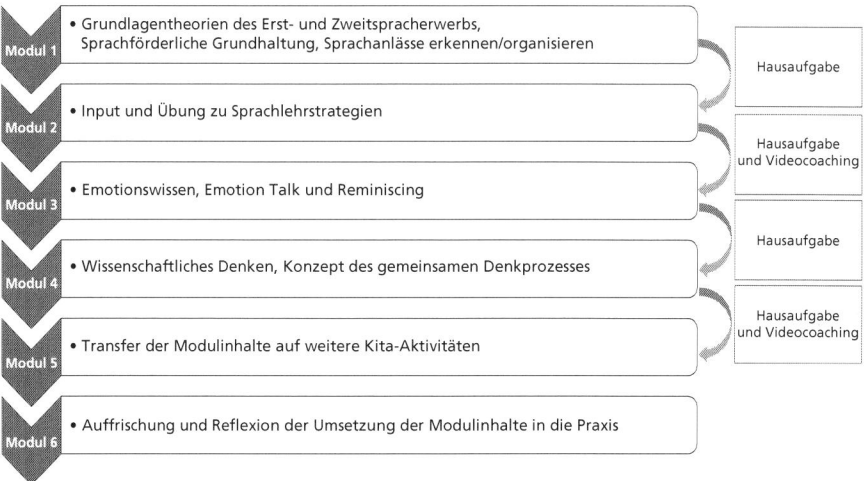

Abb. 1.1: Übersicht über die Inhalte der Module

Modul 1: Sprache und Haltung

Das Modul 1 umfasst drei Themenschwerpunkte. So hat es zum einen das Ziel, die Motivation und Compliance der Fachkräfte zu erhöhen. Hierfür wird bei einem Kennenlernen und Erwartungsaustausch geklärt, was die Fachkräfte an Vorerfahrung mitbringen und was sie von der Fortbildung erwarten. An dieser Stelle wird sowohl der Ablauf der Fortbildung transparent gemacht und bereits auf die beiden Schwerpunkte des *Fühlens* und *Denkens* hingewiesen als auch das Ziel aufgezeigt – die Fortbildung soll die Fachkräfte in die Lage versetzen, den Spracherwerb der Kinder in Form einer kontextsensiblen Lernbegleitung zu unterstützen. Der zweite Schwerpunkt dient einer ersten Theorievermittlung und Wissensangleichung, da Fachkräfte mit unterschiedlicher Ausbildung und Erfahrung an der Fortbildung teilnehmen können. Als dritten Schwerpunkt bietet das Modul die theoretische Anwendung des Gelernten anhand einer Videovignette. Eine Vignette ist ein verdichtetes, exemplarisches Praxisbeispiel, das sich auf typische Handlungsherausforderungen bezieht und das zur Diskussion von Handlungsoptionen anregen soll.

Die am interaktionistisch-soziokulturellen Ansatz orientierte Fortbildung stellt ihren diesbezüglichen Inhalten eine Einführung in die Meilensteine des kindlichen Spracherwerbs voran. Hierzu werden die Fachkräfte angeleitet, zunächst in Kleingruppen, dann im Plenum die verschiedenen Spracherwerbsphasen, aufgeteilt in die Bereiche *Lauterwerb, Wortschatz, Grammatik* sowie *Interaktion und Kommunikation*, den dafür typischen Altersstufen vom ersten bis zum siebten Lebensjahr zuzuordnen. Die nächste Aufgabe dient der Sensibilisierung der Fachkräfte, kindliche Äußerungen den verschiedenen sprachlichen Erwerbsphasen zuzuordnen und damit auch einschätzen zu können, ob die Sprachentwicklung der Kinder altersentsprechend ist. Hierfür sollen die Fachkräfte in Kleingruppen Sprachproben eines fiktiven Kindes den verschiedenen Stufen zuordnen, um die Ergebnisse am Ende im Plenum zu besprechen. Hier gilt es auch, genau zu analysieren, wo die Fehler- und damit auch Korrekturquellen in den Aussagen der Kinder ausgemacht werden können. In einem weiteren Schritt ist es die Aufgabe der Fachkräfte, den Fokus darauf zu legen, welche sprachlichen Strukturen das Kind bereits beherrscht. Diese Grundlagen dienen der Vorbereitung auf das zweite Modul, in dem Möglichkeiten erörtert werden, Kindern mithilfe von SLS in ihrem Spracherwerb Unterstützung zu bieten, und zwar anknüpfend an den vorhandenen Kompetenzen der Kinder.

Da die Fortbildungsmaßnahme sich zum Ziel gesetzt hat, auch mehrsprachig aufwachsende Kinder angemessen zu fördern, wird im darauffolgenden Theorieblock gesondert auf den Zweitspracherwerb eingegangen. Es wird darauf hingewiesen, dass Kinder mit späterem Zweitspracherwerb von einer gesteuerten Form der Sprachunterstützung besonders profitieren und insbesondere Kinder mit Sprachschwierigkeiten in der Zweitsprache dazu neigen, diese zu verstecken. Die Sprechfreude und Lernmotivation dieser Kinder kann unterstützt werden, wenn die Beziehung zwischen Fachkraft und Kind positiv ist und die Fachkraft Respekt gegenüber der Erstsprache des Kindes hat (Knapp, 2015). Anhand eines Schaubildes wird konkretisiert, wie Kinder Sprache erlernen, indem sie immer wieder den gleichen Prozess durchlaufen (hier genannt: *Mehrfach-Schleifen-Modell*; Kinder beobachten ein sprachliches Modell, ahnen, dass die Worte Bedeutung haben, ahmen die Worte im Rollenwechsel nach und beobachten dann die Reaktion des Modells, um sich ein Feedback einzuholen). Mindestens ebenso wichtig ist die sprachförderliche Situationsgestaltung und Grundhaltung der Fachkräfte. Durch eine neugierige, staunende und ergebnisoffene Haltung bietet die Fachkraft in der Interaktion mit den Kindern ein förderliches Modell. Diese Haltung bietet den Kindern die Möglichkeit, ihre Umwelt selbst zu erkunden und zu verstehen, selbst Hypothesen über mögliche Ergebnisse zu generieren und ihren Fragen eigenständig auf den Grund zu gehen. Gemeinsam wird gesammelt, was eine gute Vorlesesituation ausmacht. Dies soll die Fachkräfte auch anregen, ihre eigenen Vorstellungen zu reflektieren. Anhand einer Videovignette wird in Kleingruppen ein besonderer Fokus auf die Gestaltung des Interaktionsrahmens gelegt. In der Forschung zeigt sich, dass viele Fachkräfte dazu neigen, die Bilderbuchsituation zielorientiert wahrzunehmen. Hierbei steht z. B. an vorderster Stelle, das Buch von vorne nach hinten durchzulesen. Dabei zeigt sich in einigen Studien, dass vor allem das dialogische Lesen – bei dem das Kind die Schwerpunkte setzt und erzählt und die erwachsene Person SLS einsetzt – die Qualität der sprachlichen Interaktion verbessert und hierüber auch die sprachlichen Fähigkeiten des Kindes gefördert werden können (z. B. Ennemoser, Lehnig, Hohmann & Pepouna, 2015). Es zeigt sich in ersten Studien auch, dass das dialogische Lesen bei Kindern mit Migrationshintergrund zu besseren sprachlichen Leistungen führt (Ennemoser, Kuhl & Pepouna, 2013). Um das eigene Verhalten zu reflektieren, werden die Fachkräfte dazu angeregt, über ihre eigenen normativen Ziele sowie auch über Konsequenzen nachzudenken, die ein ergebnisoffener Umgang mit dem Fokus des Kindes mit sich bringen würde. Das Modul endet mit der Hausaufgabe, eine Sprachfördersituation aus dem eigenen beruflichen Alltag zu verschriftlichen. Diese Verschriftlichung wird zu Beginn des folgenden Moduls analysiert, um das Gelernte zu wiederholen und zu festigen.

Modul 2: Sprachlehrstrategien

Nachdem in Modul 1 die Grundlagen zur Sprachentwicklung und die Haltung der Fachkräfte erarbeitet wurden, befasst sich Modul 2 mit der Erarbeitung von elf SLS und dem adaptiven Einsatz dieser »Gesprächswerkzeuge«. Angelehnt an die Bündelung der SLS in Klassen nach Dannenbauer (2002) werden folgende Strategien vermittelt: Input-Strategien (*Imitation, Wiederholungen, Zusammenfassungen, Parallelsprechen, lautes Fühlen/Denken*), Modellierungs- und Korrekturtechniken (*indirektes Feedback, direktes Feedback, Erweiterungen, Umformungen*) sowie Output-Strategien (*geschlossene Fragen, offene Fragen*).

Nach dem Einstieg über die Hausaufgabe wird anhand eines fünfminütigen Videoausschnitts eine sprachförderliche Situation gezeigt. Ziel ist es, eine sprachförderliche Grundhaltung zu vermitteln und gleichzeitig schon auf die Funktionen unterschiedlicher SLS hinzuweisen. Anhand von Leitfragen werden mögliche Maximen der Sprachförderkraft im Video zusammengetragen, die sich als besonders wertvoll für die Gesprächsatmosphäre und damit die Interaktionsqualität erwiesen haben: *Warten und Folgen* (das Kind aussprechen lassen und seinem Interessenfokus folgen), *Interesse* (dem Kind signalisieren, dass das Gesagte eine Relevanz hat) und *Zusammenfassen* (die Redebeiträge zusammenfassen, um Anschlussoptionen für weitere Redebeiträge zu bieten, sowie grammatisch ein Vorbild zu sein). In einem folgenden Schritt wird den Fachkräften in Kleingruppen die Aufgabe gestellt, anhand eines Transkripts des Videos die eingesetzten SLS zu erkennen und zu benennen. Um die Fachkräfte darauf aufmerksam zu machen, dass Fragetypen unterschiedlichen Spielraum bieten, wird die Gruppe in zwei weitere Kleingruppen geteilt. Diese haben die Aufgabe, die dem Transkript entnommenen Fragen hinsichtlich ihres *Spielraums für Antworten* bzw. der *Unterstützung bei der Beantwortung* einzuordnen. Anhand der Ergebnisse der zwei Gruppen wird aufgezeigt, dass Fragetypen mit großem Spielraum für Antworten wenig Unterstützung bei der Beantwortung bieten und andersherum (relativ) geschlossene Fragen zwar geringen Spielraum für Antworten, dafür jedoch ein hohes Unterstützungspotential haben. Abgeleitet aus dieser Erkenntnis, ist das Ziel der nächsten Einheit, den Fachkräften ein gutes Gespür für die Balance aus (halb-)offenen und geschlossenen Fragen sowie weiteren SLS zu bieten. Die verschiedenen Formen der SLS werden anhand eines Schaubildes danach eingeteilt, inwiefern sie Hinweise darauf geben, was das Kind beachten soll sowie welchem Fokus gefolgt wird – dem kindlichen bzw. einem durch die Fachkraft neu gesetzten Fokus. So kann der Fokus der pädagogischen Fachkraft auf einen reibungslosen Ablauf einer Mahlzeit dazu führen, dass sich die Kinder ebenfalls an diesem Ziel orientieren und gar keine eigenen Gesprächsthemen einbringen. Infolgedessen wird eine an den Interessen des Kindes sich orientierende Sprachbildung verunmöglicht. Dies kann auch für eine Bilderbuchbetrachtung gelten, wenn diese sich ausschließlich daran orientiert, das Buch von vorne bis hinten zu betrachten und/oder vorzulesen, statt die – durch das Bilderbuch angeregten – Themen gemeinsam mit den Kindern umfänglich aufzugreifen (▸ Kap. 2 in diesem Band). Den Abschluss des Moduls 2 bildet eine verlängerte Praxisphase. In dieser werden mittels angeleiteter Rollenspiele, Videoanalysen und Arbeitsblätter die SLS vertieft und erprobt. Zudem werden die Fachkräfte dazu angeregt, anhand kleiner

Aufgaben zu erkennen, wie sie die SLS gut nutzen und gleichzeitig Berührungsängste gegenüber den Techniken abbauen können. Zudem gibt es an dieser Stelle bereits einen Querverweis auf die folgenden zwei inhaltlichen Module, indem Worte gesammelt werden, die das laute Denken und Fühlen unterstützen. Es wird bei allen Strategien hervorgehoben, dass echtes Interesse dem Kind vermittelt, dass das Erzählte relevant für die zuhörende Person ist, und dies durch aktives Zuhören bekundet werden kann. Um den adaptiven Einsatz der Strategien zu verdeutlichen, wird erneut anhand des Videotranskripts analysiert, welche Strategien zu welchem Zeitpunkt und mit welchem Ziel eingesetzt wurden.

Für das Videocoaching bekommen die Fachkräfte die Hausaufgabe, sich innerhalb einer Interaktion mit Kindern im Alltag zu filmen.

Modul 3: Emotionswissen

Nachdem in den ersten beiden Modulen die Haltung zur Sprachförderung, die Sprachentwicklung der Kinder und der adaptive Einsatz von SLS sowohl auf theoretischer als auch auf praktischer Ebene erlernt und vertieft wurden, werden in Modul 3 Möglichkeiten aufgezeigt, wie sich dieses Wissen auf einen bestimmten Bereich, nämlich die Emotionen der Kinder und ihrer Betreuungspersonen, anwenden lässt. Dazu werden die Fachkräfte zunächst mit den Themen Emotionen und Emotionswissen vertraut gemacht. Mittels eines Inputs über Emotionswissen, Emotionen und den Zusammenhang mit sprachlichen Fähigkeiten werden die Fachkräfte auf einen einheitlichen Wissensstand gebracht. Praktische Übungen sollen das Gelernte festigen. Dabei ist es das Ziel, den Fachkräften bewusst zu machen, dass sich die Kinder im Kindergarten in einem Alter befinden, in dem sie – mit der richtigen Förderung – große Fortschritte im Bereich des Emotionswissens machen können.

Im weiteren Verlauf des Moduls setzen sich die Fachkräfte zunächst in Kleingruppen mit ihren eigenen Emotionen auseinander. Über das Legen der eigenen beruflichen Lebenslinie unter Berücksichtigung der emotionalen Meilensteine sollen sich die Fachkräfte ihrer eigenen Emotionen bewusst werden. Das aus der Psychotherapie und Selbsterfahrung bekannte Verfahren führt vor Augen, welchen Einfluss Emotionen auf das Erinnern von Ereignissen haben und welche Bedeutung das Sprechen über Emotionen haben kann (Brüderl, Riessen & Zens, 2015). Im Anschluss an diese Übung werden in der Großgruppe die Chancen und Risiken des Sprechens über Emotionen erarbeitet und diskutiert. So soll verdeutlicht werden, dass das Reden über eigene Emotionen zwar manchmal schmerzhaft sein kann und das Risiko der Verletzlichkeit mit sich bringt, jedoch auch Chancen auf einen hilfreichen Rat oder Austausch von und mit Personen bietet, die ähnliche Erfahrungen gemacht haben. Überdies vertieft es die Beziehung zwischen den Beteiligten. Bis zu diesem Punkt wurden den Fachkräften in Modul 3 also verschiedene Gründe nahegelegt, wieso es sinnvoll sein kann, mit Kindern im Elementarbereich über Emotionen zu sprechen: Die Kinder sind in einem Alter, in dem sie durch sprachliche Interaktion viel über Emotionen lernen und beim Sprechen über Emotionen ihre sprachlichen Fähigkeiten ausweiten. Zudem bietet das Sprechen über Emotionen den Kindern die Chance, Lebensereignisse angemessen zu verarbeiten und die Beziehung zur Fachkraft zu vertiefen, was wiederum der Sprachförderung zugutekommt.

Der dritte Teil des Moduls befasst sich damit, wie und mit welchen SLS das Sprechen über Emotionen gestaltet werden kann. Bereits in Modul 2 wurde über das laute Fühlen gesprochen und in einer Übung verdeutlicht, dass es selbst für Erwachsene nicht selbstverständlich ist, ein großes Emotionsvokabular zu besitzen. In Modul 3 werden nun zwei ausgewählte Methoden zum Sprechen über Emotionen (*Emotion Talk*) besprochen und geübt: die Bilderbuchbetrachtung und das gemeinsame emotionsbezogene Erinnern (*Reminiscing*). Bei der Bilderbuchbetrachtung kommt das oben bereits genannte, gut evaluierte Konzept des dialogischen Lesens zum Tragen. Auch bezogen auf Reminiscing konnten Studien im Kontext von Mutter-Kind-Interaktionen einen positiven Einfluss auf das Emotionswissen von Kindern im Vorschulalter zeigen (Fivush, 2007). Zur Vorbereitung der Anwendung der Strategien wird mittels zwei Videos besprochen, wie bei einer Bilderbuchbetrachtung das Sprechen über Emotionen eingebaut werden kann, was Kinder an Emotionen interessiert sowie welche Anlässe sich besonders für das Reminiscing eignen. Im Rahmen von Emotion Talk kommen die verschiedenen Fragetechniken aus Modul 2 verstärkt zum Einsatz, anhand derer die Kinder herausgefordert werden können, über die Emotionen anderer Menschen (besonders bei der Bilderbuchbetrachtung) und über eigene Emotionen (besonders beim Reminiscing) zu sprechen. Als didaktische Methoden werden den Fachkräften videografische Fallbeispiele und Rollenspiele angeboten, bei denen auch Inhalte aus Modul 2 zu den Fragetechniken noch einmal durch Wiederholung gefestigt werden.

Zum Abschluss des Moduls bekommen die Fachkräfte die Hausaufgabe, ein Video aufzunehmen, welches für das Einzelcoaching genutzt wird.

Modul 4: Wissenschaftliches Denken

Während der Einsatz von SLS auch Gegenstand anderer Fortbildungsmaßnahmen darstellt, ist die Vertiefung des wissenschaftlichen Denkens im Vorschulalter durch SLS in der FDS-Fortbildung neu.

Wissenschaftliches Denken wird in der entwicklungspsychologischen Forschung auf zwei Weisen verstanden: Zum einen beinhaltet es das Wissen und Denken über naturwissenschaftliche Inhalte, zum anderen meint es den Denkprozess, der benötigt wird, um Hypothesen aufzustellen, zu überprüfen, zu interpretieren und daraus Erkenntnisse zu ziehen (Sodian, 2001). In der Fortbildung liegt der Fokus darauf, die Kinder im Sinne der zweiten Bedeutung zu unterstützen, was direkt zu Beginn der Fortbildung anhand eines Beispiels verdeutlicht wird. Als Einstiegsübung wird also eine wissenschaftliche Frage (*Wieso taut Eis, wenn Salz darauf gestreut wird?*) behandelt, deren Antwort alle Fachkräfte durch ihre schulische Bildung in der Sekundarstufe I wissen könnten, die jedoch der Großteil erfahrungsgemäß trotzdem nicht korrekt beantworten kann. Dies dient dazu, aufzuzeigen, dass wir die Begründungen/die Funktionsweise vieler (natur-)wissenschaftlicher Phänomene aus der Schulzeit nicht mehr erinnern. Umso wichtiger scheint es daher, sich deutlich zu machen, dass Wissen dann erfolgreicher abgespeichert wird, wenn wir es uns selbst erarbeiten oder es selbst erfahren und es nicht nur erklärt bekommen (Ansari, 2013). Innerhalb der Fortbildung sollen die Fachkräfte dafür sensibilisiert werden, Kinder im Alltag dazu anzuregen, Prozesse zu durchdenken und darüber ins Gespräch zu kommen. Statt einem Kind eine Antwort auf seine Frage zu geben, kann diese Frage genutzt werden, um das Kind darin zu unterstützen, die o. g. Prozesse zu durchlaufen. Diese naive Haltung der Fachkräfte knüpft an das erlernte neugierige Staunen aus Modul 1 an. Nicht außer Acht zu lassen ist jedoch, dass die sprachlichen Fähigkeiten des Kindes ausreichen müssen, um die Phänomene beschreiben zu können. Ruffman, Perner, Olson und Doherty (1993) geben zu bedenken, dass Sprachfähigkeiten junger Kinder häufig geringer ausgeprägt sind als ihre gedanklichen Prozesse. Um die Fachkräfte darin zu schulen, die Kinder durch sprachliche Interaktion zu unterstützen, wird das in Modul 1 gelernte Mehrfach-Schleifen-Modell auf den Prozess des wissenschaftlichen Denkens übertragen. Anhand eines Videos, das ein problemlösendes Kind zeigt, wird ein in einzelne Handlungen aufgeteiltes *Schrittemodell* zum wissenschaftlichen Denken, welches an den Ansatz nach Gerde, Schachter und Wasik (2013) angelehnt ist, vermittelt. Dieses beinhaltet die (gedanklichen) Schritte, die durchlaufen werden, um eine Fragestellung zu beantworten: *beobachten/ordnen, Frage stellen, Hypothese aufstellen, Perspektive wechseln, experimentieren, Ergebnis verstehen, Ergebnis festhalten* sowie *Frage beantworten*. In einer anschließenden Übung sollen die Fachkräfte mithilfe ihres metakognitiven Vokabulars selbst die Schritte des wissenschaftlichen Denkens nachvollziehen und ein fiktives Problem lösen. Die Fachkräfte werden dazu angeregt, basierend auf ihrer eigenen Berufserfahrung zu überlegen, wie weit Kinder im Vorschulalter eigenständig das Schrittemodell durchlaufen können. Es wird hierbei auf die Einschätzung hingearbeitet, dass ältere Kinder bereits in der Lage sein können, den gesamten Kreislauf zu durchlaufen, während jüngere eher dazu neigen, nur die ersten Schritte (beobachten, Frage stellen, ggf. Hypothese aufstellen) zu bewältigen. Dies ist nicht verwunderlich, da Kinder in der Regel zu einem Perspektivwechsel dieser Art erst zwischen dem dritten und fünften Lebensjahr fähig werden (Wellman, Cross & Watson, 2001). Die Fachkräfte werden angeleitet, einer fiktiven Frage nachzugehen und dabei jeden Schritt des Schrittemodells zu verschriftlichen und zu reflektieren. Im Folgenden geht es darum, kindliche Aussagen, die bereits den verschiedenen Schritten zugeordnet sind, in zweierlei Hinsicht sprachlich zu begleiten: So sollen zum einen SLS eingesetzt werden, um die Bedeutsamkeit der Aussage des Kindes zu betonen, zum anderen sollen SLS eingesetzt werden, um im Sinne von Wygotskis »Zone der nächsten Entwicklung« (2002) das Kind bei der Eroberung des nächsten Schrittes zu unterstützen. Zur Vertiefung des Gelernten dient die Analyse eines Videos, in dem ein Teil der Fachkräfte die Aufgabe bekommt, die Schritte des wissenschaftlichen Denkens zu notieren, und ein anderer Teil, die eingesetzten SLS zu notieren. Mittels einer Videovignette, die anhand von Leitfragen diskutiert wird, wird verdeutlicht, wie wichtig eine forschende pädagogische Grundhaltung ist, um wissenschaftliches Denken optimal zu fördern. Die Fachkräfte sollen erfahren, dass es wertvoll ist, sich zurücknehmen zu können und nicht immer sofort eine Antwort geben zu müssen. Dies dient dem Übergang in die Reflexion der eigenen beruflichen Rolle, die in Kleingruppen und anhand mehrerer Leitfragen (Ist diese Haltung vereinbar mit dem Stereotyp einer Lehrperson? Wie verlockend ist es im Kindergartenalltag, die gestellten Fragen einfach zu beantworten? Was würden Eltern dazu sagen, wenn Fachkräfte als »unwissende« Personen auftreten würden? Wie würden Kinder reagieren, wenn sich Fachkräfte »dumm« stellen?) stattfindet. Als Vertiefungsübung dient ein Blitzrollenspiel, bei dem die Fachkräfte spontan mittels sprachlicher Mittel ein »Kind« beim wissenschaftlichen Denken in verschiedenen Situationen (Mahlzeit: »Warum krümeln Kekse?«, Bilderbuchbetrachtung: »Was passiert mit der Raupe?«) unterstützen sollen.

Für den Übergang zu Modul 5 werden zum Abschluss Situationen gesammelt, von denen die Fachkräfte denken, dass sie zur Sprachförderung weniger geeignet sind. Auch hier bekommen die Fachkräfte die Hausaufgabe, ein Video aufzunehmen, welches für das Einzelcoaching genutzt wird.

Modul 5: Transfer auf den Kita-Alltag

Das fünfte Modul ist in drei Teilbereiche gegliedert: Zuerst wird vertieft, wie vor allem jüngere Kinder, die nicht in der Lage sind, eigenständig einen Perspektivwechsel durchzuführen, in Bezug auf die zwei Domänen Emotionswissen und wissenschaftliches Denken sprachlich unterstützt werden können. In einem zweiten Schritt wird ein besonderes Augenmerk auf die Rahmenbedingungen gelegt. Damit die Teilnehmenden die Möglichkeit bekommen, auch in von ihnen als weniger geeignet wahrgenommenen Situationen sprachförderlich zu handeln, widmet sich Modul 5 in einem dritten Schritt dem Transfer der – bisher vor allem in Vorlesesituationen sowie während der Einnahme von Mahlzeiten – gelernten Inhalte auf komplexere Situationen. Durch die zum Ende des vierten Moduls gesammelten Situationen variiert ein Teil des Inhalts des fünften Moduls mit jeder Fortbildungsgruppe, die Methode ist jedoch für unterschiedlichste durch die Fachkräfte genannte Situationen geeignet.

Im ersten Schritt wird anhand eines Videobeispiels eine Möglichkeit aufgezeigt, Kindern den Erwerb von Emotionswissen zu erleichtern: Fachkräfte können Analogien transparent machen, z. B. kindliche Erfahrungen ansprechen, in denen sich das Kind *ähnlich* fühlte. In einem zweiten Videobeispiel wird ein Bezug zum Perspektivwechsel hergestellt, der für das Hypothesengenerieren im Rahmen des wissenschaftlichen Denkens unerlässlich ist: Indem die Fachkraft sich als nicht-wissend zeigt, bietet sie Raum für verschiedene Hypothesen.

Da in diesem Modul der Transfer auf weitere und komplexere Situationen im Mittelpunkt steht, soll erörtert werden, unter welchen Bedingungen der Transfer förderlicher sprachlicher Interaktionen stattfinden kann. König (2006) gibt einen Überblick über die verschiedenen Faktoren, die die Interaktion zwischen Fachkräften und Kindern beeinflussen – neben der Ausbildungsqualität geht sie auch auf den Betreuungsschlüssel ein. Sie gibt jedoch kritisch zu bedenken, dass die Studienlage nicht grundsätzlich zeigt, dass eine große Gruppengröße negativen Einfluss auf die Qualität der Interaktionen hat, und auch in dieser Konstellation durchaus noch Freiraum für Gestaltung seitens der Fachkräfte bleibt. Um sich den Rahmenbedingungen – und damit dem zweiten Teil des Moduls – in der Fortbildung zu nähern, werden die Fachkräfte gebeten, Situationen zu sammeln, in denen es ihnen leichter fällt, sprachförderliches Verhalten zu zeigen. Gemeinsam werden anhand der

Sammlung Parallelen zwischen den Situationen herausgearbeitet. Ziel ist es, deutlich zu machen, dass die Rahmenbedingungen zwar eine entscheidende Rolle spielen, sie die Fachkräfte jedoch nicht gänzlich in ihren Möglichkeiten einschränken.

Der dritte Teil des Moduls wird anhand einer Stationenarbeit erarbeitet. Hierbei werden die Fachkräfte angeregt, ins Gespräch zu kommen und ihr Wissen und ihre Erfahrung aus dem Kindergartenalltag zu aktivieren, um gemeinsam nach Lösungen für eine sprachförderliche Gestaltung der gesammelten Situationen zu suchen (Anmerkung: Durch die Varianz der Rahmenbedingungen in Kindertagesstätten ist es besonders wertvoll, Teilnehmende aus unterschiedlichen Einrichtungen dabeizuhaben). In einem ersten Schritt werden die Fachkräfte in drei Kleingruppen dazu angeregt, die von ihnen gewählte Situation möglichst präzise und anhand von Leitfragen (*Rahmenbedingungen, Ziele, Ablauf, besondere Schwierigkeiten, Wunsch nach Veränderung*) zu verschriftlichen. Ziel ist es, nach Lösungen für die beschriebenen Situationen zu suchen. In die »Lösungsfindung« sollen gezielt das in der Fortbildung Gelernte sowie die eigenen Berufserfahrungen einfließen. Der abschließende Schritt sieht vor, dass die Ergebnisse im Plenum präsentiert und gesichert werden. Um sicherzustellen, dass die »Lösungs-«Vorschläge realisierbar erscheinen, gibt es eine regelmäßige Rückkopplung zwischen den Gruppen.

Modul 6: Auffrischung

Modul 6 dient zur Auffrischung der gelernten Inhalte und zur Rückmeldung und Besprechung der praktischen Erfahrungen aus den Kitas. Daher bietet es sich an, es mit einigem zeitlichen Abstand (etwa 3 bis 6 Monate) zu den vorherigen Modulen durchzuführen. Inhaltlich werden sowohl das Mehrfach-Schleifen-Modell als auch die SLS wiederholt. Um gezielt noch verbleibende Unsicherheiten und Fragen anzugehen, werden die Fachkräfte gebeten anzugeben, welche Strategien sie häufiger und welche sie seltener nutzen, und bei welchen sie nicht sicher sind, wie sie sie anwenden sollen. Es werden daraufhin vor allem die Techniken vertieft, die bisher wenig Anklang fanden. Zwei im Rahmen des Projekts videografisch aufgenommene Situationen einer Bilderbuchbetrachtung werden im Hinblick auf die Rahmengestaltung, die angewandten SLS und den Umgang mit den Kindern in der Gruppe gemeinsam detailliert analysiert.

Abschließend findet eine schriftliche Evaluation der gesamten Fortbildung statt. Zudem bekommen die Fachkräfte die Möglichkeit, sich auch mündlich über die Fortbildung zu äußern.

5 Evaluationsdesign

Die FDS-Intervention hat zum Ziel, durch den verbesserten sprachlichen Input der pädagogischen Fachkräfte und die dadurch veränderte Kommunikation zwischen

Fachkräften und Kindern die Sprachentwicklung der Kinder alltagsintegriert zu fördern. Die durch diese Maßnahme angestoßenen Veränderungen können zum einen am Sprachverhalten der pädagogischen Fachkräfte festgemacht werden, zum anderen an der Sprachentwicklung der beteiligten Kinder.

Um den in Abschnitt 3 beschriebenen Fragestellungen nachzukommen, wurde das Forschungsprojekt sowohl auf qualitativer als auch auf quantitativer Ebenen evaluiert (Übersicht der eingesetzten Messinstrumente ▸ Tab. 1.1). Die Evaluation des Projekts erfolgte im Interventions-Kontrollgruppen-Design und ist zwischen Herbst 2016 und Herbst 2018 multizentrisch in Hamburg, Braunschweig und Hildesheim durchgeführt worden.

Tab. 1.1: Übersicht über die eingesetzten Messinstrumente

Messinstrumente	Prätest	Posttest	Follow-up
Fragebögen an Fachkräfte und Kita-Leitung			
• Fragebogen zu Strukturmerkmalen der Kitas und Gruppen*	X		
• Fragebogen über die eigene Ausbildung*	X		
• Fragebogen zur Akzeptanz der FDS-Fortbildung (nur IG)*		X	
• Fragebogen zur Evaluation der FDS-Fortbildung (nur IG)*			X
• Fragebogen zum SÖS und Sprachhintergrund der Kinder*	X		
• Children's Behavior Questionnaire (CBQ)	X		
• Strenghts and Difficulties Questionnaire (SDQ-D)	X		
Fragebogen an Eltern			
• Fragebogen zum SÖS und Sprachhintergrund der Kinder*	X		
Untersuchungen der Kinder			
• Coloured Progressive Matrices (CPM)	X		X
• Head Toes Knees Shoulders (HTKS)	X		
• Bielefelder Screening zur Früherkennung von Lese- und Rechtschreibschwierigkeiten (BISC)	X		X
• Peabody Picture Vocabulary Test – 4. Ausgabe (PPVT-4)	X	X	X
• Aktiver Wortschatztest für 3- bis 5-jährige Kinder - Revision (AWST-R)	X	X	X
• Sprachentwicklungstest für drei- bis fünfjährige Kinder (SETK 3-5)	X	X	X

Tab. 1.1: Übersicht über die eingesetzten Messinstrumente – Fortsetzung

Messinstrumente	Prätest	Posttest	Follow-up
• Intelligence and Development Scales – Preeschool (IDS-P) UT Emotionen erkennen	X	X	X
• Test of Emotion Comprehension (TEC)	X	X	X
• Adaptiver Test zum Emotionswissen (ATEM)*	X	X	
• Theory of Mind-Skala für drei- bis fünfjährige Kinder (ToM-Skala)	X	X	X
• Kuchenaufgabe*	X	X	X
• Fantasietieraufgabe*	X	X	X
• Kaugummiaufgabe*	X	X	X
Videografie			
• Mahlzeit: je 2x30 Minuten pro Fachkraft	X	X	
• Bilderbuchbetrachtung: je 2x30 Minuten pro Fachkraft	X	X	

Anmerkung: * = Hierbei handelt es sich um im Projekt entwickelte Fragebögen und Aufgabenvarianten.

Vor Beginn der Fortbildung und nach Abschluss des fünften Moduls wurden die Fachkräfte in je zwei Situationen (Bilderbuchbetrachtung und Mahlzeit) in der Interaktion mit den Kindern videografiert. Die Transkription der Videos ermöglicht sowohl eine Interpretation auf qualitativer Ebene im Hinblick auf die Gestaltung der Gesprächssituation und die Identifizierung von sprachbezogenen Interaktions- und Dialogmustern als auch eine Auswertung der Daten auf quantitativer Ebene bezüglich der Interaktionsqualität (Anzahl der Turns, Einsatz der SLS und Tiefe der Dialoge; ▶ Kap. 2 in diesem Band). Zudem wurden die Fachkräfte vor Beginn der Fortbildung zu ihren Vorerfahrungen im Beruf und spezifisch zum Thema Sprachförderung mittels Fragebögen befragt. Nur durch Untersuchung der Kinder kann der Nachweis erbracht werden, dass die Teilnahme an der FDS-Intervention zu Fortschritten in der deutschen Sprache sowie zu sozial-emotionalem bzw. wissenschaftlichem Lernen geführt hat. Die Erhebung erfolgte im Prä-, Post- und Follow-up-Design. Da die Maßnahme explizit darauf ausgerichtet ist, die Fachkräfte zu befähigen, den Einsatz der SLS adaptiv zu gestalten und diese auch für die Förderung von Wissensbereichen zu nutzen, wurden neben Sprachmaßen auch das wissenschaftliche Denken sowie das Emotionswissen der Kinder untersucht. Zudem wurden bei der Untersuchung der Kinder zum Prätest Kontrollvariablen erhoben, die zum einen dazu dienen, die Stichprobe vor der Intervention zu charakterisieren, zum anderen wichtige mögliche Einflussfaktoren auf den Spracherwerb darstellen: Phonologische Bewusstheit, (phonologisches) Arbeitsgedächtnis und Spracherwerb hängen sehr eng miteinander zusammen, sodass auf diese Weise auch moderierende

Effekte kontrolliert werden können. Informationen über den soziodemografischen Hintergrund der Kinder wurden ebenfalls erhoben. Am Ende der Fortbildung, jedoch noch vor dem Auffrischungsmodul 6 wurden die Fachkräfte hinsichtlich der eingesetzten Methoden und dem Erlernten aus der Fortbildung sowie beobachteten Veränderungen im Gesprächsverhalten gebeten (Akzeptanz der Maßnahme) und nach dem Auffrischungsmodul folgte eine zweite Evaluation zur Zufriedenheit mit der Maßnahme mittels Fragebögen.

6 Ausblick auf verschiedene Evaluationsebenen

Ziel der FDS-Fortbildung ist es, über die Vermittlung von Wissen und Kompetenzen an pädagogische Fachkräfte eine positive Veränderung der sprachlichen, emotionalen und wissenschaftlichen Kompetenzen bei den von ihnen betreuten Vorschulkindern zu erreichen. In Bezug auf die Domänen Emotionswissen und wissenschaftliches Denken bringt sie damit inhaltlich ein Novum auf den Markt der alltagsintegrierten Sprachfördermaßnahmen. Um die Wirksamkeit zu evaluieren, wurden Veränderungen auf verschiedenen Ebenen gemessen. Lipowsky und Rzejak (2012) beschreiben vier Ebenen, auf denen die Wirksamkeit von Fortbildungsangeboten bei Lehrkräften überprüft werden sollte:

1. die Reaktion der teilnehmenden Lehrkräfte
2. das Lernen der Lehrerinnen und Lehrer
3. Veränderungen im unterrichtlichen Handeln der Lehrperson sowie
4. die Entwicklung der Schülerinnen und Schüler.

Angelehnt an das Modell und übertragen auf den Kita-Kontext kann die Fortbildungsmaßnahme aufgrund des ausführlichen Evaluationsdesigns Effekte auf allen vier Evaluationsebenen aufdecken:

1. über die Reaktion auf die Fortbildung und die Methoden von FDS
2. anhand des Wissenszuwachses
3. des daraus resultierenden veränderten Gesprächsverhaltens auf Seiten der Fachkräfte sowie
4. anhand des Lernzuwachses auf Seiten der Kinder.

Um Effekte auf der ersten Ebene aufdecken zu können, wurde mittels eines Fragebogens nach Modul 5 die Akzeptanz gegenüber der Fortbildung erfragt. Auf der zweiten Ebene wurde wiederum mittels Fragebogen der subjektiv erlebte Wissenszuwachs nach Modul 5 und erneut nach Modul 6 erhoben. Die dritte Ebene ist sowohl durch die subjektive Einschätzung des Einsatzes der SLS und anderen Methoden von FDS (nach Modul 5 und 6) als auch durch die Auswertung des Videomaterials vor und nach der Fortbildung abgesichert. Um Effekte auf der vierten

Ebene aufdecken zu können, wurden die Kinder mithilfe der in Tabelle 1.1 vorgestellten Untersuchungsmaterialien vor sowie nach der Fortbildung und erneut knapp ein halbes Jahr nach deren Abschluss untersucht. Es ist zudem hervorzuheben, dass es sich um ein Kontrollgruppendesign handelt, welches aufgrund der Follow-up-Messung auch Langzeiteffekte aufdecken kann.

Die Datenauswertung ist zum Zeitpunkt der Abgabe des Beitrags an die HerausgeberInnen des Bandes noch nicht abgeschlossen, sodass Evaluationsergebnisse auf allen beschriebenen Evaluationsebenen noch ausstehen. Wir arbeiten an der Bestätigung, dass die FDS-Fortbildung nicht nur bei den pädagogischen Fachkräften auf positive Resonanz gestoßen ist, sondern auch einen adaptiven Einsatz von SLS begünstigt und zu einer positiven Entwicklung der Sprache, des wissenschaftlichen Denkens und des Emotionswissens der beteiligten Kinder beiträgt.

Literatur

Albers, T. (2009). *Sprache und Interaktion im Kindergarten. Eine quantitativ-qualitative Analyse der sprachlichen und kommunikativen Kompetenzen von drei- bis sechsjährigen Kindern*. Bad Heilbrunn: Julius Klinkhardt.

Ansari, S. (2013). *Rettet die Neugier. Gegen die Akademisierung der Kindheit*. Frankfurt: S. Fischer Verlag.

Aukrust, V. G. & Rydland, V. (2011). Preschool classroom conversations as long-term resources for second language and literacy acquisition. *Journal of Applied Developmental Psychology*, 32 (4), 198–207.

Baumert, J., Klieme, E., Neubrand, M., Prenzel, M., Schiefele, U., Schneider, W., Stanat, P., Tillmann, K.-J. & Weiß, M. (Hrsg.) (2001). *Pisa 2000. Basiskompetenzen von Schülerinnen und Schülern im internationalen Vergleich*. Opladen: Leske + Budrich.

Beck, L., Kumschick, I. R., Eid, M. & Klann-Delius, G. (2012). Relationship between language competence and emotional competence in middle childhood. *Emotion*, 12(3), 503–514.

Beckerle, C., Mackowiak, K., Koch, K., Löffler, C., Heil, J., Pauer, I. & von Dapper-Saalfels, T. (2018). Der Einsatz von Sprachfördertechniken in unterschiedlichen Settings im Kita-Alltag. *Frühe Bildung*, 7, 215–222.

Best, P., Laier, M., Jampert, K., Sens, A. & Leuckefeld, K. (2011). *Dialoge mit Kindern führen. Die Sprache der Kinder im dritten Lebensjahr beobachten, entdecken und anregen*. Weimar, Berlin: Verlag das Netz.

Brüderl, L., Riessen, I. & Zens, C. (2015). *Therapie-Tools Selbsterfahrung. Mit E-Book inside und Arbeitsmaterial*. Weinheim, Basel: Beltz Verlag.

Dannenbauer, F. M. (2002). Grammatik. In: S. Baumgartner & I. Füssenich (Hrsg.), *Sprachtherapie mit Kindern. Grundlagen und Verfahren* (5. Aufl., S. 106–161). München: Ernst Reinhardt.

Denham, S. A. (1998). *Emotional development in young children*. New York: Guilford Press.

Dietz, S. & Lisker, A. (2008). *Sprachstandsfeststellung und Sprachförderung im Kindergarten. Expertise im Auftrag des Deutschen Jugendinstituts*. München: Deutsches Jugendinstitut e. V.

Dubowy, M., Ebert, S., von Maurice, J. & Weinert, S. (2008). Sprachlich-kognitive Kompetenzen beim Eintritt in den Kindergarten. *Zeitschrift für Entwicklungspsychologie und Pädagogische Psychologie*, 40(3), 124–134.

Dubowy, M. & Gold, A. (2014). *Sprachförderung im Elementarbereich: Was – wann – wie fördern?* Verfügbar unter: https://www.kindergartenpaedagogik.de/fachartikel/kinder-mit-migrationshintergrund/2307 [07.01.2019].

Dunn, J. & Brown, J. (1994). Affect expression in the family, children's understanding of emotions, and their interactions with others. *Merrill-Palmer Quarterly*, 40(1), 120–137.

Ennemoser, M., Kuhl, J. & Pepouna, S. (2013). Evaluation des Dialogischen Lesens zur Sprachförderung bei Kindern mit Migrationshintergrund. *Zeitschrift für Pädagogische Psychologie*, 27(4), 229–239.

Ennemoser, M., Lehnigk, M., Hohmann, E. & Pepouna, S. (2015). Wirksamkeit eines Coachings für pädagogische Fachkräfte zur Optimierung der Förderpotenziale des Dialogischen Lesens. In: A. Redder, J. Naumann & R. Tracy (Hrsg.), *Forschungsinitiative Sprachdiagnostik und Sprachförderung – Ergebnisse* (S. 137–153). Münster: Waxmann.

Fivush, R. (2007). Maternal reminiscing style and children's developing understanding of self and emotion. *Clinical Social Work Journal*, 35(1), 37–46.

Gerde, H. K., Schachter, R. E. & Wasik, B. A. (2013). Using the scientific method to guide learning. An integrated approach to early childhood curriculum. *Early Childhood Education Journal*, 41(5), 315–323.

Harris, P. L. (1992). *Das Kind und die Gefühle. Wie sich das Verständnis für die anderen Menschen entwickelt*. Bern: Huber.

Hildebrandt, F., Scheidt, A., Hildebrandt, A., Hédervári-Heller, É. & Dreier, A. (2016). Sustained shared thinking als Interaktionsformat und das Sprachverhalten von Kindern. *Frühe Bildung*, 5(2), 82–90.

Jampert, K., Best, P., Guadatiello, A., Holler, D. & Zehnbauer, A. (2005). *Schlüsselkompetenz Sprache. Sprachliche Bildung und Förderung im Kindergarten. Konzepte – Projekte – Maßnahmen*. Weimar: Verlag das Netz.

Klahr, D. & Dunbar, K. (1988). Dual space search during scientific reasoning. *Cognitive science*, 12(1), 1–48.

Klinkhammer, J. & von Salisch, M. (2015). *Entwicklung emotionaler Kompetenz. Hintergründe und Folgen bei Kindern und Jugendlichen*. Stuttgart: Kohlhammer.

Knapp, W. (2015). *Schriftliches Erzählen in der Zweitsprache*. Tübingen: Walter de Gruyter.

Koch, K. & Hormann, O. (2014). Von Strukturen zu Strategien und Interaktionen – Sprachförderung am Übergang in die Grundschule. Befunde aus dem Projekt EvaniK. In: A. Wegner & E. Vetter (Hrsg.), *Mehrsprachigkeit und Professionalisierung in pädagogischen Berufen. Interdisziplinäre Zugänge zu aktuellen Herausforderungen im Bildungsbereich* (S. 77–93). Opladen: Budrich.

König, A. (2006). *Dialogisch-entwickelnde Interaktionsprozesse zwischen ErzieherIn und Kind(-ern). Eine Videostudie aus dem Alltag des Kindergartens*. Inauguraldissertation, Universität Dortmund. Dortmund. Verfügbar unter: https://d-nb.info/99778640x/34 [03.04.2019].

König, A. (2009). *Interaktionsprozesse zwischen ErzieherInnen und Kindern. Eine Videostudie aus dem Kindergartenalltag*. Wiesbaden: Springer.

Lagattuta, K. H. & Wellman, H. M. (2002). Differences in early parent-child conversations about negative versus positive emotions. Implications for the development of psychological understanding. *Developmental Psychology*, 38(4), 564–580.

Leseman, P. P. M., Rollenberg, L. & Rispens, J. (2001). Playing and working in kindergarten. Cognitive co-construction in two educational situations. *Early Childhood Research Quarterly*, 16(3), 363–384.

Lipowsky, F. & Rzejak, D. (2012). Lehrerinnen und Lehrer als Lerner – Wann gelingt der Rollentausch? Merkmale und Wirkungen wirksamer Lehrerfortbildungen. *Schulpädagogik heute*, 3(5), 1–17.

Löffler, C. & Vogt, F. (Hrsg.) (2015). *Strategien der Sprachförderung im Kita-Alltag*. München: Ernst Reinhardt.

Mashburn, A. J., Pianta, R. C., Barbarin, O. A., Bryant, D., Hamre, B. K., Downer, J. T., Barbarin, O. A., Bryant, D., Burchinal, M., Early, D. M. & Howes, C. (2008). Measures of classroom quality in prekindergarten and children's development of academic, language, and social skills. *Child Development*, 79(3), 732–749.

Morris, B. J., Croker, S., Masnick, A. M. & Zimmerman, C. (2012). The Emergence of Scientific Reasoning. In: D. A. Segovia & A. M. Crossman (Hrsg.), *Cognition and the Child Witness. Understanding the Impact of Cognitive Development in Forensic Contexts*. INTECH Open Access Publisher.

Nelson, K. & Fivush, R. (2004). The emergence of autobiographical memory. A social cultural developmental theory. *Psychological review*, 111(2), 486–511.

Petermann, F. & Wiedebusch, S. (2016). *Emotionale Kompetenz bei Kindern* (3. Aufl.). Göttingen: Hogrefe.

Pons, F., Harris, P. L. & Doudin, P.-A. (2002). Teaching emotion understanding. *European Journal of Psychology of Education*, 17(3), 293–304.

Pons, F., Harris, P. L. & de Rosnay, M. (2004). Emotion comprehension between 3 and 11 years. Developmental periods and hierarchical organization. *European Journal of Developmental Psychology*, 1(2), 127–152.

Ritterfeld, U. (2000). Welchen und wieviel Input braucht das Kind. In: H. Grimm (Hrsg.), *Sprachentwicklung. Enzyklopädie der Psychologie* (S. 403–432). Göttingen: Hogrefe.

Ruffman, T., Perner, J., Olson, D. R. & Doherty, M. (1993). Reflecting on scientific thinking: children's understanding of the hypothesis-evidence relation, 64, 1617–1636.

von Salisch, M., Hänel, M. & Denham, S. A. (2015a). Self-regulation, language skills, and emotion knowledge in young children from Northern Germany. *Early Education and Development*, 26(5–6), 792–806.

von Salisch, M., Hänel, M. & Denham, S. A. (2015b). Emotionswissen, exekutive Funktionen und Veränderungen bei Aufmerksamkeitsproblemen von Vorschulkindern. *Kindheit und Entwicklung*, 24(2), 78–85.

Schneider, W. (2018). Nützen Sprachförderprogramme im Kindergarten, und wenn ja, unter welcher Bedingung? *Zeitschrift für Pädagogische Psychologie*, 32(1–2), 53–74.

Siraj-Blatchford, I. (2009). Conceptualising progression in the pedagogy of play and sustained shared thinking in early childhood education: a Vygotskian perspective. *Education and Child Psychology*, 26(2), 77–89.

Sodian, B. (2001). Wissenschaftliches Denken. In: D. H. Rost (Hrsg.), *Handwörterbuch Pädagogische Psychologie. Schlüsselbegriffe* (2. überarb. & erw. Aufl., S. 789–794). Weinheim: Beltz PVU.

Sodian, B., Zaitchik, D. & Carey, S. (1991). Young children's differentiation of hypothetical beliefs from evidence. *Child Development*, 62(4), 753–766.

Tabors, P. O., Snow, C. E. & Dickinson, D. K. (2001). Homes and schools together. Supporting language and literacy development. In: D. K. Dickinson & P. O. Tabor (Hrsg.), *Beginning literacy with language. Young children learning at home and school* (S. 313–334). Baltimore, Md: P. H. Brookes Pub. Co.

Tenenbaum, H. R., Alfieri, L., Brooks, P. J. & Dunne, G. (2008). The effects of explanatory conversations on children's emotion understanding. *British Journal of Developmental Psychology*, 26(2), 249–263.

Voltmer, K. & von Salisch, M. (2017). Three meta-analyses of children's emotion knowledge and their school success. *Learning and Individual Differences*, 59, 107–118.

Voltmer, K. & von Salisch, M. (2019). Native-born German and immigrant children's development of emotion knowledge: A latent growth curve analysis. *British Journal of Developmental Psychology*, 37(1), 112–129.

Wellington, J. & Osborne, J. (2001). *Language and literacy in science education*. UK: McGraw-Hill Education.

Wellman, H. M., Cross, D. & Watson, J. (2001). Meta-analysis of Theory-Of-Mind Development: The Truth about False Belief. *Child Development*, 72(3), 655–684.

Wygotski, L. S. (2002). *Denken und Sprechen. Psychologische Untersuchungen* (übersetzt und herausgegeben von Joachim Lompscher und Georg Rückriem). Weinheim: Beltz TB.

Zimmer, R. (2003, März). *Bildung im Rückwärtsgang? Pädagogik nach Pisa*, Osnabrück. Verfügbar unter: http://schasching.spoe.at/antr%E4ge-unterseiten/antrag%202004/Bildung%20nach%20 Pisa-R.Zimmer.pdf [10.03.2019].

Zimmerman, C. (2005). The development of scientific reasoning skills: What psychologists contribute to an understanding of elementary science learning. *Final draft of a report to the National Research Council Committee on Science Learning Kindergarten through Eighth Grade*. Illinois State University. Verfügbar unter: http://sites.nationalacademies.org/cs/groups/dbas sesite/documents/webpage/dbasse_080105.pdf [03.04.2019].

Zimmerman, C. (2007). The development of scientific thinking skills in elementary and middle school. *Developmental Review*, 27(2), 172–223.
Zlatev, J. & Blomberg, J. (2015). Language may indeed influence thought. *Frontiers in psychology*, 6, 1631.

Kapitel 2:
Fühlen – Denken – Sprechen: Sprachbezogene Interaktions- und Dialogmuster in frühpädagogischen Fachkraft-Kind-Settings

Anika Göbel, Oliver Hormann & Peter Cloos

> Wie stellen Kinder und Fachkräfte sprachbezogene Interaktionen innerhalb pädagogisch gerahmter Kontexte her? Durch welche sprachlichen Mittel können pädagogische Fachkräfte die Entstehung alltagsintegrierter Sprachbildung bei Kindern in Kindertageseinrichtungen ermöglichen? Diesen Kernfragen wird der folgende Beitrag vorrangig aus qualitativer Forschungsperspektive nachgehen. Grundlage sind videografierte Situationen aus dem Alltag von Kindertageseinrichtungen, welche im Rahmen des BiSS-Entwicklungsprojektes »Fühlen – Denken –Sprechen«[1] aufgezeichnet wurden. Anhand von drei Beispielen zu Interaktionsmustern in Esssituationen und Bilderbuchbetrachtungen wird zum einen exemplarisch aufgezeigt, dass die jeweilige *Ausgestaltung* des komplexen Interaktionsrahmens für eine alltagsintegrierte Sprachbildung bedeutungsvoll und zugleich durch grundlegende pädagogische Orientierungen gerahmt ist. Zum anderen wird aus semiotischer Perspektive die Rolle von Sprachlehrstrategien in der *Initiierung* und *Aufrechterhaltung* sprachbildungsförderlicher Dialoge analysiert und auf die genannten pädagogischen Orientierungen hin ausgelegt.

Einleitung

In der Praxis wurde zuletzt ein Bedeutungsgewinn alltagsbegleitender Formen der Sprachbildung sichtbar. Diese haben das Ziel, Sprachlerngelegenheiten in unterschiedlichen Gesprächssituationen des Kindergartenalltags zu ermöglichen. Das interdisziplinäre Längsschnittprojekt »Fühlen – Denken – Sprechen« (kurz FDS) verfolgt vor diesem Hintergrund das Ziel, eine Fortbildungsmaßnahme für frühpädagogische

---

1 »Professionalisierung alltagsintegrierter sprachlicher Bildung bei ein- und mehrsprachig aufwachsenden Kindern«, kurz »Fühlen – Denken – Sprechen« (FDS) war ein vom 1. Februar 2016 bis 31. Januar 2019 vom Bundesministerium für Familie, Senioren, Frauen und Jugend (BMFSFJ) gefördertes BiSS-Entwicklungsprojekt im Elementarbereich. Das Projekt strebte eine Professionalisierung alltagsintegrierter sprachlicher Bildung auf Grundlage von Fortbildungsmodulen für pädagogische Fachkräfte aus Kindertageseinrichtungen mit begleitender Evaluation an (siehe hierzu auch Göbel & Skowronek, 2018).

Fachkräfte zu entwickeln, die alltagsintegrierte Sprachbildung mit der Förderung von frühkindlichen Kompetenzen in den Bereichen des wissenschaftlichen Denkens und des Emotionswissens integriert.[2] Zur wissenschaftlichen Fundierung[3] und Evaluation der Fortbildung wurden u. a. videografische Beobachtungen von Fachkraft-Kind-Interaktionen in den teilnehmenden Kindertageseinrichtungen durchgeführt, die mit Mitteln der qualitativen und quantitativen Videoanalyse ausgewertet werden.

In diesem Beitrag werden Teilergebnisse der qualitativen Videostudie vorgestellt. Es geht um die Frage, wie alltagsintegrierte Sprachbildung innerhalb pädagogisch gerahmter Settings gestaltet wird und wie Fachkräfte durch die Verwendung sogenannter Sprachlehrstrategien übergreifende, dialogisch organisierte Gesprächssequenzen herstellen. Besonderes Augenmerk wird auf die semiotischen[4] Funktionen der Sprachlehrstrategien und die Bedeutung des handlungsleitenden Orientierungsrahmens, dem die Akteure in den sprachlich ausgestalteten Interaktionen bewusst oder unbewusst folgen, gelegt. Ausgehend von der im Wesentlichen auf quantitative Forschungsbefunde gestützten Erkenntnis, dass nicht alle Sprachlehrstrategien gleichermaßen dafür geeignet sind, langanhaltende Dialoge herzustellen, zeigen die vorliegenden qualitativen Videoanalysen auf, dass diese Strategien in konkreten pädagogischen Situationen in komplexe Interaktionsrahmen eingebettet sind und ihre situative Wirkung davon abhängt, wie die jeweiligen Interaktionsrahmen gestaltet werden. Hieraus wird geschlossen, dass es zur Professionalisierung von alltagsintegrierter Sprachbildung nicht ausreicht, pädagogischen Fachkräften Sprachlehrstrategien zu vermitteln, sondern der Fokus auf die interaktive Einbindung der Sprachlehrstrategien gelenkt werden sollte. Dieser Aufgabe wurde in der Diskussion um die alltagsintegrierte Sprachbildung noch nicht hinreichend Beachtung geschenkt.

Im ersten Abschnitt dieses Beitrages wird der Bezugsrahmen für die Analyse der Fachkraft-Kind-Interaktionen erläutert. Daran anschließend werden in Abschnitt 2 zunächst die methodischen Zugänge der Untersuchung und in Abschnitt 3 die Ergebnisse der qualitativen Videoanalysen mit Bezug auf die grundlegenden Interaktionstypen sowie die Bedeutung sprachlicher Mittel für die Herstellung von Dialogen als intersubjektive Gesprächssequenzen vorgestellt. Im vierten Abschnitt wird das untersuchte Material abschließend hinsichtlich der Frage beleuchtet, inwieweit die hier eingesetzten Analyseinstrumente und methodischen Strategien neue Einsichten in die Muster sprachförderlichen Handelns von pädagogischen Fachkräften ermöglichen.

---

2   Eine ausführliche Darstellung des Projekts findet sich bei Skowronek et al. in diesem Band (▶ Kap. 1).
3   Für die im Rahmen des Projektes entwickelten Fortbildungsmodule wurden auf Basis erster Ergebnisse der qualitativen Videostudie Fallvignetten erstellt.
4   Die Semiotik ist ein Bereich der Wissenschaft, der sich mit dem Aufbau und der Funktion von Zeichensystemen, wie dem der Sprache, befasst. Alle semiotischen Ansätze gehen von der Unterscheidung zwischen Zeichen und Bedeutung aus. Zeichen – und Worte als besondere Gruppe von Zeichen – umfassen grundsätzlich unterschiedliche Bedeutungsschattierungen, die situativ interpretiert werden müssen (vgl. Rüede, 2014).

1 Theoretisch-empirischer Bezugsrahmen

Zahlreiche Studien verweisen auf die Bedeutung gelingender Interaktionen zwischen Fachkräften und Kindern für eine positive soziale wie kognitive Entwicklung von Kindern (vgl. Anders, 2013; Wertfein, Wildgruber, Wirts & Becker-Stoll, 2017). Forschungsergebnisse aus dem deutschsprachigen (Kammermeyer, Roux & Stuck, 2011; Koch, 2011) und internationalen Raum (Leseman, Rollenberg & Rispens, 2001; Mashburn et al., 2008) liefern zudem quantitative Evidenzen für den lernförderlichen Einfluss von Fachkraft-Kind-Gesprächen auf die frühkindliche Sprachentwicklung.

In der Frage der pädagogischen Gestaltung dieser sprachförderlichen Interaktionen gewinnt der Diskurs um Sprachlehrstrategien an Bedeutung (vgl. Kucharz, Mackowiak & Beckerle, 2015; Löffler & Vogt, 2015). Darunter werden Fördertechniken verstanden, die das Kind dabei unterstützen, die im Sprachangebot enthaltenen grammatischen und pragmatischen Regeln möglichst gut zu erkennen und sie für eigene sprachliche Produktionen zu nutzen (vgl. Ritterfeld, 2000). Dabei wird von einem Modell der Vermittlung sprachlicher Strukturen ausgegangen, gemäß dem der Empfänger sprachlicher Äußerungen die in ihnen enthaltenen Konzepte am besten entschlüsseln kann, wenn diese an seine Lernvoraussetzungen angepasst sind (vgl. Donato, 1994; Ricart Brede, 2011). Hierzu leisten die in Tabelle 2.1 in einer Übersicht[5] dargestellten Sprachlehrstrategien einen essenziellen Beitrag. Die Lernwirksamkeit des Sprachangebots hängt jedoch nicht allein vom Einsatz der Sprachlehrstrategien ab. Genauso wichtig sind die Interaktionen selbst, durch welche die Kinder an der Organisation des für sie passenden ›Inputs‹ – letztlich auch an der Auswahl der für sie geeigneten Strategien – beteiligt sind (Dannenbauer, 1999).

Zugespitzt könnte man sagen, dass das Sprachförderpotenzial pädagogischer Interaktionen vom Einsatz der Sprachlehrstrategien abhängt, dass aber umgekehrt deren Effektivität von der dialogischen Qualität der Interaktionen mit beeinflusst wird. Vor diesem Hintergrund stellt sich die Frage nach den Wechselwirkungen zwischen dem Einsatz von Sprachlehrstrategien und dem Charakter der Interaktionen, deren Bestandteil sie sind. Die bisherigen Befunde hierzu sind jedoch lückenhaft (vgl. Hormann & Skowronek, 2019).

In einer quantitativ ausgerichteten Studie (ebd.) im Rahmen des FDS-Projekts können Hormann und Skowronek zeigen, dass nicht alle in Tabelle 2.1 aufgeführten Strategien gleichermaßen dafür geeignet sind, langanhaltende Dialoge[6] herzustellen. Als wirksame Einflussgrößen erwiesen sich Modellierungs- und Korrekturtechniken, geschlossene Fragen und Wiederholungstechniken. Aus quantitativer Perspektive musste die Frage offenbleiben, *warum* diese Strategien wirksam mit den Dialogstrukturen zusammenhingen und andere, ebenfalls getestete Fördertechniken (z. B.

---

[5] Eine ausführliche Darstellung und Diskussion einzelner Strategien ist nachzulesen bei Hormann und Skowronek (2019).
[6] In Anlehnung an Grimm (1983) wurden Dialoge als Sequenzen definiert, in denen die Redebeiträge der beteiligten Akteure durch thematische, grammatische oder pragmatische Bezüge miteinander verbunden waren.

Parallelsprechen oder die Ergänzungsfragen) nicht. Und für offene Fragen, deren Wirkung auf die Antwortbereitschaft von Kindern bereits nachgewiesen werden konnte (u. a. de Rivera, Girolametto, Greenberg & Weitzman, 2005; Röhner, Li & Hövelbrinks, 2010), findet Hormann (2020) – ebenfalls mit quantitativen Daten – Evidenzen dafür, dass die tatsächliche Sprachwirksamkeit der Fragen erheblich davon abhängt, an welcher Stelle des Dialogs sie gestellt werden. Je weiter der Dialog vorangeschritten war, desto ausführlicher antworten Kinder auf offene Fragen. Doch auch hier sind die wechselseitigen Abhängigkeiten zwischen der Effektivität dieser Sprachlehrstrategie und den umgebenden Gesprächssequenzen bzw. Handlungsrahmen noch nicht hinreichend untersucht.

Tab. 2.1: Übersicht der Sprachlehrstrategien mit Beispielen
Quelle: O. Hormann & M. Skowronek (2019). Wie adaptiv ist der Einsatz von Sprachlehrstrategien in KiTas? Ergebnisse einer Videoanalyse. *Frühe Bildung* 8(4), S. 194–199. Hier S. 195.

Input-Strategien	Modellierungs- und Korrekturtechniken	Output-Strategien
Wiederholung	**Indirekte Korrektur**	**Geschlossene Frage**
Eigener Äußerungen FK: »Das ist ein Fisch, ein fliegender Fisch.« *Äußerungen des Kindes* K: »Der Kasper weint!« – FK: »Ja, der Kasper weint.«	*Phonetisch* K: »Ich habe das esehen.« – FK: »Du hast das gesehen, stimmt.« *Lexikalisch* K: »Ein Huhn.« – FK: »Ein Hahn, nicht wahr.« *Syntaktisch* K: »Ich Auto spiele.« – FK: »Du spielst Auto.« *Morphologisch* K: »Ich bin zum Spielplatz gegeht.« – FK: »Du bist zum Spielplatz gegangen.«	*Laut-/Zeige-Fragen* FK: »Wo ist das Boot auf dem Bild?« *Tag-Questions* FK: »Weil das eine Schranke ist, ne?« *Ja-Nein-Fragen* FK: »Spielst du gerne mit Puppen?« *Alternativ-Fragen* FK: »Liegt Peter auf dem Sofa oder liegt Peter unter dem Tisch?«
Parallelsprechen		
Eigene und fremde Handlungen K packt seinen Rucksack aus. – FK: »Ah, du packst deinen Apfel aus.« *Eigene/fremde innere Prozesse* FK: »Ich platz' gleich vor Neugierde.« *Sichtbare Zustände* FK zu Kind, das malt: »Das wird ein buntes Pferd.«	**Modellierungstechniken** *Expansion* K: »Ich male.« – FK: »Du malst ein Bild.« *Umformungen* K: »Ich war da noch nie.« – FK: »Du warst da noch nicht.«	**Offene Frage** FK: »Warum möchtest du neben Julian sitzen?« **Ergänzungsfragen** FK: »Wie heißt das?« FK: »Welche Teile hat ein Apfel?« FK: »Was ist dein Lieblingsessen?«

Anmerkung: FK = Fachkraft; K = Kind

Um diese Forschungsleerstelle zu füllen, werden im vorliegenden Beitrag zwei unterschiedliche methodische Zugänge – die dokumentarische (vgl. u. a. Bohnsack,

2007) und die semiotische Analyse – an das Datenmaterial angelegt. Über diese ist es möglich, an konkreten Interaktionssituationen die *Bedingungen* und die *situativen Wirkungen* der Verwendung der Sprachlehrstrategien zu rekonstruieren. Datengrundlage sind Aufnahmen von Fachkraft-Kind-Interaktionen in zwei unterschiedlichen *Settings* des Kindergartenalltags. Dabei handelt es sich um Kontexte, in denen Sprache eine je spezifische Funktion für den Handlungszusammenhang besitzt (Koch, Jüttner & Hormann, 2011). Gespräche während der Buchbetrachtung stellen Gelegenheiten für gezielte Auseinandersetzungen mit Buchinhalten dar. Kommunikation während der Essenssituationen erscheint demgegenüber zunächst ›zweckfrei‹, wenn man von solchen Gesprächsbeiträgen absieht, die der Koordination der Essenstätigkeit dienen.

Aus organisationaler Perspektive treten weitere Unterschiede zwischen gemeinsamem Lesen und Essen in den Vordergrund. Die gemeinsame Mahlzeit in der Kindertageseinrichtung ist ein regelmäßig wiederkehrendes, klar vorstrukturiertes Interaktionssetting, dem sich kein Akteur entziehen kann. Es wird durch die Kinder kaum selbst entschieden, *was, wann* und *wo* gegessen wird (vgl. Schulz, 2016). Demgegenüber erscheinen Bilderbuchbetrachtungen zunächst als weniger regulierte pädagogische Settings, in welchen Kinder im besten Fall selbst entscheiden können, welches Buch angeschaut werden soll und in welcher Form sie teilhaben wollen. Aber auch dieses Setting ist beständig pädagogisch gerahmt und wird aufgrund der in der Regel kleineren Gruppengröße und thematischen Fokussierung auf ausgewählte Buchinhalte als »Protosituation der alltagsintegrierten Spracheinführung« (Jungmann, Koch & Etzien, 2013, S. 119) angesehen.

Beiden erhobenen Settings ist grundlegend, dass hier eine asymmetrische Beziehung zwischen Fachkräften und Kindern vorherrscht, die sowohl durch den institutionellen Auftrag als auch eine generationale Differenz bestimmt ist und alle Interaktionen rahmt. Es stellt sich folglich die Frage, ob – bzw. unter welchen Voraussetzungen – es die in der Situation wirksam werdenden Interaktionsmuster und Orientierungsrahmen zulassen, dass sprachförderliche Dialoge entstehen.

Situative Rahmungen und grundlegende Orientierungen bieten Kindern und Fachkräften einerseits Verhaltenssicherheit, fordern sie aber andererseits aufgrund innerer und äußerer Widersprüche (etwa zwischen der Norm der kindlichen Autonomie und etwaigen Fürsorgepflichten) und Unvereinbarkeiten (wenn Kinder zugleich einen freien Blick auf das Buch haben und bequem sitzen sollen) heraus. Umso wichtiger erscheint es, dass die Fachkräfte die zwischen den Rahmungen und innerhalb dieser liegenden Diskontinuitäten nicht nur für sich, sondern gemeinsam mit den Kindern zu einem Ausgleich zu bringen. In diesem Zusammenhang kommt das Konzept der *Intersubjektivität* zum Tragen. Diese wurde von Rommetveit (1979) als ein von den interagierenden Akteuren geteilter symbolischer Referenzrahmen aufgefasst, dem eine niemals vollständige, aber gemeinsame Handlungen nichtsdestoweniger ermöglichende Situationsdefinition zugrunde liegt.

Zentral für die soziale Herstellung einer intersubjektiv geteilten Interaktionsordnung sind Kommunikationen. Innerhalb dieser werden Bedeutungen auf Basis subjektiver Situationsdefinitionen ausgehandelt. Einige der sprachlichen Mittel zur Herstellung einer zwischen den Akteuren (hinreichend) geteilten Situationsdefinition wurden von Wertsch (1985) unter dem Begriff der semiotischen Mechanismen in die Diskussion eingebracht und empirisch untersucht. In Abschnitt 2.2 werden diese Mechanismen genauer beschrieben und insbesondere gegenüber den oben erwähnten Sprachlehrstrategien abgegrenzt.

2 Methodischer Hintergrund der Videoanalysen

2.1 Die Analyse typischer Interaktionsmuster in Kita-Settings

Im Fokus der qualitativen Rekonstruktion videografierter Bilderbuchbetrachtungen und Essenssituationen in Kindertageseinrichtungen stehen die pädagogischen Interaktionsprozesse der an diesen Settings beteiligten Akteure. In Anlehnung an die Videoanalyse der Dokumentarischen Methode (vgl. u. a. Bohnsack, 2007) werden Einzelsituationen zunächst formulierend interpretiert. Diese textlichen ›Übersetzungen‹ des Videomaterials stellen wiederum die Grundlage für die vertiefte, reflektierende Interpretation von einzelnen Sequenzen dar. Hierbei werden die Sequenzen komparativ entlang von Themen und Kategorien systematisch verglichen, um schließlich im Rahmen einer themenübergreifenden, vergleichenden Analyse eine Typenbildung vornehmen zu können. Orientiert wurde sich dabei an den diskursiven Grundtypen der Dokumentarischen Methode (vgl. Bohnsack & Przyborski, 2006), bei denen zwischen einem inkludierenden, auf einer Rahmenkongruenz beruhenden, und einem exkludierenden Modus[7], der von Rahmeninkongruenz geprägt ist, unterschieden wird.

Das BiSS-Entwicklungsprojekt, welches die Grundlage für den vorliegenden Beitrag darstellt, wurde in Zusammenarbeit mit 13 Kindertageseinrichtungen und 31 Fachkräften aus Niedersachsen und Hamburg durchgeführt (▶ Kap. 1 in diesem Band). Basierend auf je zwei Videoaufnahmen dieser Fachkräfte in je einer Bilderbuch- und Essenssituation zu Beginn des Entwicklungsprojektes (n = 136) und nach der Fortbildung (n = 119) liegen insgesamt 252 Videos mit einer durchschnittlichen Länge von 21 Minuten (Essen) bzw. 23 Minuten (Bilderbuch) vor. Für die im Folgenden skizzierte, komparative Videoanalyse im Sinne eines Fallvergleichs (vgl. Bohnsack, 2007) wurden daraus zunächst 16 Aufnahmen herausgefiltert und umfassend rekonstruiert sowie mit der Suche nach maximalen und minimalen Kontrasten (vgl. a. a. O.) mit weiteren Sequenzen des gesamten Videomaterials verdichtet. Als ergänzendes Suchkriterium für die kontrastierende Fallauswahl wurden strukturelle Dialogmerkmale, wie langanhaltende Gespräche, herangezogen, die in den quantitativen Analysen des Projekts zur Charakterisierung der Förderqualität

---

7 Im Sinne der dokumentarischen Methode können ›Gespräche‹ danach unterschieden werden, inwieweit die Gesprächsteilnehmenden diese formal ausgestalten und dabei Erfahrungsräume teilen (inkludierend) bzw. nicht teilen (exkludierend).

der Gespräche eingesetzt wurden. Die Fallauswahl, die hier zur Beschreibung der Typologie dient, spiegelt die vorgefundene Bandbreite wider.

2.2 Die Analyse sprachlicher ›Werkzeuge‹ in Dialogen – drei semiotische Mechanismen

Der Fokus auf die von Wertsch (u. a. 1985) entworfenen semiotischen Mechanismen ermöglicht eine Analyse der sprachlichen ›Werkzeuge‹, welche die Fachkräfte in ihren Interaktionen mit den Kindern dazu verwenden, deren Perspektive auf den gemeinsamen Gesprächsgegenstand zu beeinflussen. Auf Grundlage von Wertschs Ausführungen und den ergänzenden Arbeiten von Rogoff und Gardner (1984) sowie Rohwer (1973) können drei semiotische Mechanismen unterschieden werden: Der erste, die *proleptische Instruktion*, ist eine Form der Unterstützung, die »Erklärung und Demonstration miteinander verbindet und dabei die Partizipation des Lernenden in die angeleitete Tätigkeit betont« (Rogoff & Gardner, 1984, S. 102; Übers. Oliver Hormann). Dem Lernenden wird der noch unverstandene Gesprächsgegenstand dadurch erschlossen, dass er in leicht zugänglicher Weise präsentiert (Demonstration) und in seiner Komplexität verringert wird. Letzteres geschieht dadurch, dass der Gegenstand in seine Elemente zerlegt und in seinem Aufbau verständlich gemacht wird (Erklärung).

Die Wirkung des zweiten Werkzeugs, die *Kontextualisierung*, basiert auf der Annahme, dass der situationsspezifische Sinn von Worten häufig (nur) über den Kontext erschlossen werden kann (vgl. Rohwer, 1973). Der ›Sinn‹ einer Äußerung resultiert danach nicht aus der Addition einzelner Wortbedeutungen, die fest im Gedächtnis gespeichert sind; er ergibt sich vielmehr aus dem gemeinsamen Bezug der benutzten Worte auf einen sprachlichen Kontext bzw. einen spezifischen Erfahrungszusammenhang (a. a. O.). Dieser Erfahrungszusammenhang kann zur Unterstützung des Kindes durch die erwachsene Person im Rahmen der Kommunikation sprachlich hergestellt werden.

Das dritte Werkzeug, die *Abbreviation*, stellt das Prinzip des Gebens von (erklärenden oder kontextualisierenden) Hinweisen, dem die ersten beiden Mechanismen folgen, gewissermaßen auf den Kopf. Sprachliche Ausführungen zum Gesprächsgegenstand werden hier minimiert oder, wie z. B. bei Widerspruchsprovokation (z. B. »Ist der Weihnachtsmann grün?«), in einer Form gegeben, die den Lernenden dazu bewegt, eigene Rückschlüsse auf das vom Sprechenden Gemeinte zu ziehen. In der Hauptsache eignet sich dieser Mechanismus also nicht dazu, dem Lernenden völlig neue Perspektiven auf den Gesprächsgegenstand zu eröffnen, sondern diesen eigenständiger und akzentuierter wahrzunehmen. Die Abbreviation setzt einen höheren Grad an Intersubjektivität voraus (vgl. Wertsch, 1985), das Kind muss dasselbe mit weniger (direkten) Informationen verstehen.

Die hier entfaltete semiotische Perspektive erweitert die herkömmliche Sicht auf Sprachlehrstrategien, wie sie in Abschnitt 1 skizziert wurde. Sie war von der Auffassung geprägt, dass sprachliche Äußerungen für die Lernenden bereits verständlich sind und – unterstützt durch den Einsatz von Sprachlehrstrategien – auf diese übertragen werden können, wenn der entsprechende sprachliche ›Input‹ nur etwas oberhalb des Sprachniveaus der Lernenden liegt und häufig genug angeboten wird (Ricart Brede, 2011). Die zuletzt vorgestellten semiotischen Mechanismen führen uns nun aber vor Augen, dass die Sprachlehrstrategien eben nicht (nur) als ›Träger‹ von Wortbedeutungen zu betrachten sind. Insoweit, als sie auch explizite oder implizite Hinweise auf die Perspektive des Sprechenden enthalten können – also neben dem, *was* mitgeteilt wird, auch beeinflussen, *wie* es verstanden wird –, fungieren sie darüber hinaus als semiotische Werkzeuge. Als solche werden sie im Folgenden analysiert.

3 Typologisierung sprachbezogener Fachkraft-Kind-Interaktionen

Ein rekonstruktiver Blick auf typische Herstellungsweisen sprachlicher Interaktionen sowie den Einsatz sprachlicher Mittel soll im Folgenden zur Klärung der Frage beitragen, wie pädagogische Fachkräfte in komplexen und vorstrukturierten Settings mit Kindern in sprachförderliche Gespräche kommen. Im vorliegenden Videomaterial zu Bilderbuchbetrachtungen und Mahlzeiten konnten entlang der Dimensionen *Herstellung des Settings*, *Etablierung des Interaktionsrahmens* sowie *Gestaltung der sprachlichen Interaktionen* drei typische Interaktionsmuster kontrastierend (im Sinne von Typen der Interaktionsorganisation, vgl. v. a. Nentwig-Gesemann & Nicolai, 2017) herausgearbeitet werden: *Ablauforientierung*, *Lernorientierung* sowie *Bildungsorientierung*. Darüber hinaus konnten mit Blick auf die *semiotische Gestaltung der sprachlichen Interaktionen* für alle drei Interaktionsmuster jeweils typische, mit den pädagogischen Rahmungen und Orientierungen korrespondierende, Verwendungsweisen der Sprachlehrstrategien identifiziert werden. Im Überblick lassen sich diese drei Typen wie folgt zusammenfassen:

Im ersten rekonstruierten Interaktionstyp »*Ablauforientierung*« wird der Übergang in eine Bilderbuchbetrachtung oder eine gemeinsame Mahlzeit von der Fachkraft initiiert und gesteuert. Der *Interaktionsrahmen* zeichnet sich durch eine stark ritualisierte und routinisierte Alltagspraxis aus, in dem die Organisation der Situation durch die Fachkraft im Vordergrund steht. Typisch ist hierbei, dass jenseits der Organisation des Ablaufs keine thematische Öffnung der Situation stattfindet: Weder geht die Fachkraft im Gespräch über die Organisation des Essens bzw. der Bilderbuchbetrachtung hinaus, noch werden die durchaus vorhandenen und eingebrachten Themen der Kinder aufgegriffen. Deren spontane Redebeiträge werden mit überwiegend kurzem Feedback abgehandelt. Im Zuge dessen passen sich die Kinder an die durch die Fachkraft vorgegebene strukturelle Organisationslogik der Situation an und schränken eigene Beiträge ein. Weder wird ein gemeinsamer konjunktiver Erfahrungsraum erschlossen noch aktiv Rahmenkongruenz hergestellt.

Unter den eingesetzten Sprachlehrstrategien finden sich in gehäufter Form geschlossene (Alternativ-)Fragen sowie Techniken des Parallelsprechens. Beide (Gruppen von) Strategien werden von den Fachkräften nicht nur zur sprachlichen Unterstützung, sondern auch in ihrer semiotischen Funktion zur Steuerung des kindlichen Blickwinkels auf den Gesprächsgegenstand verwendet. Der Gesprächsgegenstand wird von den Fachkräften, dem Muster der Ablauforientierung folgend, in monotoner Form aus dem thematischen Spektrum der Organisation des Essens oder der Buchbetrachtung ausgewählt. Sobald die Kinder eigene diskursive Felder erobern, wird der Gesprächsgegenstand machtvoll in Richtung des Musters der Ablauforientierung verlagert. Im untenstehenden Beispiel (siehe Abschnitt 3.1) wird diese Form der Perspektivsteuerung anhand des semiotischen Mechanismus der Kontextualisierung nachvollzogen.

Auch im zweiten Interaktionstyp der *Lernorientierung* übernimmt die Fachkraft erwachsenenzentriert die Initiierung und Steuerung der Situation. Hierbei ist die strukturelle Organisation des Settings aber von Fachkraft und Kindern insoweit habitualisiert, als es darüber kaum einer expliziten Aushandlung mehr bedarf. Sowohl die Kinder als auch die Fachkraft können sich auf die Mahlzeit oder die Bilderbuchbetrachtungen einlassen, weil sie wissen, was von ihnen in der jeweiligen Situation erwartet wird. Die Fachkraft zeigt sich über den reibungslosen Ablauf der Situation hinaus überwiegend an einer Wissensvermittlung und -überprüfung interessiert und entfernt sich thematisch kaum von der Situation. Diese Orientierung realisiert sie überwiegend durch geschlossene Quiz-Fragen zum Inhalt des Essens (»Was ist denn das orangefarbene da im Gemüse?«) oder zur Geschichte im Buch, welche die intergenerationale Differenz in die Dialogstruktur intersubjektivitätsbegrenzend einschreiben. Denn Quiz-Fragen verlangen von den Antwortenden die Nennung eines bestimmten (lexikalischen) Wissens, das dem Urteil der Fragenden unterworfen ist, aber nicht situational hergestellt wird. Sofern die Fachkraft andere Sprachlehrstrategien (z. B. offene Fragen) im Bemühen um eine gemeinsame Referenzperspektive verwendet, dämmt der übermächtige Orientierungsrahmen der Wissensvermittlung das semiotische Potenzial der Sprachlehrstrategien so stark ein, dass die gemeinsamen Dialoge zwar an der thematischen Oberfläche kontingent erscheinen, aber im Sinne der gedanklichen Beteiligung der Kinder(-interessen) kaum inkludierend sind. Dies wird am Beispiel der Verwendung unterschiedlicher Frageformen in Abschnitt 3.2 demonstriert.

Der dritte Interaktionstyp kann im Gegensatz zu den beiden vorangegangenen Interaktionsmustern als *bildungsorientiert* bezeichnet werden. Dies verweist darauf, dass die Fachkraft im Gespräch die Themen der Kinder aufgreift und erweitert, eine generelle Offenheit für deren Relevanzsetzungen zeigt und somit auch thematisch an die lebensweltlichen Erfahrungen der Kinder anknüpft. Die Kinder wiederum bringen eigene Beiträge ein, sprechen häufig, initiieren Themenwechsel, sodass eine produktive Nutzung der Asymmetrie im generationalen Verhältnis gelingt. Die Fachkraft stellt zwar auch hier sicher, dass z. B. die Kinder essen und trinken können, gemeinsam in das Buch schauen und Themen aufrechterhalten werden. Dies geschieht aber eher beiläufig. Der *Interaktionsmodus* kann als inkludierend charakterisiert werden, weil sich Fachkräfte und Kinder auf Augenhöhe begegnen und im (sprachlichen) Handeln responsiv aufeinander beziehen.

Die Nutzung von Sprachlehrstrategien (z. B. Parallelsprechen, offene Fragen und verschiedene Diskursstrategien) dient hier der Herstellung eines gemeinsamen

Sprachraums mit den Kindern. Kennzeichnend für ihre semiotische Wirkung ist, dass sie den Kindern die Etablierung eines autonomen und zugleich an die Erwachsenenperspektive anschlussfähigen, im Wortsinn *intersubjektiven*, Wirklichkeitsbezugs ermöglichen. Unter Abschnitt 3.3 wird dieser semiotische Einsatz von Sprachlehrstrategien am Beispiel der Verwendung von Widerspruchsprovokationen erläutert.

3.1   »Und der Timo isst jetzt erst mal sein Brot weiter« – Ablauforientierter Interaktionstyp

Herstellung des Settings

Beispielhaft für den Interaktionstyp der *Ablauforientierung* steht die folgende Sequenz einer Essenssituation mit drei Kindern und einer Fachkraft. Alle vier sitzen gemeinsam an einem Kindertisch im Gruppenraum. Bereits das räumliche Setting in dieser Essenssequenz zeigt, dass es sich hier um eine routinisierte Alltagspraxis handelt: Der Tisch ist zum Teil bereits gedeckt und macht damit für alle Akteure offensichtlich, welches Geschehen erwartbar ist.

Die Kinder haben die institutionelle Rahmung habitualisiert, denn sie stellen selbsttätig fehlende Becher auf den Tisch und setzen sich. Die Fachkraft ruft den Rahmen der Situation dennoch noch einmal für alle verbindlich durch die kurze Ansage »Holt bitte euer Brot schon mal raus« auf. In diesem durch Routinen abgesicherten Rahmen interagieren die Kinder nun in der Peergroup untereinander: Sie unterhalten sich, legen ihr Essen auf den Tisch und tauschen sich auch dazu aus. Trotz der räumlich hergestellten geteilten Praxis des Frühstückens und der mit dem gemeinsamen Beginn hergestellten Synchronizität werden Differenzen zwischen Erwachsenen und Kindern erkennbar: Während die Kinder sich um den Tisch platzieren und damit bereits körperlich einen gemeinsamen Interaktionsrahmen schaffen, verlässt die Fachkraft immer wieder unangekündigt das Geschehen.

Der differente Status der Fachkraft zeigt sich auch darin, dass sie sowohl die Unterhaltungen der Kinder als auch die Tatsache nicht beachtet, dass alle drei Kinder bereits ihr Essen vor sich abgelegt haben. Sie hält sich an ihr habitualisiertes Handlungsskript und fordert die Kinder durch ein knappes, minimalsprachliches »Schhhh!« erst dazu auf, leise zu sein und dann ihre Brote herauszuholen (»So, alle Kinder holen ihr Brot raus«). Dabei spricht sie die Kinder als Kollektiv an und reproduziert eine generationale Differenz zwischen sich und den Kindern.

Etablierung des Interaktionsrahmens »Ablauforientierung«

Für die Fachkraft ist im weiteren Verlauf der ordnungsgemäße Ablauf im Übergang zum Essen sowie die Ruhe beim Essen zentrale Norm. Diese trägt sie an die Kinder heran und achtet kontinuierlich auf deren Einhaltung. Diesem Orientierungsrahmen folgend, beginnt das Essen selbst mit einem gemeinsamen, ritualisierten Tischspruch. Die Fachkraft übt die Rahmungsmacht aus, indem sie die (Peer-)Interaktion begrenzt und es unterlässt, die Kinder in die Rahmungsherstellung und Wahrung einzubinden. Der Aufmerksamkeitsfokus der Fachkraft scheint durch die Übermächtigkeit des Rahmens derart eingeschränkt, dass sie diesen aktiv aufrechterhält, obwohl die Kinder kein Interesse zeigen, ihn zu ›gefährden‹. Im Gegensatz zur Fachkraft versuchen sie immer wieder eigene Interessen und Themen zu verbalisieren, das Frühstück auch als Raum für den kommunikativen Austausch zu öffnen und an dessen Ausgestaltung mitzuwirken.

Die Fachkraft bestimmt auch sprachlich durchgehend das Vorankommen des Essens im Sinne einer »Regieführung« (Nentwig-Gesemann & Nicolai, 2017, S. 73). Dies zeigt sich beispielsweise an folgender Szene: Der Junge Timo will die Fachkraft in die vorangegangene Peerinteraktion einbeziehen und zeigt ihr sein Bonbon. Mit erhobenem Zeigefinger und den Worten »Das erst nach dem Essen« verweist sie auf eine unspezifische Zeit nach dem Essen und lässt durch ihre knappe Instruktion dem Interesse des Kindes keinen Raum. Eine anschlussfähige Kommunikation wird somit kaum ermöglicht, der Orientierungsrahmen ist übermächtig und begrenzt den ›Sprachraum‹.

Wenn die Fachkraft die Themen der Kinder aufgreift, geschieht dies nur kurz. Sie schließt einen im Entstehen begriffenen Dialog vorzeitig ab, indem sie sich entweder einem anderen Kind zuwendet (sich sogar aktiv abwendet) beziehungsweise die Kommunikation unterbrechend alle darauf hinweist, jetzt doch bitte zu essen. Die Aufrechterhaltung der Routine vermittelt sie beispielsweise durch deutliche Instruktionen an Timo mit den Worten »Und der Timo isst jetzt erst mal sein Brot weiter«. Diese Instruktion vermittelt in generalisierter Form zugleich allen anwesenden Kindern, was zu tun ist: An erster Stelle steht die notwendige Essensversorgung innerhalb des zeitlich klar beschränkten Frühstückssettings (Norm der Gesundheitsfürsorge, vgl. Schulz, 2016), alles andere soll dahinter zurückstehen.

Gestaltung der sprachlichen Interaktionen und semiotische Analyse

Die Fachkraft lässt immer nur kurze, bilaterale Gespräche mit einzelnen Kindern entstehen. Alle Themen, die kommunikativ erweiterbar und als Anstoß für kontingente Dialoge nutzbar wären, werden von der Fachkraft verbal auf einen ungewissen Zeitpunkt nach dem Frühstück verlagert. Die räumlich hergestellte Vergemeinschaftung der am Frühstück beteiligten Akteure kann auf sprachlicher Interaktionsebene nicht eingelöst werden. Mehr noch: Die von den Kindern zu Beginn des Frühstücks selbst hergestellte Interaktionsordnung des Austausches wird mit dem Eintreten der Fachkraft durch deren *ablauforientierten Interaktionsrahmen* aufgelöst.

Dieser Interaktionsrahmen wird auch durch den semiotischen Einsatz von *Sprachlehrstrategien* stabilisiert. Eine weitere beispielhafte Sequenz kann dies verdeutlichen. Sie wird durch ein Kind eröffnet. Martha deutet mit der Bemerkung »Ich kann Balarett machen« ihr diesbezügliches Wissen und ihre Fähigkeiten an. Darauf wendet die Fachkraft zwei Sprachlehrstrategien in Kombination an, denn sie korrigiert die Aussprache des Kindes beiläufig mit der in anerkennendem Ton gesprochenen Wiederholung (»Ballett!«), um darauf die Äußerung des Kindes semantisch zu erweitern (»Oh, aber nach dem Frühstück kannst du Ballett machen«). Dabei erfüllt diese Extension die semiotische Funktion der Kontextualisierung. Die Fachkraft legt das Konzept des Ballett-Tanzes in Richtung eines spezifischen Erfahrungszusammenhangs aus und lädt ihn dadurch mit (neuer) Bedeutung auf. Zu diesem Erfahrungszusammenhang gehört das Ballett als eine Aktivität, die im Tagesablauf der Kita keinen selbstverständlichen, sondern auf Zeiten außerhalb des Essens begrenzten Platz einnimmt. Dass das Kind mit der Eingangsbemerkung das Ballett in einem anderen als dem von der Fachkraft intendierten Kontext – namentlich als Erfahrung, in der sich eigenes Können zeigt – verortet, zeigt sich in seinem nächsten Redeschritt. Mit der Bemerkung »Mama hat gesagt, ich muss mal Balarett-Schuhe von Mama bekommen« möchte das Kind einen weiteren Aspekt seines persönlichen Erfahrungswissens zum Thema ›Ballett‹ veröffentlichen. In der Konsequenz lässt sich das Kind also nicht auf den von der Fachkraft angesonnenen Deutungsrahmen ein. Auch die Fachkraft kann der kindlichen Perspektive auf den Gesprächsgegenstand nicht folgen, denn sie quittiert die Äußerung des Kindes mit einer einfachen Wiederholung (»Ballerina-Schuhe, mhm«). Anstatt dem Interesse des Kindes am gemeinsamen Austausch weiter nachzugehen, nutzt sie die nächste Gesprächspause und wendet sich mit der geschlossenen Frage (»Timo, soll ich dir das [Brot] mal durchschneiden?«) nicht nur einem anderen Kind zu, sondern setzt die zentrale Handlungsorientierung der Bewältigung des Frühstücks machtvoll gegen den Versuch des Kindes, eine subjektive Erfahrung zu erzählen, durch. Nachdem die Fachkraft also daran gescheitert ist, das Thema Essen innerhalb des Dialogs zentral zu stellen, löst sie die Inkongruenz zwischen ihrem und dem vom Kind entwickelten Deutungssystem durch abrupte Ablösung des laufenden Zwiegesprächs auf.

Es zeigt sich bereits in diesem kurzen Ausschnitt der Fachkraft-Kind-Interaktion, wie klar die vorherrschende Ablauforientierung der Entfaltung eigensinniger Dialoge Grenzen setzt und die Kinder in ihren Beiträgen zur Herstellung einer intersubjektiven Perspektive beschneidet. Umgekehrt zeichnet sich in der Verwendung bestimmter Sprachlehrstrategien das Bemühen der Fachkraft darum ab, der ›Abwicklung‹ des Tagesordnungspunkts der gemeinsamen Mahlzeit gegenüber anderen Orientierungen Priorität zu verleihen. Dies hat zur Folge, dass bestimmte Gesprächsangebote der Kinder von der Fachkraft nicht angenommen werden.

3.2 »Schau mal Max, was ist das denn?« – Lernorientierter Interaktionstyp

Herstellung des Settings

In der Beispielsituation dieses typischen Interaktionsmusters machen es sich eine Fachkraft und drei Kinder im Alter von vier bis fünf Jahren in einem vom restlichen Gruppengeschehen der Kindertageseinrichtung getrennten Raum auf einer am Boden vor einer Wand liegenden Matratze gemütlich, um gemeinsam ein Buch anzuschauen. Die Herstellung der Bilderbuchbetrachtung wird von der Fachkraft von Beginn an aktiv gesteuert: Sie klärt die Sitzordnung und nimmt die Gestaltung der Situation in die Hand. Auf diese Weise ist der Einstieg bereits sowohl von einer

Aufführung generationaler Differenz als auch der Rahmungsmacht der Fachkraft geprägt. Sie artikuliert klar den Beginn der Buchbetrachtung mit den Worten »Gut, dann beginnt es nun. Wir entdecken die Pflanzen und Max, du hast schon gesagt: ›Ah, da kann etwas aufgeklappt werden‹. Da hast du Recht. Das ist so ein Buch wo etwas hochgeklappt werden kann«. Sie wechselt vom organisationalen Rahmen der Situation – der Klärung der Sitzordnung – zur inhaltlichen Ebene. Sie signalisiert den Kindern das Vorhandensein eines gemeinsamen Verstehenshorizontes als Ausgangsbasis für (inhaltsbezogene) kommunikative Anschlüsse: Sie gibt Max in seiner Beobachtung Recht, dass dies ein Buch zum Aufklappen sei.

Anschließend versucht sie den Bogen zum (Lern-)Inhalt des Buches durch eine offene Frage herzustellen: »Schau mal Max, was ist das denn?« Mit dieser direkten Adressierung versucht sie zunächst den Jungen in das pädagogische Setting einzubinden. Sie schafft es mit der Offenheit der Frage zugleich, das Interesse aller drei Kinder auf das Buch zu lenken: Alle rücken näher an sie heran und beginnen die aufgeschlagene Doppelseite kommentierend und selbsttätig zu entdecken.

Die Etablierung des Interaktionsrahmens »Lernorientierung«

Inwiefern dieser scheinbar gelungene organisatorische Einstieg weiterhin auch auf inhaltlicher und sprachlicher Ebene vollzogen wird, zeigt sich im weiteren Verlauf der Videoaufnahme. Gemeinsam mit den Kindern beginnt die Fachkraft, das Buch zu entdecken, und verbalisiert Gesehenes überwiegend in Form von Parallelsprechen (z. B. »Hier sind ja Kinder zu sehen auf dieser Seite. Ein Junge und ein Mädchen. Was machen die denn hier?«). Dieses Vorgehen ähnelt einem Unterrichtsgespräch, denn die Fachkraft stellt Fragen, wartet auf eine Antwort und schließt ein Feedback an. Offene Fragen sollen die Kinder zum Nachdenken über die Buchinhalte anregen und damit eben auch Wissen zum Thema Pflanzen generieren bzw. erweitern. Die Fachkraft behält diese Form der Auseinandersetzung mit den Buchinhalten kontinuierlich bei und bleibt damit in ihrem bereits beim Einstieg etablierten und wirkmächtigen *Interaktionsrahmen der Lernorientierung* verortet.

Beispielsweise versucht sie anhand einer sehr kleinen Abbildung eines blätterlosen Baumes das Thema Herbst zentral zu stellen. Sie deutet mit dem Zeigefinger auf einen im Verhältnis zu allen anderen Abbildungen dieser Doppelseite sehr kleinen Baum ohne Blätter: »Dieser Baum hier auf dem Bild, ne. Wo sind denn die ganzen Blätter?« Während Max auf diese offene Frage mit einem kurzen »weg« antwortet, damit die Erklärsituation von seiner Seite aus beendet und sich anderen Bildern auf der Doppelseite zuwendet, signalisiert die Fachkraft mit der anschließenden ›offenen Frage‹ (»Warum sind die Blätter denn weg, Max?«), dass sie das Thema Herbst gerne weiter aufrechterhalten möchte. Es zeigt sich allerdings, dass diese ›offene Frage‹ wiederholt keinen längeren Dialog mit den Kindern anregen kann und möglicherweise die Komplexität der Frage ein höheres Maß an intersubjektiver (Vor-)Verständigung verlangt hätte. Auch als sich die Kinder dem Bild einer Blumenwiese zuwenden und miteinander darüber sprechen, wird ihr Interessenfokus von der Fachkraft lediglich als Gegenstand einer Erklärung abgehandelt (»Das ist ja eine Wiese, eine Wildblumenwiese. Wo ganz viele verschiedene Blumen wachsen und

Gräser«). Dies verdeutlicht einmal mehr, dass die Themen der Kinder nicht mit den Themen der Fachkraft einhergehen. Dieser Parallelfokus wird von ihr nun sehr formell abgeschlossen, indem sie ihr Thema Herbst erneut aufnimmt und einen Bezug zur Lebenswelt der Kinder herstellt: »Ich hab nochmal eine Frage, Max, Lennart, Chris. Zu den Blättern, die weg sind, wie du gesagt hast. Schaut mal nach draußen«. Dabei streckt sie ihren Arm und Zeigefinger nach rechts in Richtung eines Fensters deutend aus: »Wie sieht es denn jetzt aus mit den Blättern, die an den Bäumen wachsen? Wie sehen die Blätter denn jetzt aus an den Bäumen?«

Die Kinder wiederum zeigen über den gesamten Verlauf der Situation Interesse an anderen Bildern des Buches, können ihre Konzentration selbst jedoch nicht konstant aufrechterhalten und brechen aus der Situation immer wieder physisch aus: So boxt beispielsweise Max auf ein neben ihm liegendes Stoffkrokodil ein. Eine Anpassung dieses ›explorierenden‹ Orientierungsrahmens der Kinder an die Lernorientierung der Fachkraft findet kaum statt, sodass von *Rahmeninkongruenz* gesprochen werden kann. Die Herstellung eines inkludierenden Interaktionsmodus (vgl. Nentwig-Gesemann & Nicolai, 2015) für eine gemeinsam geteilte (Vorlese-)Praxis wird lediglich punktuell vollzogen. Inhaltliche Exkurse der Kinder fängt die Fachkraft kurz sprachlich ein, indem sie die Aussage der Kinder ›wiederholt‹ und ›korrektive Feedbacks‹ gibt und gleichzeitig versucht, über eigene Fragen zum Buchinhalt ihre Situationsdeutung voran zu treiben.

Gestaltung der sprachlichen Interaktionen und semiotische Analyse

Innerhalb des *Interaktionsmusters der Lernorientierung* ist die Fachkraft überwiegend am über Sprache vermittelten Wissensinput für die Kinder orientiert, weniger an über die Buchinhalte zu ermöglichenden Sprachgelegenheiten innerhalb von interessengeleiteten, selbstinitiierten Dialogen. Dies verdeutlichen im Folgenden auch die Ergebnisse der *semiotischen Analyse*. In der bereits oben beschriebenen Eingangssequenz leitet die Fachkraft einen von insgesamt zwei längeren Dialogen durch die oben erwähnte Kombination zweier offener Fragen ein: »Wie sieht es denn jetzt aus mit den Blättern, die an den Bäumen wachsen? Wie sehen die Blätter denn jetzt aus an den Bäumen?« Charakteristisch für die Doppel-Frage ist die Tatsache, dass die zweite Frage explizitere Hinweise auf das zu Beobachtende enthält. Die Fachkraft ermuntert die Kinder nicht mehr zu einer Beschreibung von irgendetwas im Zusammenhang mit den Blättern, sondern zur Beschreibung der Blätter selbst. Dadurch richtet die Fachkraft die Beobachtung der Kinder auf das im ›Hier und Jetzt‹ Wahrnehmbare aus. Die Antwort von Chris (»gelb«) wird von der Fachkraft in Form einer geschlossenen Ja/Nein-Frage (»Und seht ihr noch andere Farben?«) aufgegriffen und nach dem »Ja« des Jungens zunächst in eine Quiz-Frage (»Welche Farben seht ihr?«) überführt. Nachdem eine Antwort ausbleibt, stellt sie erneut eine Ja/Nein-Frage (»Ich sehe rot und grün, seht ihr das auch?«). Im Verlauf des Dialogs wird die Beobachtungsaufgabe immer enger geführt, ohne dass die Bezüge zum initialen Thema Herbst erkennbar werden. Dies holt die Fachkraft erst im Anschluss an die letzte Frage, welche Max verneint (»Ich sehe das nicht«), nach. Sie verleiht ihrer vorherigen Aussage durch die nachgereichte Erklärung »Das ist, weil wir jetzt Herbst haben«

eine vordergründige Plausibilität. Für diese fordert sie per Tag-Question (»ne?«) Zustimmung ein. Das hohe Komplexitätsniveau des Kausalsatzes, durch den das Thema des Herbstes hier (wieder)eingeführt wird, verschleiert nur auf den ersten Blick, dass eine Begründung des Zusammenhangs ausgehend von den Einzelbeobachtungen gar nicht gegeben wird. Oder anders ausgedrückt: die Konjunktion ›weil‹ leitet nicht in eine Begründung über, sondern in eine Behauptung, der zufolge die Beobachtungen durch das Wirken einer abstrakten (für sich nicht beobachtbaren) Erscheinung zu erklären seien. Überdies stellt die Fachkraft keine Partizipation sicher. Anders als im vorausgegangenen Dialog involviert sie die Kinder nicht durch eine Frage nach den Gründen für das Beobachtete, sondern produziert selbst eine Pseudo-Begründung.

Wenn wir nun die semiotischen Mechanismen als heuristische Folie zum Nachvollzug der Bemühungen der Fachkraft, ein intersubjektives Verständnis des Konzepts ›Herbst‹ mit den Kindern herzustellen, auf diesen Dialog anwenden, lässt sich eine hohe, aber eben nicht perfekte Übereinstimmung mit dem Mechanismus der proleptischen Instruktion feststellen. Übereinstimmung ist darin zu erkennen, dass ein übergeordnetes Konzept (Herbst) und einige seiner konstituierenden Erscheinungen (verfärbte Blätter) präsentiert werden. Es fehlt jedoch an einer erklärenden Herleitung der Beziehungen zwischen Konzept und Einzelerscheinung – das eigentliche Explanans – sowie an der Möglichkeit der sozialen Teilhabe am Lernprozess für die Kinder (siehe Abschnitt 2.2).

In diesem doppelten Ausschluss (von der inhaltlichen Erklärung und sozialen Partizipation), der eine selbsttätige Auseinandersetzung mit dem Thema erschwert, spiegelt sich die Übermächtigkeit des Orientierungsrahmens »Wissensvermittlung«. Dieser zeigt sich auch in der Verwendung der ›offenen Fragen‹, denen in der Forschungsliteratur eine erzählgenerierende Wirkung zugeschrieben wird (siehe Abschnitt 1). Sie werden in dieser Sequenz dem Ziel der Wissensvermittlung funktional untergeordnet. So verwendet die Fachkraft im oben ausgeführten Beispiel die ›offene Frage‹ nicht dazu, an Themen der Kinder sondierend anzuschließen, sondern sie evoziert gezielt – vergleichbar dem Modus operandi im fragend-entwickelnden Unterricht – eine Beschreibung, die sie im Fortgang des Dialogs zur thematischen Engführung auf den Herbst nutzt. Analog hierzu lässt sich die Bedeutung der offenen Frage im vorgängigen Sequenzabschnitt (»Warum sind die Blätter weg, Max?«) als Hinführung zum übergeordneten Thema Herbst interpretieren. Als Konsequenz dieser ›Didaktisierung‹ der Gesprächsführung bricht der Dialog in der ersten Sequenz ab, weil die Kinder die ›offene Frage‹ nicht beantworten (können), und in der zweiten Sequenz werden die Kinder zunehmend gedanklich und sprachlich verdrängt (s. o.). Mit Blick auf die in Abschnitt 1 referierten quantitativen Befunde liefern die qualitativen Analysen den ergänzenden Befund, dass die potenziell gesprächsöffnende Wirkung ›offener Fragen‹ von der pädagogischen Rahmung und den darin sich entfaltenden Intentionen der Fachkräfte überformt wird und faktisch ungenutzt bleibt.

3.3 »Ich kenn mich mit Dinos nicht so aus« – Bildungsorientierter Interaktionstyp

Herstellung des Settings

Nachfolgend wird eine weitere Essenssituation als Beispiel für den bildungsorientierten Interaktionstypus betrachtet, in welcher fünf Kinder gemeinsam mit einer Fachkraft am Kindertisch im Gruppenraum der Kindertageseinrichtung sitzen und frühstücken. Sowohl die Fachkraft als auch die Kinder haben ihre Dinge des Essens mitgebracht und selbsttätig arrangiert. Die Fachkraft unterstützt die Kinder dabei, indem sie, wenn nötig, individuell Hilfestellung gibt und auf Fragen kurz antwortet. Die Fachkraft orientiert sich im weiteren Verlauf des Geschehens an der Selbstständigkeit der Kinder. Durch die Sitzposition mit dem Rücken an der Wand kann sie den Tisch und den Raum gleichzeitig überblicken und somit eine Balance zwischen Beobachtung des Gesamtgeschehens und der Partizipation daran aufrechterhalten. Bereits bevor das gemeinsame Essen mit einem Tischritual für alle Kinder beginnt, ist die Essenssituation von Zwiegesprächen zwischen der Fachkraft und einzelnen Kindern sowie knappen Unterhaltungen zwischen den Kindern geprägt. Der Beginn des Settings kann so als eingespielte, gemeinsame Herstellung einer Essenssituation im Sinne eines öffentlichen Gesprächsraumes bezeichnet werden.

Die Etablierung des Interaktionsrahmens »Bildungsorientierung«

Gleich zu Beginn des Frühstücks unterhalten sich zwei Jungen über Dinosaurier. Die Fachkraft stellt einem der Jungen die Frage: »Meinste?« Der angesprochene Emil antwortet »Ja«, und die Fachkraft schiebt hinterher: »Sind denn alle Dinosaurier gleich groß?« In dieser Sequenz sieht es so aus, als suche die Fachkraft die Gelegenheit, sich in ein Gespräch einzuklinken. Die Frage »Meinste?« deutet auf der propositionalen Ebene an, dass die Fachkraft Emil mitteilt, dass ein von ihm vermutlich vorgebrachter Sachverhalt auch anders sein könnte. Die Formulierung »Meinste« korrigiert aber die Feststellung nicht, sondern eröffnet dem Jungen die Möglichkeit, noch einmal nachzudenken. Nachdem der Junge aber die Richtigkeit seiner Aussage bestätigt hat, schiebt die Fachkraft eine geschlossene Frage hinterher, die dazu auffordert, die von ihm angegebene Größe des Dinosauriers zu prüfen. Diese auf das mathematische Grundverständnis des Kindes abzielende und seine kognitiven Fähigkeiten herausfordernde Frage wird von Emil zügig durch ein »Nein« beantwortet. Nun bringt sich auch die deutlich jüngere Alina in das Gespräch ein, berichtet engagiert etwas über Baby-Dinosaurier. An Emil gerichtet fragt die Fachkraft: »Weißt du denn noch, wie groß der größte Dinosaurier ist?« Auch wenn die Frage an Emil gerichtet war, antwortet Ella: »300 Meter«. Die Fachkraft wiederholt erstaunt: »300 Meter. Donnerwetter« und bläst die Wangen auf. Sie gibt damit zu verstehen, dass sie keine Einwände habe, wenn auch Ella sich an dem Gespräch beteiligt. Das »Donnerwetter« und das Aufblasen der Wangen zeugen allerdings davon, dass sie 300 Meter als ganz schön viel empfindet. Die

Aussage kann von Personen, welche die Größe von Dinosauriern nicht richtig einschätzen können, in mehrere Richtungen verstanden werden: entweder als Erstaunen über die Größe des Dinosauriers oder als Aufforderung, die Aussage zu überdenken. Dieses Offenlassen schafft die Möglichkeit, dass das Nicht-Wissen des Mädchens hier nicht zum Problem wird. Die Aussage kann dann auch bedeuten: »Ich habe verstanden, dass du meinst, Dinosaurier sind richtig groß«. Die Fachkraft wendet sich aber wieder an Emil und verdeutlicht Ella, dass sie mit Emil im Gespräch ist. Sie fragt ihn: »Und der kleinste Dinosaurier?« Mit dieser Frage gibt sie nun Emil noch einmal die Gelegenheit zu antworten und verfolgt damit das Thema Größen weiter. Erneut antwortet nicht Emil, sondern Ella: »100 Meter«. Die Fachkraft nickt wieder erstaunt und wiederholt: »100 Meter«. Nun antwortet auch Emil und sagt: »Null Meter«. Somit wird deutlich, dass die beteiligten Kinder zwar wissen, in welchen Maßen und mit Bezug auf welche Relationen (groß versus klein) geantwortet werden kann, sie aber die Größen in Metern nicht einschätzen können. Die Fachkraft wiederholt: »Null Meter« und akzeptiert damit die Aussage als gültig. Die Fachkraft scheint nachzudenken, ob sie die Aussagen der beiden Kinder inhaltlich korrigieren und diese als Unwissende entlarven oder die sachliche Inadäquatheit der Antworten übergehen soll. Tatsächlich bestätigt sie nur noch einmal die Größeneinschätzung: »So klein ist der kleinste Dinosaurier« und schließt eine neue Frage an, die in eine andere Richtung weist: »Weißt du noch, wie der heißt?« Nun ist Emil nicht mehr gefordert, Größen einzuschätzen, sondern Namen zu nennen, und die Fachkraft ergänzt: »Ich kenn mich mit Dinos nicht so aus«. Mit ihrer Antwort präsentiert sie sich hier als wenig Wissende und positioniert die Kinder als Wissende. Dies scheint Emil nun als Aufforderung zu interpretieren, sich als Wissender einzubringen, und er antwortet entsprechend. Hierüber entspinnt sich ein fortlaufendes, von Wechselseitigkeit geprägtes Gespräch, welches um weitere Themen der Kinder und der Fachkraft erweitert wird.

Das gemeinsame Essen wird in diesem typischen Fallbeispiel als eine öffentliche Arena und aufmerksame Dialoggemeinschaft hervorgebracht, in der alle alles potentiell hören und beobachten können und Aufmerksamkeit auf sich lenken dürfen. Die Organisation des eigenen Essens soll dabei parallel bewerkstelligt werden, ist dem Gespräch mit den Kindern untergeordnet und an der Norm der Selbstständigkeit orientiert. Die Kinder haben diese Norm verinnerlicht, denn sie organisieren gleichzeitig ihr Essen und beteiligen sich am Dialog.

Des Weiteren ist das Gespräch am Tisch vom Bemühen der Fachkraft geprägt, die generationale Differenz, welche Interaktionen in diesen Settings durchweg prägen, zu verringern. Dies schließt ein, dass nicht nur die Themen der Kinder Gültigkeit haben, sondern das von ihnen eingebrachte Wissen als gültig und anerkennenswert, nicht als falsch markiert wird, auch wenn die Fachkraft dabei durch ihre Fragen nicht verbirgt, dass sie einen Wissensvorsprung hat. Im Rahmen von Ich-Botschaften verdeutlicht sie, dass sie eine andere Position hat als die Kinder, sie ermöglicht dann durch gezielte, mehrere Antwortmöglichkeiten umfassende Nachfragen, das eigene Wissen zu überprüfen. Zugleich inszeniert sich die Fachkraft immer wieder auch als Nicht-Wissende.

Gestaltung der sprachlichen Interaktionen und semiotische Analyse

Diese der sprachlichen Interaktion grundlegende Orientierung wird von der Fachkraft im Verlauf des Gespräches in zunehmend forcierter Form hervorgebracht. Diese Forcierung geschieht vor allen Dingen durch die regelmäßige Wiederholung der mit diesen Orientierungen verbundenen Praktiken, wie z. B. durch laute Wiederholungen von leise Gesprochenem oder durch Satzvervollständigungen (Expansionen) und indirekte Feedbacks. Neben den erwähnten Sprachlehrstrategien umfasst das Handlungsrepertoire der Fachkraft auch andere Praktiken, die ein langanhaltendes Sprechen über Themen ermöglichen, wie beispielsweise das aktive Zuhören bzw. die gestische und lautmalerische Unterstreichung des Gesagten, wodurch z. B. das Interesse an dem Gesagten ausgedrückt wird. Zudem ermöglicht die Stringenz in der Gesprächsführung das ständige Weiterführen und das stete Anschließen von Themen, die in vielfältiger Weise Bildungs- bzw. Kompetenzbereiche tangieren (emotionales Wissen, mathematische Grundlagen, Paläontologie, interkulturelle Erziehung und Medien) und an der Erfahrungswelt der Kinder andocken.

Entlang dieser Orientierungen und auf Grundlage dieser Praktiken wird ein Gesprächsrahmen geschaffen, der Platz für beiläufige Aufforderungen zur Wissensproduktion lässt, ohne dass dies als Lernsituation gerahmt wird. In diesem Sinne kann dieser *inkludierende Interaktionsmodus* für die Kinder als kognitiv besonders herausfordernd angesehen werden. Die zu analysierende Situation ist durch Dialoge mit zahlreichen Sprecherwechseln geprägt. Grundlage dieser hochvernetzten Kommunikationen ist die Intersubjektivität der Perspektiven der teilnehmenden Akteure. Am Beispiel des ersten langen Dialogs kann verdeutlicht werden, wie die Fachkraft durch den Einsatz spezifischer Sprachlehrstrategien das gemeinsame Gespräch perpetuiert und das geteilte sprachliche Referenzsystem zur Entfaltung bringt. Stellvertretend soll eine Stelle im Dialog näher beleuchtet werden, in der ein Junge davon berichtet, dass seine Mutter zum Schutz vor bösen Menschen einen Wachhund kaufen wollte. Das Kind führt aus: »Aber Papa hat nein gesagt«. Bezugnehmend auf die bösen Menschen fragt die Fachkraft ›geschlossen‹ nach: »Hast du Angst, dass so jemand Waffen hat?« Diese Ja-/Nein-Frage bietet dem Kind eine kontextualisierende Deutung der mit den »bösen Menschen« verbundenen Erfahrungen an, die das Kind bejahend im nächsten Redeschritt übernimmt, bevor es dem Gespräch – auf der Grundlage dieses bestätigten Gegenstandsverständnisses – eine neue und zugleich alte Wendung gibt: »Aber ein Hund, ein Chihuahua wäre gut«. Die Fachkraft entgegnet, indem sie ihr Innenleben parallelsprechend zum Ausdruck bringt: »Ich weiß gar nicht, was ein Chihuahua ist«. Sie lässt sich über die Größe des Hundes aufklären, die das Kind mit »einer kleinen Ratte« vergleicht. Daraufhin formuliert die Fachkraft – die offensichtlich eine andere Vorstellung von einem Wachhund hat – eine Widerspruchsprovokation (»Ach, und *der* soll euch beschützen vor den Männern mit den Waffen?«), durch die sie das Kind dazu anregt, die eigene Version der Wirklichkeit zu prüfen. Das Kind antwortet, indem es seine Vorstellung bekräftigt: »Ja, der, der beißt *aber* ganz stark«. Das ›aber‹ signalisiert hier, dass sich das Kind in der Lage sieht, die Perspektive der Fachkraft nachzuvollziehen – d. h. es versteht, dass die Eignung des Hundes als Schutz gegen böse Menschen aufgrund seiner Größe in Frage steht – und zugleich die eigene Sichtweise gegen diese Perspektive zu behaupten. Die Gegenstandsperspektive des Kindes schließt somit ein Wissen um die mit der Fachkraft geteilte (intersubjektive) sowie nicht geteilte (subjektive) – da vom Vorwissen abhängige – Sicht auf den Gesprächsgegenstand ein. Durch den Einsatz einer spezifischen Sprachlehrstrategie (Widerspruchsprovokation) bedient die Fachkraft den semiotischen Mechanismus der Abbreviation, welcher das Kind zur Anwendung eines elaborierten – vordergründige Widersprüche (der Hund ist klein *und* stark zugleich) integrierenden – Kategoriensystems herausfordert.

Wie in den anderen Beispielen bedingen sich die durch die Fachkraft zur Geltung gebrachte Handlungsorientierung und der semiotische Einsatz der Sprachlehrstrategien wechselseitig. Die das situative (Inter-)Agieren der Fachkraft kennzeichnende *inkludierende Handlungsorientierung*, welche auf der Invisibilisierung des der Generationenordnung eingeschriebenen Kompetenzüberschusses fußt, wird in der beschriebenen Sequenz dadurch zur Geltung gebracht, dass sie die Entwicklung einer autonomen Sichtweise auf den Gesprächsgegenstand durch das Kind nicht nur duldet, sondern geradezu forciert. Umgekehrt kann der von der Fachkraft in Gang gesetzte Mechanismus der Abbreviation vor allem deshalb seine volle Wirkung beim Kind entfalten, weil die Deutungsmacht in den sprachlichen Austauschprozessen nicht einseitig zugunsten der Fachkraft, sondern symmetrisch verteilt ist. So muss das Kind die vorhandene Inkongruenz in den Sichtweisen (auf die Fähigkeiten des Hundes) nicht durch Unterordnung der eigenen Perspektive aufheben, sondern kann sie sogar noch pointieren.

4 Fazit: Die Bedeutsamkeit von Interaktionsmustern für alltagsintegrierte Sprachbildung

Ausgangspunkt der Überlegungen dieses Beitrags war die Frage nach der *Ausgestaltung sprachförderlicher Interaktionen* in zwei unterschiedlichen Kita-Settings sowie nach der Rolle, die Sprachlehrstrategien für den Verlauf dieser Interaktionen spielen. Vorausgehende quantitative Analysen, wie sie u. a. auch im FDS-Projekt durchgeführt wurden, konnten einzelne Zusammenhänge zwischen den Sprachlehrstrategien und verschiedenen Dialogmerkmalen nachweisen. Unklar blieb jedoch, wie diese – durchaus erwarteten – Wirkungen konkret, d. h. durch das situationsgebundene Interagieren der Akteure, hervorgebracht wurden. Darüber hinaus hinterließen die statistischen Analysen Erklärungslücken für die Wechselwirkungen zwischen ›offenen Fragen‹ und Dialogmustern.

Um diese Lücken zu schließen, wurden die Ergebnisse der qualitativen Videorekonstruktionen herangezogen und die dokumentarische Rekonstruktion um die semiotische Analyse der Anwendung von Sprachlehrstrategien erweitert. Hierüber konnten entlang einer Typenbildung an konkreten Interaktionssituationen die *Bedingungen* und die *situativen Wirkungen* der Verwendung der Sprachlehrstrategien rekonstruiert werden. Die komparative Fallanalyse der Videos von Bilderbuchbetrachtungen und Esssituationen verweist darauf, dass die jeweilige Ausgestaltung des komplexen Interaktionsrahmens entlang der Dimensionen *Herstellung des Settings, Etablierung des Interaktionsrahmens* mit Bezug auf die habitualisierten Alltagspraktiken und normativen Vorstellungen der Fachkräfte sowie *Gestaltung der sprachlichen Interaktionen und semiotischen Mechanismen* bedeutungsvoll für die Sprachanregung ist. Bei den drei rekonstruierten Interaktionstypen stellte sich heraus, dass jeder einzelne durch eine spezifische Handlungsorientierung vor allem der Fachkräfte gekennzeichnet ist. Abgrenzbar waren die »Ablauforientierung«, die »Lernorientierung« sowie die »Bildungsorientierung«: Im ersten Typus verunmöglicht die strikte Fokussierung der Fachkraft auf einen reibungslosen, organisationalen Ablauf des Settings die Entstehung langanhaltender Dialoge mit den Kindern. Im Zuge der »Lernorientierung« steht die Wissensvermittlung und -prüfung im Vordergrund der von den Fachkräften gesteuerten sprachlichen Interaktionen. Lediglich im dritten Typus gelingt es, Themen und Relevanzsetzungen aller Akteure in kontingenten Dialogen aufzugreifen und zuzulassen.

Diese Interaktionsmuster erwiesen sich somit als bedeutsam für die pädagogische Rahmung der Sprachbildung in den untersuchten Settings. Darüber hinaus moderierten sie die situativen Wirkungen der Sprachlehrstrategien. So ist der Typus der »Bildungsorientierung« durch einen besonders dialogförderlichen Einsatz geschlossener Fragen gekennzeichnet. Sollten sich die Fachkräfte in unserer Stichprobe, zumindest was den Einsatz dieser Strategie betrifft, am Muster der »Bildungsorientierung« ausrichten, wäre eine plausible Erklärung für die in den quantitativen Analysen belegte Dialogförderlichkeit geschlossener Fragen gegeben. Umgekehrt konnte am Beispiel des »lernorientierten Typus« aufgezeigt werden, wie diese übermächtige Interaktionsrahmung den Charakter der von der Fachkraft eingesetzten offenen Fragen in Richtung Prüffragen abwandelt, die entsprechend kurzatmige Antworten generieren. Hiermit wäre eine mögliche Erklärung für einen anderen statistischen Befund gefunden, namentlich für die Beobachtung, dass Kinder auf offene Fragen der Fachkräfte umso ausführlicher antworten, je länger der gemeinsame Dialog andauert. Denn unsere Ergebnisse legen die Vermutung nahe, dass offene Fragen, wenn mit ihnen ein Dialog eröffnet wird, vorrangig – in einer dem »lernorientierten Typus« analogen Weise – das vorhandene oder fehlende (Vor-)Wissen der Kinder evaluieren und diese gerade nicht dazu bewegen, ihre Perspektive zu entfalten. Je länger jedoch Fachkräfte und Kinder aufeinander bezogen sprechen, desto eher greifen offene Fragen die Interessen und Sichtweisen der Kinder – die im »bildungsorientierten Typus« im Vordergrund stehen – auf und vertiefen sie.

Insgesamt verweisen die Ergebnisse dieses Beitrages auf die Herausforderungen im *praktischen Vollzug* von alltagsintegrierter Sprachbildung für eine entsprechende Professionalisierung. Für die Herstellung eines sprachförderlichen Interaktionsrahmens erscheint eine Balance zwischen der Organisation des Settings, den pädagogischen Ordnungen wie auch den Interessen und Themen der Kinder unabdingbar. Es zeigt sich, dass ein Ermöglichen alltagsintegrierter Sprachbildung nicht nur vom Wissen um Sprachlehrstrategien und deren ›lehrbuchhaftem‹ Gebrauch abhängt, sondern »primär von der pädagogischen Beziehungsqualität« in den Kita-Settings (hier Buchbetrachtungen und Mahlzeiten) und »der Fähigkeit der Wahrnehmung und des responsiven Umgangs mit den handlungsleitenden Orientierungen und habituellen Praktiken der Kinder« (Gerstenberg, 2014, S. 301) durch die Fachkräfte. Sprachbildung kann erst dann alltagsintegriert stattfinden, wenn der jeweilige organisatorische Rahmen von den beteiligten Akteuren insoweit internalisiert ist, dass diesbezügliche ordnungsrelevante Instruktionen kaum mehr in das Handeln und Sprechen miteinander einfließen müssen. Dies beinhaltet, dass Situationsdefinitionen gemeinsam ausgehandelt und eben nicht einseitig gesteuert werden (kurz: Rahmenkongruenz hergestellt werden kann) und somit langanhaltende Dialoge von und mit den Kindern ununterbrochen in diesen Alltagssituationen stattfinden können.

Literatur

Anders, Y. (2013). Stichwort: Auswirkungen frühkindlicher institutioneller Betreuung und Bildung. *Zeitschrift für Erziehungswissenschaft*, 16, 237–275.

Bohnsack, R. (2007). Typenbildung, Generalisierung und komparative Analyse: Grundprinzipien der dokumentarischen Methode. In: R. Bohnsack, I. Nentwig-Gesemann & A. M. Nohl (Hrsg.), *Die dokumentarische Methode und ihre Forschungspraxis. Grundlagen qualitativer Sozialforschung* (2., erw. u. aktual. Aufl., S. 225–253). Wiesbaden: VS Verlag für Sozialwissenschaften.

Bohnsack, R. & Przyborski, A. (2006). Diskursorganisation, Gesprächsanalyse und die Methode der Gruppendiskussion. In: R. Bohnsack, R. A. Przyborski, B. Schäffer (Hrsg.), *Das Gruppendiskussionsverfahren in der Forschungspraxis* (S. 233–248). Opladen: Budrich.

Dannenbauer, F. M. (1999). Grammatik. In: S. Baumgartner & I. Füssenich (Hrsg.), *Sprachtherapie mit Kindern* (4., völlig überarb. und erw. Aufl., S. 105–161). München: Reinhardt.

De Rivera, C., Girolametto, L., Greenberg, J. & Weitzman, E. (2005). Children's Responses to Educators' Questions in Day Care Play Groups. *American Journal of Speech-Language Pathology*, 14(1), 14–26.

Donato, R. (1994). Collective scaffolding in second language learning. In: J. P. Lantolf and G. Appel (Hrsg.), *Vygostskian approaches to second language research* (S. 33–56). Nordwood, NJ: Ablex.

Gerstenberg, F. (2014). Die Frage als Diskursbewegung in (pädagogischen) Praktiken. Zu den Möglichkeiten einer Gesprächsanalyse der Dokumentarischen Methode. In: K. Fröhlich-Gildhoff, I. Nentwig-Gesemann & N. Neuss (Hrsg.), *Forschung in der Frühpädagogik VII. Schwerpunkt: Profession und Professionalisierung* (S. 277–306). Freiburg: Verl. FEL Forschung – Entwicklung – Lehre (Materialien zur Frühpädagogik, 15).

Göbel, A. & Skowronek, M. (2018). Fühlen – Denken – Sprechen: »Professionalisierung alltagsintegrierter sprachlicher Bildung bei ein- und mehrsprachig aufwachsenden Kindern«. *BiSS-Journal*, 8, 34–36.

Grimm, H. (1983). Vergleichende kategoriale Analyse sprachlicher Handlungsmuster in Mutter-Kind-Dyaden. In: D. Boueke & W. Klein (Hrsg.), *Untersuchungen zur Dialogfähigkeit von Kindern* (S. 249–268). Tübingen: Narr.

Hormann, O. (2020). Mit dialogentwickelnden Fragen den Übergang gestalten. In: S. Pohlmann-Rother, U. Franz & S. Lange (Hrsg.), *Kooperation von KiTa und Grundschule* (2. Aufl.). Köln: Wolters-Kluwer.

Hormann, O. & Skowronek, M. (2019). Wie adaptiv ist der Einsatz von Sprachlehrstrategien in KiTas? Ergebnisse einer Videoanalyse. *Frühe Bildung*, 8(4), 194–199.

Jungmann, T., Koch, K. & Etzien, M. (2013). Effektivität alltagsintegrierter Sprachförderung bei ein- und zwei- bzw. mehrsprachig aufwachsenden Vorschulkindern. *Frühe Bildung*, 2(3), 110–121.

Kammermeyer, G., Roux, S., Stuck, A. (2011). Additive Sprachförderung in Kindertagesstätten – welche Sprachfördergruppen sind erfolgreich? *Empirische Pädagogik*, 25(4), 439–461.

Koch, K. (2011). »Sprichst du schon Deutsch oder müssen wir dich noch fördern?« – Sprachförderung als Herausforderung für den Elementarbereich. *Soziale Passagen*, 3(2), 235–251.

Koch, K., Jüttner, A.-K. & Hormann, O. (2011). Strukturen sprachbezogener Förderung von Kindern mit einer anderen Herkunftssprache in Kindertagestätten. *Zeitschrift für Grundschulforschung*, 4(2), 7–19.

Kucharz, D., Mackowiak, K. & Beckerle, C. (2015). *Alltagsintegrierte Sprachförderung. Ein Konzept zur Weiterqualifizierung in Kita und Grundschule.* Weinheim: Beltz.

Leseman, P. M., Rollenberg, L. & Rispens, J. (2001). Playing and Working in Kindergarten: Cognitive Co-Construction in Two Educational Situations. *Early Childhood Research Quarterly*, 16, 363–384.

Löffler, C. & Vogt, F. (2015). *Strategien der Sprachförderung im Kita-Alltag.* München: Ernst Reinhardt.

Mashburn, A. J., Pianta, R. C., Hamre, B. K., Downer, J., Barbarin, O., Bryant, D., Burchinal, M., Clifford, R., Early, D. & Howes, C. (2008). Measures of Classroom Quality in Prekindergarten and Children's Development of Academic, Language, and Social Skills. *Child Development*, 79(3), 732–749.

Nentwig-Gesemann, I. & Nicolai, K. (2017). Interaktive Abstimmung in Essenssituationen – Videobasierte Dokumentarische Interaktionsanalyse in der Krippe. In: H. Wadepohl, K. Mackowiak, K. Froehlich-Gildhoff & D. Weltzien (Hrsg.), *Interaktionsgestaltung in Familie und Kindertagesbetreuung* (S. 53–81). Wiesbaden: Springer.

Nentwig-Gesemann, I. & Nicolai, K. (2015). Dokumentarische Videointerpretation typischer Modi der Interaktionsorganisation im Krippenalltag. In: U. Stenger, D. Edelmann & A. König (Hrsg.), *Erziehungswissenschaftliche Perspektiven in frühpädagogischer Theoriebildung und Forschung* (S. 172–202). Weinheim, Basel: Beltz Juventa.

Ricart Brede, J. (2011). *Videobasierte Qualitätsanalyse vorschulischer Sprachfördersituationen.* Freiburg: Klett Fillibach.

Ritterfeld, U. (2000). Welchen und wie viel Input braucht das Kind? In: H. Grimm (Hrsg.), *Sprachentwicklung. Enzyklopädie der Psychologie* Bd. 3 (S. 403–342). Göttingen: Hogrefe.

Röhner, C., Li, M. & Hövelbrinks, B. (2010). Fragestrategien im fachbezogenen Sprachunterricht. In: K.-H. Arnold, K. Hauenschild, B. Schmidt & B. Ziegenmeyer (Hrsg.), *Zwischen Fachdidaktik und Stufendidaktik. Perspektiven für die Grundschulpädagogik* (S. 89–92). Wiesbaden: VS Verlag für Sozialwissenschaften.

Rogoff, B. & Gardner, W. (1984). Adult guidance of cognitive development. In: B. Rogoff & J. Lave (Hrsg.), *Everyday cognition: Ist development in social context* (S. 95–116). Cambridge, MA: Harvard University Press.

Rohwer, W. D. Jr. (1973). Elaboration and Learning in Childhood and Adolescence. In: Reese, Hayne W. (Hrsg.), *Advance in Child Development and Behavior* (S. 1–57). New York u. a.: Academic Press.

Rommetveit, R. (1979). On the Architecture of Intersubjectivity. In: R. Rommetveit & R. Blaker (Hrsg.), *Studies of Language, Thought, and Verbal Communication* (S. 93–107). London: Academic Press.

Rüede, C. (2014). *Strukturierungen von Termen und Gleichungen. Theorie und Empirie des Gebrauchs algebraischer Zeichen durch Experten und Novizen.* Wiesbaden: Springer.

Schulz, M. (2016). Die Inszenierungs- und Aufführungsformate von Mahlzeiten im Kindergartenalltag. In: B. Althans und J. Bilstein (Hrsg.), *Essen – Bildung – Konsum. Pädagogischanthropologische Perspektiven* (S. 29–47). Wiesbaden: Springer VS.

Wertfein, M., Wildgruber, A., Wirts, C. & Becker-Stoll, F. (2017). *Interaktionen in Kindertageseinrichtungen. Theorie und Praxis im interdisziplinären Dialog.* Göttingen: Vandenhoeck & Ruprecht.

Wertsch, J. V. (1985). *Vygotsky and the social formation of mind.* Cambridge: Harvard University Press.

Teil II: Die BiSS-Entwicklungsprojekte – Der Primarbereich

In Teil II dieses Bandes werden in drei Kapiteln zwei BiSS-Entwicklungsprojekte vorgestellt, von denen eines im Primarbereich, das andere am Übergang zwischen Elementar- und Primarbereich angesiedelt ist. Die ersten beiden Kapitel in Teil II (▶ Kap. 3, ▶ Kap. 4) thematisieren das Primarstufen-Entwicklungsprojekt »Professionalisierungsmaßnahmen zur bedeutungsfokussierten Sprachförderung im Sachunterricht der Grundschule« (ProSach), das letzte Kapitel stellt das BiSS-Entwicklungsprojekt »Kooperation zwischen Grundschule und Kita zur alltagsintegrierten sprachlichen Bildung und zusätzlichen Sprachförderung für Kinder mit geringen Deutschkenntnissen« (TRIO) vor (▶ Kap. 5).

Kinder, die nicht über ausreichend entwickelte bildungssprachliche Fähigkeiten verfügen, sind der Gefahr sprachlich bedingter Leistungsnachteile in allen Schulfächern ausgesetzt. In Bezug auf die Bedeutung, Erfassung und Förderung des Fachwortschatzes gibt es noch Forschungslücken, zu deren Abbau das Projekt »ProSach« beiträgt. In Kapitel 3 erläutern Katrin Gabler, Susanne Mannel, Ilonca Hardy, Sofie Henschel, Birgit Heppt, Rosa Hettmannsperger-Lippolt, Christine Sonntag und Petra Stanat zunächst das ProSach-Professionalisierungskonzept, das Lehrkräfte zu einer Sprachförderung im Sachunterricht befähigen soll. Für die Fortbildung, die sich des Scaffolding-Ansatzes bedient, wurden sprachförderliche Unterrichtseinheiten zum Thema »Schwimmen und Sinken« erarbeitet, die von Lehrkräften in der Praxis erprobt wurden. Als Techniken der Sprachförderung dienten dabei Modellierung, korrektives Feedback, Fokussierung und Fragetechniken. Basierend auf Erkenntnissen zur Wirksamkeit von Fortbildungen gab es pro Lehrkraft mindestens eine Hospitation und eine Unterrichtsvideografie sowie Feedbackgespräche und Videofeedback.

Damit Lehrkräfte die Bildungssprache in einer Klasse angemessen fördern können, müssen sie die jeweiligen sprachlichen Anforderungen ihres Fachs einschätzen können und erkennen, welchen Fachwortschatz die Schülerinnen und Schüler bereits haben und welche zentralen Aspekte sie noch erwerben müssen. Kapitel 4 widmet sich diesem Thema, indem es auf methodische Aspekte des ProSach-Entwicklungsprojekts in Bezug auf die Erfassung des Fachwortschatzes im Sachunterricht der Grundschule eingeht. Birgit Heppt, Sofie Henschel, Rosa Hettmannsperger-Lippolt, Christine Sontag, Katrin Gabler, Ilonca Hardy, Petra Stanat und Susanne Mannel stellen die Schritte der sprachlichen Bedarfsanalyse und der Konstruktion und Überprüfung von Testaufgaben zur Erfassung des Fachwortschatzes dar und prüfen deren Qualität. Zudem untersuchen sie die Bedeutung des Fachwortschatzes für den Aufbau von Fachwissen. Dabei werden Zusammenhänge zwischen dem spezifischen Fachwortschatz, dem allgemeinen und dem bildungssprachlichen Wortschatz geprüft. Analysiert wird, wie stark speziell der Fachwortschatz zur Vorhersage des Fachwissens im Bereich *Schwimmen und Sinken* beiträgt.

Kristina Schierbaum, Diemut Kucharz, Janin Brandenburg, Jan-Henning Ehm, Marcus Hasselhorn, Sina Simone Huschka, Sabrina Geyer, Alina Lausecker, Rabea Lemmer und Petra Schulz stellen in Kapitel 5 das BiSS-Entwicklungsprojekt TRIO vor, in dem pädagogische Fachkräfte aus der Kita gemeinsam mit Lehrkräften der Grundschule ein innovatives Fortbildungsprogramm durchlaufen, das *gezielte alltagsintegrierte sprachliche Bildung* mit *linguistisch fundierter Sprachförderung* in Kleingruppen kombiniert. Darüber hinaus wurde den Fach- und Lehrkräften ein begleitendes Coaching angeboten. Der Erfolg der Professionalisierungsmaßnahme wird dabei auf der Ebene von Veränderungen der Sprachförderkompetenzen der pädagogischen Fach- und Lehrkräfte und auf der Ebene von Einflüssen auf die sprachliche Entwicklung der Kinder betrachtet, der Schwerpunkt des Beitrags liegt auf den Veränderungen auf Seiten der Fachkräfte.

Kapitel 3:
Fachintegrierte Sprachförderung im Sachunterricht der Grundschule: Entwicklung, Erprobung und Evaluation eines Fortbildungskonzepts auf der Grundlage des Scaffolding-Ansatzes

Katrin Gabler, Susanne Mannel, Ilonca Hardy, Sofie Henschel, Birgit Heppt, Rosa Hettmannsperger-Lippolt, Christine Sontag & Petra Stanat

> Wie muss eine Professionalisierungsmaßnahme konzipiert sein, um Lehrkräfte zu befähigen, fachintegrierte Sprachförderung im Fachunterricht wirksam umzusetzen? Dieser Frage widmet sich das BiSS-Entwicklungsprojekt *Professionalisierungsmaßnahmen zur bedeutungsfokussierten Sprachförderung im Sachunterricht der Grundschule (ProSach)*.[1] Es gliedert sich in die drei Phasen Entwicklung, Qualifizierung und Evaluation. Der vorliegende Beitrag konzentriert sich auf die Darstellung der ersten beiden Projektphasen. Zunächst wird die theoriebasierte Ableitung des in ProSach umgesetzten Sprachförderkonzepts in der Entwicklungsphase beschrieben. Dabei wird auch die konkrete Ausgestaltung thematisiert, die in ProSach exemplarisch für das Thema *Schwimmen und Sinken* im Sachunterricht der Grundschule erfolgte. Anschließend wird die in der Qualifizierungsphase eingesetzte Professionalisierungsmaßnahme dargestellt. Sie zeichnet sich durch eine enge Verzahnung von Theorie- und Praxiselementen aus und schließt reflektierte Erprobungsphasen mit Hospitationen und Videofeedback ein. Erste Überlegungen zu den Herausforderungen einer möglichen Verstetigung der Maßnahme bilden den Abschluss des Beitrags.

Einleitung

Die erfolgreiche Teilhabe von Schülerinnen und Schülern am schulischen Unterricht hängt in entscheidendem Maße von ihren Kenntnissen der Unterrichtssprache ab. Zahlreiche Studien belegen einen Zusammenhang zwischen sprachlichen und

---

1 Das Forschungs- und Entwicklungsprojekt »Professionalisierungsmaßnahmen zur bedeutungsfokussierten Sprachförderung im Sachunterricht der Grundschule (ProSach)« wurde im Rahmen der Bund-Länder-Initiative »Bildung durch Sprache und Schrift (BiSS)« mit Mitteln des Bundesministeriums für Bildung und Forschung (BMBF) unter den Förderkennzeichen 01JI602A (Humboldt-Universität zu Berlin) und 01JI602B (Goethe-Universität Frankfurt am Main) gefördert und unter der Leitung von Petra Stanat, Sofie Henschel und Ilonca Hardy durchgeführt.

fachlichen Leistungen und zeigen, dass er sich nicht auf das Fach Deutsch und die Fremdsprachen beschränkt, sondern auch die Leistungen in anderen Fächern betrifft (vgl. Kempert et al., 2016). Während nicht ausreichend entwickelte sprachliche Fähigkeiten lange Zeit vor allem als Problematik von Schülerinnen und Schülern nichtdeutscher Herkunftssprache angesehen wurden, zeigte sich in jüngeren Studien, dass bildungssprachliche Anforderungen auch Schülerinnen und Schülern mit Deutsch als Erstsprache Schwierigkeiten bereiten können (Heppt, Henschel & Haag, 2016). Die frühzeitige Förderung bildungssprachlicher Fähigkeiten und relevanter Vorläuferfähigkeiten wird in allen Fächern der Grundschule als notwendig erachtet und hat entsprechend der Vorgabe der Kultusministerkonferenz (KMK, 2015) in den meisten Kerncurricula der Länder eine feste Verankerung gefunden (z. B. SenBJF, 2017). Demnach soll Sprache als fachübergreifende Kompetenz erworben, erweitert und gefestigt werden. Zusätzlich werden für die einzelnen Sachfächer fachspezifische sprachliche Kompetenzen formuliert. Gezielte sprachförderliche Maßnahmen im regulären Unterricht, die über eine meist eher additive Förderung von Kindern aus sozioökonomisch schwachen Familien oder von Kindern nichtdeutscher Herkunftssprache hinausgehen, werden zwar in den letzten Jahren zunehmend als Aufgabe des Fachunterrichts betrachtet (Becker-Mrotzek, Schramm, Thürmann & Vollmer, 2013), aber trotz wahrgenommener Notwendigkeit noch zu selten systematisch umgesetzt (Riebling, 2013). Für eine durchgängige Sprachbildung[2] über alle Fächer hinweg ist es erforderlich, Lehrkräften durch entsprechende Professionalisierung die Bedeutung der engen Verknüpfung zwischen sprachlichem und fachlichem Lernen bewusst zu machen, sie für die sprachlichen Anforderungen im Fachunterricht zu sensibilisieren und zu einem sprachförderlich gestalteten Fachunterricht zu befähigen. Für den deutschsprachigen Raum liegen jedoch bisher kaum evaluierte Sprachförderkonzepte vor, die, konkretisiert an entsprechend aufbereiteten Fachunterrichtsmaterialien, im regulären Fachunterricht eingesetzt werden können, noch gibt es entsprechende evaluierte Professionalisierungsmaßnahmen für Grundschullehrkräfte.

Im vorliegenden Beitrag wird das Forschungsprojekt »*Professionalisierungsmaßnahmen zur bedeutungsfokussierten Sprachförderung im Sachunterricht der Grundschule (ProSach)*« vorgestellt, welches genau an dieser Stelle ansetzt. Es hatte zum Ziel, ein nach dem Scaffolding-Ansatz konzipiertes Sprachförderkonzept für den Sachunterricht der Grundschule und eine darauf abgestimmte Professionalisierungsmaßnahme zu entwickeln, gemeinsam mit Lehrkräften zu erproben und weiterzuentwickeln sowie im regulären Sachunterricht der Grundschule zu evaluieren. Nachfolgend werden das in ProSach verfolgte Sprachförderkonzept und seine theoretischen Grundlagen vorgestellt. Anschließend werden die Konzeption und die Umsetzung der Professionalisierungsmaßnahme für Lehrkräfte beschrieben.

---

2 Wir verwenden in diesem Beitrag den Begriff *Sprachförderung* synonym zu einer geplanten und fokussierten *Sprachbildung* und nicht bezogen auf eine Maßnahme, die aufgrund eines diagnostizierten Sprachförderbedarfs erfolgt.

1 Sprachliche Anforderungen im Fachunterricht der Grundschule

Mit Eintritt in die Schule wird neben der Alltagssprache zunehmend das bildungssprachliche Register relevant, das »dasjenige Register bezeichnet, dessen Beherrschung vom ›erfolgreichen Schüler‹ erwartet wird« (Gogolin, 2009, S. 269) und bedeutsam mit dem Lernerfolg zusammenhängt (z. B. Paetsch, Felbrich & Stanat, 2015). Der Gebrauch von Bildungssprache ist Schülerinnen und Schülern vor Schuleintritt jedoch in der Regel nur wenig geläufig (Wildemann & Fornol, 2017) und unterscheidet sich deutlich vom besser vertrauten Register der Alltagssprache. Bildungssprache gilt als komplexer, abstrakter, stärker kontextentbunden, expliziter und kohärenter als Alltagssprache (z. B. Gogolin & Lange, 2011; Snow, 2010). Entsprechend gehen der Erwerb und Gebrauch von Bildungssprache mit hohen Anforderungen an die Lernenden einher. Dabei kann zwischen fachübergreifenden und fachspezifischen bildungssprachlichen Anforderungen unterschieden werden, wie es Heppt et al. (▶ Kap. 4) in ihrer Unterteilung in den *allgemeinen bildungssprachlichen* Wortschatz und den *fachspezifischen bildungssprachlichen* Wortschatz tun. Unter dem allgemeinen bildungssprachlichen Wortschatz werden Begriffe und Ausdrücke verstanden, die fachübergreifend bedeutsam sind (z. B. in Arbeitsaufträgen typischerweise verwendete *Sprachhandlungen* wie »erklären«, oder *Konnektoren* wie »daher«, die für den fachlichen Diskurs im Unterricht allgemein wichtig sind). Dagegen findet der fachspezifische bildungssprachliche Wortschatz nur in einer spezifischen fachlichen Domäne Anwendung (z. B. »Summand« im Fach Mathematik). Einige bildungssprachliche Begrifflichkeiten werden auch in der Alltagssprache verwendet, haben dort aber eine andere Bedeutung (z. B. »gerade« als Gegenteil von »ungerade« in der mathematischen Fachsprache und »gerade« als Gegenteil von »schief« in der Alltagssprache, vgl. Wildemann & Fornol, 2017). Fehlt die Kenntnis der fachspezifischen Wortbedeutung, kann dies dazu führen, dass Aufgaben aus rein sprachlichen Gründen nicht bearbeitet werden können oder Möglichkeiten der Partizipation an Unterrichtsgesprächen verwehrt bleiben.

Der Aufbau eines bildungssprachlichen Registers ergibt sich folglich als sprachliches Bildungsziel aller Schülerinnen und Schüler in allen Unterrichtsfächern. Gerade in der Grundschule geschieht dies vor dem Hintergrund eines sich noch stark weiterentwickelnden allgemeinen Spracherwerbs auf der lexikalischen, syntaktisch-morphologischen und pragmatischen Ebene (z. B. Wild et al., 2012) und den entsprechend heterogenen sprachlichen Voraussetzungen der Schülerinnen und Schüler. Denkbar ist daher, dass auch sprachliche Strukturen, die in der Regel aus der Alltagssprache als bekannt vorausgesetzt werden, eine Herausforderung darstellen können (z. B. die Steigerung von Adjektiven, die für das Formulieren von Vergleichen benötigt wird).

2   Ansätze der Sprachförderung

Hinweise darauf, wie Sprachförderung in den Fachunterricht integriert werden kann, geben Sprachförderansätze zum Zweitspracherwerb. Hierbei sind im Wesentlichen zwei Richtungen auszumachen, die auf unterschiedlichen theoretischen Erwerbsannahmen basieren (Darsow, Paetsch, Stanat & Felbrich, 2012; Ellis, 2001). In der *formfokussierten Sprachförderung* (*Focus on FormS*[3]) liegt der Fokus ausschließlich auf den Sprachstrukturen und auf der Aneignung von explizitem Regelwissen, ohne dass eine für den Lernenden bedeutsame inhaltliche Kontextualisierung erfolgt. In der *bedeutungsfokussierten Sprachförderung* (*Focus on Meaning*) steht hingegen das sprachliche Handeln im Vordergrund und sprachliche Strukturen sowie das dazugehörige sprachliche Regelwissen müssen von den Lernenden selbst aus dem sprachlichen Input abgeleitet werden. Die Sprachförderung erfolgt dabei zumeist implizit, das heißt, dass die Lernenden den sprachlichen Erwerbsprozess in der Regel gar nicht bewusst wahrnehmen. Die sprachliche Lernumgebung ist dafür so gestaltet, dass der Erwerbsprozess gezielt erleichtert wird, indem z. B. sprachliches Regelwissen sehr prominent im Zusammenhang mit fachlich relevanten Inhalten platziert wird und dadurch leichter abzuleiten ist. Bedeutungsfokussierte Sprachförderung muss jedoch nicht ausschließlich implizit erfolgen, sondern kann auch explizite Elemente aufweisen, d. h. die Aufmerksamkeit des Lernenden wird gezielt auf sprachliche Strukturen und Regelwissen gelenkt. Im Unterschied zur formfokussierten Förderung erfolgt dies aber weiterhin in einem inhaltlich bedeutungsvollen Kontext, in dem die Verwendung bestimmter sprachlicher Strukturen für das inhaltliche Verständnis des jeweiligen Themas notwendig ist.

In der fachintegrierten Sprachförderung steht der Fachwissenserwerb im Vordergrund und nicht der reine Spracherwerb. Die sprachlichen Anforderungen richten sich nach den Anforderungen des Fachunterrichts, sodass sprachliche Fördermaßnahmen eingebettet in den Fachkontext stattfinden müssen (z. B. Prediger, 2017). Ausgehend von der Umsetzung bedeutungsfokussierter Ansätze im bilingualen Fachunterricht, wie z. B. in den Programmen der *French Immersion* in Kanada (Harley, 1993), ist anzunehmen, dass bedeutungsfokussierte Förderansätze auch für die fachintegrierte Sprachförderung geeignet sind. Dabei scheint vor allem eine Kombination aus impliziten und expliziten Förderelementen vielversprechend zu sein (Stanat, Becker, Baumert, Lüdtke & Eckhardt, 2012). Zusätzlich zur impliziten bedeutungsfokussierten Sprachförderung können hierbei gezielt Sequenzen integriert werden, in denen der Fokus kurzzeitig explizit auf sprachliche Strukturen (z. B. Komposita, Konnektoren und Nebensatzkonstruktionen etc.) gelenkt wird, ohne den Bedeutungskontext zu verlassen. Eine solche kurzzeitige explizite Formfokussierung wird in der Theorie auch als *Focus on Form*[4] bezeichnet.

---

3   Diese Schreibform ist so korrekt, da sie eine Abgrenzung zum später genannten Ansatz *Focus on Form* darstellt.
4   Um die verwirrende Begriffsähnlichkeit mit dem Ansatz *Focus on FormS* zu vermeiden, wird im Weiteren auf die englischen Begriffe verzichtet.

Der Scaffolding-Ansatz zur fachintegrierten Sprachförderung

Ein bedeutungsfokussierter Ansatz für die fachintegrierte Sprachförderung, der im US-amerikanischen Raum bereits relativ weit verbreitet ist und zunehmend auch im europäischen Raum Anwendung findet, ist der Scaffolding-Ansatz nach Gibbons (2002).

Das *Scaffolding* umfasst allgemeine Prinzipien der Lernunterstützung, wie sie Wood, Bruner und Ross (1976) zunächst in der Eltern-Kind-Interaktion beim gemeinsamen Bewältigen von Problemstellungen beobachtet und anhand der Metapher eines Lerngerüsts *(scaffold)* beschrieben haben. Dabei dient das Lerngerüst der zeitweiligen Unterstützung bei der Bewältigung einer Aufgabe, die Lernende zu diesem Zeitpunkt allein nicht bewältigt hätten. Nach der sozial-konstruktivistischen Lerntheorie (Vygotsky, 1978) werden Lernende so in die *Zone der nächsten Entwicklung* geführt. Die Aufgabe der unterstützenden Person besteht dabei darin, den aktuellen Entwicklungsstand der oder des Lernenden zu erkennen und genau so viel Unterstützung anzubieten, dass sie oder er die jeweilige Aufgabenstellung bewältigen kann und auf die nächsthöhere Entwicklungsstufe gelangt, auf der diese Unterstützung fortan nicht mehr benötigt wird.

Das von Gibbons (2002) beschriebene sprachliche Scaffolding stellt eine Übertragung dieser Prinzipien auf das sprachliche Lernen im Fachunterricht dar. Abgestimmt auf den Sprachstand der Lernenden bietet die Lehrkraft als unterstützende Maßnahme Impulse an, die den Lernenden den Übergang auf die nächsthöhere sprachliche Kompetenzstufe ermöglichen. Dabei unterscheidet Gibbons die vorgeschaltete Planungsebene *(Makro-Scaffolding)* von der eigentlichen Umsetzung auf der Ebene der Unterrichtsgestaltung *(Mikro-Scaffolding)*.

Das Makro-Scaffolding umfasst eine genaue Bedarfsanalyse der sprachlichen Anforderungen und eine auf die sprachlichen Leistungen der Schülerinnen und Schüler bezogene Lernstandsanalyse, auf deren Grundlage schließlich eine gezielte sprachliche Unterrichtsplanung erfolgt. In der Unterrichtsplanung werden konkrete sprachliche Ziele formuliert, die auf das Erreichen der fachlichen Ziele ausgerichtet sind und an den aktuellen sprachlichen Stand der Schülerinnen und Schüler anknüpfen. Zudem werden geeignete Unterstützungsmaßnahmen (scaffolds) festgelegt und ebenso wird formuliert, wie diese im Unterrichtsverlauf wieder abgebaut werden können. Dieser Schritt ist wichtig, da dadurch die sprachliche Gestaltung in die Eigenverantwortung der Lernenden zurückgegeben wird und so ein dauerhafter Transfer der sprachlichen Strukturen in den Sprachgebrauch der Schülerinnen und Schüler erreicht werden kann (van de Pol, Volman & Beishuizen, 2010).

Auf der Ebene des Mikro-Scaffolding besteht das Ziel in einer möglichst sprachsensiblen Gestaltung der Unterrichtsinteraktionen im Fachunterricht, die den sprachlichen Zielen der Unterrichtsplanung folgt. Grundlage dafür ist eine nach konstruktivistischen Prinzipien ausgerichtete Unterrichtsgestaltung, in der das Vorwissen der Lernenden aktiviert, geeignete Arbeitsformen für Ko-Konstruktion entwickelt und ausreichend Gelegenheiten für einen sprachintensiven Input gegeben werden. Hierbei kommen die Sprachfördertechniken zur Anwendung, die im nachfolgenden Abschnitt beschrieben werden. Außerdem schlägt Gibbons ein sequentielles Vorgehen vor (vgl. auch Kniffka & Neuer, 2008; Quehl & Trapp, 2013), das die Lernenden auf der fachlichen Seite von einer konkreten zu einer abstrakten Ebene und auf der sprachlichen Seite von einer alltags- zu einer bildungssprachlichen bzw. von einer eher konzeptuell-mündlichen zu einer eher konzeptuell-schriftlichen Ebene führt (Koch & Österreicher, 1985). Die Einführung des Fachvokabulars erfolgt bei diesem schrittweisen Vorgehen erst dann, wenn das jeweilige Fachkonzept aufgebaut wurde und wenn das folgende Berichten (z. B. über ein Schülerexperiment) eine konkretere und stärker dekontextualisierte Sprache verlangt. Damit wird der Gefahr vorgebeugt, dass die Schülerinnen und Schüler Fachbegriffe auswendig lernen, ohne das zugrundeliegende Konzept verstanden zu haben (vgl. Hövelbrinks, 2014), und die Notwendigkeit einer konkreteren fachsprachlichen Verwendung verdeutlicht.

Die Wirksamkeit von Scaffolding konnte bisher bezogen auf allgemeine Lernstrategien, auf das fachliche Lernen oder das emotionale und motivationale Verhalten von Schülerinnen und Schülern in unterschiedlichen naturwissenschaftlichen Fächern für verschiedene Altersgruppen nachgewiesen werden (van de Pol et al., 2010). Van de Pol et al. merken in ihrem Studienüberblick jedoch an, dass die Aufgabentypen sehr limitiert waren und die Studien, die die Wirksamkeit auf das fachliche Lernen evaluierten, nur Scaffolding in Eins-zu-eins-Lernsituationen untersuchten, nicht jedoch im Klassenkontext. Für den Übertrag des Scaffoldingprinzips auf das sprachliche Lernen, wie von Gibbons vorgeschlagen, liegen nach unserem Kenntnisstand derzeit noch keine belastbaren Studien zur Wirksamkeit vor.

Sprachfördertechniken

Die im Mikro-Scaffolding verwendeten Sprachfördertechniken sind im Wesentlichen angelehnt an die Unterstützungsmechanismen, die beim frühen Erstspracherwerb in der Interaktion zwischen Eltern bzw. erwachsenen Bezugspersonen und Kindern beobachtet werden können. Sie wurden ursprünglich vor allem für die Therapie von Sprachentwicklungsstörungen als Sprachfördertechniken weiterentwickelt (Dannenbauer, 2002). Neben allgemeinen Unterstützungstechniken auf der Beziehungsebene (Blickkontakt, zugewandte Körpersprache, aufmerksames und wertschätzendes Zuhören) und auf der paraverbalen Ebene (langsame und deutliche Sprechweise, Akzentuierung bedeutsamer sprachlicher Elemente, Pausen, ausreichend lange Antwortzeiten) handelt es sich dabei in der Regel um Maßnahmen, die bestimmte sprachliche Strukturen in der Interaktion zielgerichtet unterstützen. Zwar werden diese Techniken immer wieder unterschiedlich benannt und kategorisiert (vgl. z. B. Dannenbauer, 2002; Hardy, Mannel & Sauer, 2015; Kammermeyer et al., 2017; Kucharz, Mackowiak & Beckerle, 2015), die zugrundeliegenden Unterstützungshandlungen sind jedoch immer die gleichen. In unserer Darstellung der Sprachfördertechniken folgen wir der Kategorisierung von Hardy et al. (2015). Diese unterscheidet zwischen den impliziten *Modellierungstechniken*, also dem Sprachvorbild durch einen bewusst gestalteten Input[5], *Korrekturtechniken,* die durch verschiedene Formen des Feedbacks fehlerhafte Äußerungen implizit korrigieren und/oder semantisch, syntaktisch oder bildungssprachlich umformen und erweitern, *Fokussierungstechniken,* die z. B. durch Aufforderungen zur Selbstkorrektur, Visualisierungen, explizite Bedeutungserklärungen und explizite Übungen die Aufmerksamkeit kurzzeitig vollständig auf die Zielstrukturen lenken, sowie *Fragetechniken,* die durch bewusst formulierte offene Fragen oder Alternativfragen längere Äußerungen der Kinder anregen sollen, aber auch Formulierungshilfen beinhalten können (eine tabellarische Übersicht dazu findet sich bei Hardy, Hettmannsperger & Gabler, 2019). Die Wirkungsweise der implizit verwendeten Sprachfördertechniken kann auf Grundlage der *Monitor-Theorie* bzw. *Input-Hypothese* (Krashen, 1985) theoretisch begründet werden, während die Hinzunahme expliziter Sprachfördertechniken durch die *Noticing-Hypothese* (Schmidt, 1990) erklärt wird. Während sich Wirksamkeitsstudien für den kontrollierten sprachlichen Input der Modellierungstechniken bisher noch auf den Elementarbereich beschränken (vgl. Beckerle, 2017), wurde die Wirksamkeit des Feedbacks auch für Schülerinnen und Schüler der Primarstufe im Bereich des Zweitspracherwerbs belegt (vgl. Lyster & Saito, 2010). Feedback mit einer gleichzeitigen Aufforderung zur Selbstkorrektur erwies sich dabei als wirkungsvoller als Feedback ohne Aufforderung zur Selbstkorrektur.

Ein Beispiel für das Zusammenspiel mehrerer Sprachfördertechniken gibt der folgende Transkriptausschnitt aus dem Sachunterricht einer 4. Klasse, der im Rahmen des Projekts ProSach stattfand. Aus dem Beispiel wird außerdem ersichtlich, dass sprachförderliche Unterstützungstechniken im Sachunterricht oft mit der Anregung zur kognitiven Auseinandersetzung mit fachlichen Wissenskonzepten einhergehen und damit gleichzeitig die sprachliche und fachliche Kompetenzentwicklung der Schülerinnen und Schüler unterstützen (Mannel, Hardy, Sauer & Saalbach, 2016).

Schülerin A:	Das Styroporplatte mit den Löchern kann schwimmen.
Lehrkraft:	Hatten wir das vermutet oder haben wir das am Ende festgestellt? *(Alternativfrage + Fokussierung durch Kontrastierung »vermuten« vs. »feststellen«, fehlendes korrektives Feedback zum falschen Artikel)*
Schülerin A:	Wir haben das am Ende festgestellt.
Lehrkraft:	Aha. Also steht das fest. (legt Styroporplatte auf Tisch) *(Feedback: Wiederholung und Bestätigung einer korrekten Schüleräußerung)*
Schüler B:	Wir hatten festgestellt, dass die Kerze auch schwimmt. *(direktes Aufgreifen des Zielbegriffs »feststellen«, Modellierung durch Schüler B)*
Lehrkraft:	Aha, die war sehr interessant. Die leg ich mal nochmal so ein bisschen an die Seite.
Schüler C:	Wir haben festgestellt, dass die Nadeln nicht schwimmen... also gehen unter. *(direktes Aufgreifen des Zielbegriffs »feststellen«, Modellierung durch Schüler C)*
Lehrkraft:	So klein wie sie war, ne, war sie untergegangen. *(Feedback mit inhaltlicher Erweiterung)*

---

5 Anders als ursprünglich bei Dannenbauer (2002) beschrieben, umfassen die Modellierungstechniken in dieser Übersicht nur solche Techniken, die sich auf den sprachlichen Input konzentrieren, den die sprachlich unterstützende Person (z. B. die Lehrkraft) als Modellvorbild gibt.

3 Qualifizierungsmaßnahmen zur fachintegrierten Sprachförderung

Evaluationen von Sprachförderprogrammen stammen bislang vorwiegend aus dem Elementarbereich. Sie zeigen, dass die Durchführung einer Sprachfördermaßnahme nicht *per se* die Sprachkompetenz der Kinder verbessert, sondern dass die Sprachförderkompetenz des pädagogischen Personals hierbei eine entscheidende Rolle spielt (vgl. Wildemann & Fornol, 2017). Wie aber können Lehrkräfte die notwendige Kompetenz entwickeln, um Sprachfördermaßnahmen in ihrem Fachunterricht wirksam umzusetzen? Hier sind wirkungsvolle Qualifizierungsmaßnahmen gefordert, denn trotz vorhandener Fortbildungsangebote (z. B. zum sprachsensiblen Fachunterricht oder dem Scaffolding-Ansatz) scheint die Implementation der Fortbildungsinhalte in die Schulpraxis oft noch nicht so zu gelingen, dass sich Verbesserungen der sprachlichen (und fachlichen) Leistungen der Schülerinnen und Schüler zeigen, die sich nachweislich auf die Maßnahme zurückführen lassen (Henschel, Stanat, Becker-Mrotzek, Hasselhorn & Roth, 2014). Dabei stellen die Leistungen der Schülerinnen und Schüler die letzte Wirkungsebene in einer Reihe von vier Ebenen dar, auf denen sich positive Veränderungen nach einer Professionalisierungsmaßnahme zeigen sollten: Zuerst auf der Ebene der Reaktionen und Einschätzungen der Lehrkräfte bezüglich der Professionalisierungsmaßnahme, danach auf der Ebene des Lehrkräftewissens und ihrer Überzeugungen und Motivationen zum behandelten Thema und drittens auf der Ebene des unterrichtspraktischen Handelns der Lehrkräfte, bevor schließlich die Schülerebene erreicht wird (Lipowsky, 2010). Die Evaluation einer Professionalisierungsmaßnahme, die alle vier Ebenen einschließt, ermöglicht also neben der reinen Aussage, ob eine Maßnahme auf der Schülerebene wirksam war oder nicht, auch die Identifikation möglicher Faktoren, die zur Wirksamkeit der Maßnahme beigetragen haben.

Einen Überblick über internationale Evaluationsstudien von Professionalisierungsmaßnahmen zur fachintegrierten Sprachförderung geben Kalinowski, Gronostaj und Vock (2019). Die bis auf eine Studie ausschließlich in den USA durchgeführten Interventionen wiesen auf mindestens einer der genannten Wirkungsebenen positive Effekte auf, nur in zwei Studien wurden jedoch alle vier Wirkungsebenen evaluiert. Kalinowski et al. (2019) kommen anhand dieses Überblicks zu dem Schluss, dass es einige Kernfaktoren zu geben scheint, die erfolgreiche Professionalisierungsmaßnahmen zur fachintegrierten Sprachförderung kennzeichnen. Diese stimmen im Wesentlichen mit den Ergebnissen überein, die sich aus vielfältigen Studien zur Wirksamkeit von Lehrkräftefortbildungen im Allgemeinen ergeben haben (vgl. Lipowsky, 2010). So sollten diese intensiv und über einen längeren Zeitraum angelegt sein, einen engen fachdidaktischen Fokus haben und das fachdidaktische und diagnostische Wissen der Lehrkräfte vertiefen, indem sie an die Überzeugungen und Konzepte der Lehrkräfte anknüpfen und diese weiterentwickeln. Gleichzeitig sollten die Lehrkräfte zum vertieften Nachdenken über ihr eigenes unterrichtspraktisches Handeln angeregt werden, indem dieses z. B. mithilfe von Unterrichtsvideos reflektiert wird. Auch scheint sich eine Implementation praktischer Erprobungsphasen sowie kollegialer

Hospitationen positiv auf das unterrichtspraktische Handeln der Lehrkräfte auszuwirken.

Im deutschsprachigen Raum konzentrierten sich derartige Evaluationen von Professionalisierungsmaßnahmen zur fach- bzw. alltagsintegrierten Sprachförderung bislang auf die Professionalisierung und Umsetzung alltagsintegrierter Sprachförderung durch pädagogische Fachkräfte im Elementarbereich. Auch hier erwiesen sich vor allem solche Professionalisierungsmaßnahmen als wirksam, die Theorie und Praxis miteinander verzahnten, regelmäßige Reflexionen beinhalteten und auf einen längeren Zeitraum hin angelegt waren. Mithin handelt es sich hierbei also um genau die von Kalinowski und Kolleginnen identifizierten Kernfaktoren wirksamer Professionalisierungsmaßnahmen (vgl. Wildemann & Fornol, 2017).

Das BiSS-Entwicklungsprojekt »Professionalisierungsmaßnahmen zur bedeutungsfokussierten Sprachförderung im Sachunterricht der Grundschule (ProSach)« zielte darauf ab, eine Professionalisierungsmaßnahme zur fachintegrierten Sprachförderung in der Grundschule nach den o. g. Kriterien wirksamer Professionalisierungsmaßnahmen für Lehrkräfte zu entwickeln und anschließend auf allen vier Wirkungsebenen zu evaluieren. Zudem sollte überprüft werden, inwieweit sich der Ansatz zur Umsetzung im regulären Unterricht der Grundschule eignet.

4 Das BiSS-Entwicklungsprojekt ProSach im Überblick

Das Projekt ProSach gliederte sich grob in eine Entwicklungsphase, eine Qualifizierungsphase und eine Evaluationsphase (▶ Abb. 3.1). Die Konzeptentwicklung erfolgte theoriegeleitet in der Entwicklungsphase des Projekts und umfasste die Erstellung des Sprachförderkonzepts für den Sachunterricht in der Grundschule, die konkrete Ausgestaltung einer curricular validen und mit sprachlichen Handlungsoptionen angereicherten Unterrichtshandreichung zum Thema *Schwimmen und Sinken* sowie die Konzeption des Professionalisierungsansatzes. Für die teilnehmenden Lehrkräfte startete das Projekt mit einer Qualifizierungsphase im Schuljahr 2016/17, bestehend aus Fortbildungsveranstaltungen und einer Erprobungsphase für die Interventionsgruppe, in der die Lehrkräfte das sprachförderlich angereicherte Schwimmen-und-Sinken-Curriculum in der realen Unterrichtssituation erprobten. Die Erprobungsphase wurde durch reflektierte Hospitationen und Videocoachings begleitet. Zudem wurden die Erkenntnisse aus dieser Erprobungsphase für die Weiterentwicklung des sprachförderlich angereicherten Schwimmen-und-Sinken-Curriculums vor Beginn der anschließenden Evaluationsphase genutzt. Die Evaluationsphase startete im Schuljahr 2017/18 mit der Umsetzung des optimierten Schwimmen-und-Sinken-Curriculums im regulären Sachunterricht der 3. und 4. Klasse. Zur Überprüfung von Generalisierungs- und Transfereffekten wurden im Verlauf des Schuljahres ein weiteres naturwissenschaftliches Thema *(Aggregatzustände von Wasser und Übergangsprozesse)* und ein gesellschaftswissenschaftliches Thema *(Bildung für Nachhaltige Entwicklung: Müllvermeidung und -verwertung mit dem Schwerpunkt Verpackungen)* unterrichtet, mit der Aufforderung an die Lehrkräfte, diese ebenfalls sprachförderlich zu gestalten. Zudem wurden die Unterrichtsthemen auch von den Lehrkräften einer Warte-Kontrollgruppe unterrichtet, die bis dahin nur die entsprechenden Fachfortbildungen besucht, aber keine Professionalisierung zur fachintegrierten Sprachförderung erhalten hatte. Der vorliegende Beitrag konzentriert sich auf die Darstellung des Sprachförder- und Professionalisierungskonzepts. Einen vereinfachten Überblick über den gesamten Projektablauf gibt Abbildung 3.1.

I. Entwicklungsphase

- Sprachförderkonzept für einen handlungsorientierten Sachunterricht
- Curricular valide Handreichung und Materialien zum sprachbildenden, experimentellen Unterricht zu „Schwimmen und Sinken"
- Professionalisierungsansatz für Lehrkräfte

II. Qualifizierungsphase (Schuljahr 2016/17)

Fachfortbildung zu „Schwimmen und Sinken"
Fachliches und fachdidaktisches Wissen

Fortbildungen zu fachintegrierter Sprachförderung
Makro- und Mikro-Scaffolding am Beispiel „Schwimmen und Sinken"

Unterrichtserprobung des Schwimmen-und-Sinken-Curriculums mit integrierter Sprachförderung
- Hospitation mit 1:1-Feedback
- Videografie mit kollegialem Feedback in der Kleingruppe
- Reflexionstreffen in der Gesamtgruppe

III. Evaluationsphase (Schuljahr 2017/18)

Durchführung des Themas „Schwimmen und Sinken" und zwei weiterer Themen im regulären Sachunterricht

Überprüfung der Wirksamkeit des Sprachförderkonzepts und des Professionalisierungsansatzes auf der Ebene der Lehrkräfte und der Schülerinnen und Schüler

Abb. 3.1: Überblick zum Ablauf des Projekts ProSach
Anmerkung: Am Ende der Qualifizierungsphase fanden außerdem zwei Fachfortbildungen zu den beiden weiteren in der Evaluationsphase unterrichteten Themen *Aggregatzustände von Wasser* und *Bildung für Nachhaltige Entwicklung* statt.

5 Die Konzeption der fachintegrierten Sprachförderung in ProSach

Das Sprachförderkonzept im Projekt ProSach richtet sich nach dem auf die fachintegrierte Sprachförderung übertragenen Scaffolding-Ansatz. Entsprechend erfolgt die sprachliche Unterstützung bedeutungsfokussiert und ist an den sprachlichen Anforderungen des Unterrichtsfachs und des jeweiligen Unterrichtsthemas ausgerichtet. Dabei werden implizite und explizite Sprachfördermethoden kombiniert. Sie sollen nicht nur als sprachliche Unterstützung wirken und möglichst vielen Schülerinnen und Schülern die Teilhabe am fachlichen Diskurs ermöglichen, sondern auch den Aufbau tragfähiger fachlicher Konzepte bei den Lernenden unterstützen. Grundsätzlich ist der Unterricht daher handlungsorientiert und konstruktivistisch ausgerichtet und schafft damit viele Kommunikationsanlässe für echte Interaktionen.

5.1 Die Unterrichtskonzeption

Die didaktische Ausrichtung der Unterrichtskonzeption in ProSach beruht auf einer konstruktivistischen Vorstellung von Lehren und Lernen, nach welcher Lernen ein aktiver Prozess der Konstruktion von Wissen seitens der Lernenden ist (z. B. Reinmann-Rothmeier & Mandl, 2001). Ziel dieses Prozesses ist eine von der Lehrkraft begleitete Weiterentwicklung der teils sehr hartnäckig verankerten vorunterrichtlichen Vorstellungen der Schülerinnen und Schüler (siehe Forschung zu Schülervorstellungen: z. B. Kirchner & Engel, 1994) hin zu wissenschaftlich tragfähigen Vorstellungen (Möller, Hardy, Jonen, Kleickmann & Blumberg, 2006).

Die im Projekt ProSach aufgegriffene Unterrichtseinheit *Schwimmen und Sinken* zielt auf die Beantwortung naturwissenschaftlicher Fragestellungen ab (z. B. »Warum schwimmt ein schweres Schiff aus Metall?«). Für die Weiterentwicklung von Schülervorstellungen im Kontext naturwissenschaftlicher Fragestellungen hat sich der methodische Zugang über das Experiment als geeignet erwiesen. Dieser ist grob gekennzeichnet durch die drei Schritte: *Hypothesen generieren*, *Passende Experimente aufbauen und planen* und *Empirische Befunde interpretieren* (Mikelskis-Seifert & Wiebel, 2011; hierzu die Adaption in ProSach ▸ Abb. 3.2). Ausgangspunkt ist hierbei ein beobachtetes Phänomen (beispielsweise das Schwimmen eines schweren Metallschiffes) und die Frage nach einer wissenschaftlich tragfähigen Erklärung dafür.

Der Untersuchung an Grundschulkindern im Themengebiet *Schwimmen und Sinken* von Möller et al. (2006) zufolge hat sich eine Strukturierung der Lernumgebung durch eine Sequenzierung des Unterrichts in Teilfragen und ein entsprechend darauf abgestimmtes Angebot an Experimentiermaterialien als lernförderlich für leistungsschwächere Schülerinnen und Schüler erwiesen. Eine solche Strukturierung der Lernumgebung erfolgt in dem von Jonen und Möller (2005) entwickelten und in ProSach adaptierten Curriculum zum Inhaltsgebiet *Schwimmen und Sinken* und wurde auch auf die primär im Kontext von ProSach konzipierten Curricula zu den Inhaltsgebieten *Verdunstung und Kondensation* und *Bildung für nachhaltige Entwicklung* übertragen.

Neben einer starken handlungsorientierten Unterrichtsgestaltung, die sich in den Phasen der Durchführung der Experimente zeigt, kommt den Unterrichtsgesprächen eine sehr zentrale Bedeutung zu, beispielsweise in der Phase des gemeinsamen und hypothesengeleiteten Schlussfolgerns. Voraussetzung für eine Partizipation an Unterrichtsgesprächen seitens der Schülerinnen und Schüler sind ausreichende Kenntnisse im rezeptiven und produktiven Gebrauch von Bildungssprache (siehe Abschnitt 1 in diesem Kapitel). Durch die prominente Stellung der Unterrichtsgespräche in den Curricula bieten sich für die Lehrkraft vielfältige Möglichkeiten der Diagnostik und Förderung bildungssprachlicher Kompetenzen an, wie nachfolgend gezeigt wird.

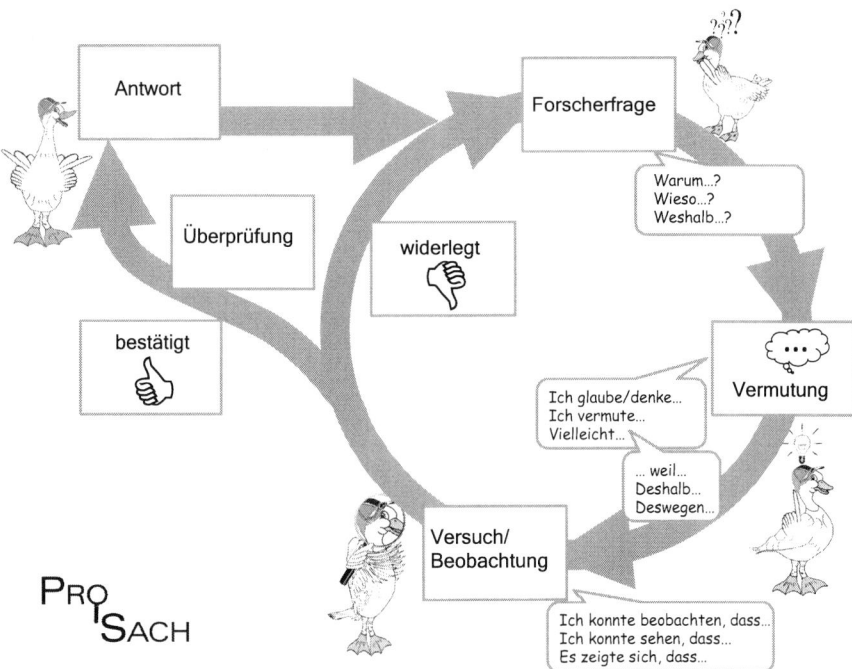

Abb. 3.2: Darstellung des Forscherkreislaufs im Projekt ProSach mit Visualisierungen geeigneter sprachlicher Strukturen

5.2 Das Sprachförderkonzept

Der Scaffolding-Ansatz beinhaltet mit dem Makro-Scaffolding eine umfassende Planungsebene, bestehend aus einer sprachlichen Bedarfsanalyse, einer sprachlichen Lernstandsanalyse und der darauf folgenden Unterrichtsplanung. Im Anschluss daran erfolgt beim Mikro-Scaffolding die konkrete Umsetzung gezielter Sprachförderstrategien im Unterricht. Im Projekt ProSach wurde den Lehrkräften für das Unterrichtsthema *Schwimmen und Sinken* eine exemplarische Unterrichtshandrei chung zur Verfügung gestellt, in der mithilfe von detaillierten Bedarfsanalysen, ausformulierten sprachlichen Ziele und konkreten Handlungsoptionen zur sprachlichen Unterstützung in den Unterrichtssituationen diese Elemente des Makro- und Mikro-Scaffoldings berücksichtigt wurden. Die konkrete Ausgestaltung wird im folgenden Abschnitt entlang der Scaffolding-Komponenten beschrieben.

Sprachliche Bedarfsanalyse

Für die systematische Erfassung der sprachlichen Anforderungen des Beispielthemas *Schwimmen und Sinken* wurde von den Projektmitarbeiterinnen auf der Grundlage des Planungsrahmens von Tajmel (2013) eine sprachliche Bedarfsanalyse durchgeführt, und zwar für jede der insgesamt sechs Doppelstunden des konzipierten Curriculums (adaptiert nach Jonen & Möller, 2005). Darin werden zunächst die Unterrichtsaktivitäten und die damit verbundenen Sprachhandlungen erfasst, anschließend die dafür notwendigen Sprachstrukturen und schließlich das benötigte Vokabular. Ein Beispiel für einen solchen ausgefüllten Planungsrahmen für die erste Doppelstunde des Themas Schwimmen und Sinken zeigt Tabelle 3.1.

Anhand der Tabelle wird ersichtlich, dass die Sprachhandlungen »vermuten«, »begründen« und »beschreiben« zentrale sprachliche Elemente darstellen. Diese erfordern spezifische Sprachstrukturen, die dem allgemein-bildungssprachlichen Register zuzurechnen sind. Im Falle des Begründens ist es z. B. erforderlich, komplexere Satzstrukturen zu verwenden, kausale Konnektoren (z. B. »weil, da, denn«) zu kennen und zu wissen, in welcher Art von Satzgefügen sie verwendet werden. Beim Vermuten ist es wichtig, das Vokabular zu kennen, mit dem angezeigt wird, dass es sich um eine Vermutung handelt, und dieses dann gegebenenfalls in einem komplexen Satzgefüge äußern zu können (»Ich vermute, dass…«, »wahrscheinlich«). Ebenfalls typisch bildungssprachlich ist die Vielzahl an Komposita, wie etwa Wortverbindungen mit »-würfel« und »-platte«. Des Weiteren treten Materialbezeichnungen wie »Holz«, »Metall« und »Styropor« auf und natürlich die Verben »schwimmen« und »sinken« bzw. »untergehen«, die in diesem Themenbereich bildungssprachliche Fachbegriffe darstellen. All diese Begriffe und sprachlichen Strukturen sind wichtig, um dem fachlichen Inhalt der Unterrichtsstunde folgen und die entsprechenden inhaltlichen Konzepte aufbauen zu können, sodass sie als Gegenstand der sprachlichen Förderung potenziell in Frage kommen.

Sprachliche Lernstandsanalyse

Für die Ausarbeitung der exemplarischen sprachlichen Unterrichtsplanung zum Thema *Schwimmen und Sinken* konnte in der Entwicklungsphase nicht auf die Ergebnisse einer sprachlichen Lernstandsanalyse der Schülerinnen und Schüler zurückgegriffen werden. Daher wurde hier der allgemein anzunehmende Sprachentwicklungsstand von Schülerinnen und Schülern in der dritten Klassenstufe mit der Erstsprache Deutsch zugrunde gelegt und davon ausgehend eine heterogene Schülerschaft verschiedener sprachlicher Niveaus angenommen. Entsprechend wurden in der folgenden Unterrichtsplanung verschiedene Vorschläge für unterschiedliche

Tab. 3.1: Planungsrahmen zur sprachlichen Bedarfsanalyse der ersten Doppelstunde des Unterrichtsthemas *Schwimmen und Sinken*

Aktivitäten	Sprachstrukturen	Vokabular
Sprachhandlungen		
Hören (Flaschenpost-Brief) evtl. **Nacherzählen** berichten	Max hat geschrieben, dass… Er hat … gefunden. Er wollte wissen, wie/was/womit… Er hat Lena gefragt…	**Nomen:** Floß, Insel Material Materialbegriffe: Holz, Stein, Metall, Styropor, Plastik, Wachs, Schwamm, Korken, Ast, Draht
Gesprächskreis vermuten begründen/argumentieren	Ich vermute/glaube/denke, dass… Der Gegenstand sinkt/schwimmt, weil…	**Komposita:** Wortverbindungen mit: -platte, -würfel, -splitter Wortverbindungen mit den Materialien Buchen-, Fichtenholz Flaschenpost Stecknadel, Kieselstein, Bimsstein, Geldstück, Glasmurmel
Experimentieren Beobachten (Gruppenarbeit) auffordern fragen beschreiben	Schau mal. Probiere das hier. Hast du das schon versucht? Was passiert hier? Haben wir das vermutet? Das ist anders. Das geht unter. Das schwimmt.	
Gesprächskreis mit Reflexion berichten/Beobachtungen beschreiben begründen verallgemeinern	Ich konnte beobachten, dass… Mich hat überrascht/verwundert, dass… Ich fand es überraschend, dass…	**Verben:** schwimmen, sinken vermuten, denken, glauben, beobachten **komplexe Verben:** untergehen überprüfen, auffallen
	Dieser Knopf sinkt, weil er aus Metall ist.	**Adjektive:** leicht, schwer, groß, klein, flach, dünn, hohl
	Alles, was aus Holz/Styropor/Wachs ist, schwimmt. Alles, was aus Metall ist, sinkt/geht unter.	**Partizipialkonstruktionen:** überrascht, überraschend verwundert
		Sonstige: Konnektoren: weil

Sprachniveaus erstellt, aus denen die Lehrkräfte nach ihrer eigenen sprachlichen Lernstandsanalyse die für ihre Klasse angemessenen Vorschläge auswählten oder weiter anpassten. Als Unterstützung für die eigene Lernstandsanalyse erhielten die Lehrkräfte Protokollbögen mit den für das Unterrichtsthema zentralen sprachlichen Strukturen und dem zentralen Vokabular, die ihnen die gezielte sprachliche Beobachtung in den regelmäßig geplanten Gesprächsrunden (z. B. in den Wiederholungs- oder Reflexionsphasen) erleichtern sollten. Da in der Regel keine auf einzelne Unterrichtsthemen bezogenen Sprachtests bereitstehen (▶ Kap. 4), bilden diese gezielten Beobachtungen das wichtigste – wenngleich informelle – Diagnoseinstrument

und können während der Bearbeitung des Unterrichtsthemas immer wieder im Sinne einer sprachlichen Lernverlaufsbeobachtung zu Beginn oder am Ende einer Stunde eingesetzt werden. In der Unterrichtshandreichung zu *Schwimmen und Sinken* wurden daher auch konkrete Formulierungsvorschläge für entsprechend geeignete Gesprächsimpulse gegeben.

Sprachliche Unterrichtsplanung

Auf der Basis der zuvor erfolgten sprachlichen Bedarfsanalyse und der detailliert ausgearbeiteten Unterrichtshandreichung für die sechs Doppelstunden des Schwimmen- und-Sinken-Curriculums wurden sowohl stundenübergreifende sprachliche Ziele als auch Teilziele für die einzelnen Unterrichtsstunden formuliert, die durch Vorschläge für weitere optionale Sprachförderziele ergänzt wurden. Folgende Fragen waren bei der Planung der sprachlichen Ziele leitend:

- Welche zentralen fachlichen Konzepte sollen mit ihren passenden Fachbegriffen erworben werden?
- Welche Begriffe oder sprachlichen Strukturen sind maßgeblich für das Verständnis der fachlichen Konzepte bzw. für die Verständigung über die fachlichen Konzepte?
- Welche sprachlichen Strukturen treten über mehrere Unterrichtsstunden hinweg auf, sodass sie zentral für das Thema bzw. den Sachunterricht allgemein sind?

Anhand dieser Überlegungen wurde die im Folgenden beschriebene sequentielle Planung für die fachintegrierte Förderung von Begriffen für komplexere Fachkonzepte, von Sprachhandlungen und von relevanten sprachlichen Strukturen am Beispiel *Schwimmen und Sinken* erstellt. Entsprechend angepasst, ist sie auf andere Sachunterrichtsthemen übertragbar.

Die zentralen Fachkonzepte *Verdrängung*, *Auftrieb* und *Druck*, die mit einem tieferen Verständnis fachlicher Konzepte verbunden sind, werden zunächst über alltägliche Phänomene, die Verankerung mit dem Vorwissen und die Verwendung von Alltagssprache in Schülerversuchen erfahrbar gemacht, bevor die entsprechenden Fachbegriffe verwendet werden und im weiteren Unterrichtsverlauf die Gelegenheit zur häufigen Anwendung und Festigung gegeben wird. Beim Begriff *verdrängen* beispielsweise sollen die Kinder ihre Beobachtungen zu den jeweiligen Schülerversuchen zunächst mit ihren eigenen Worten beschreiben (z. B. »Wenn ich das reindrücke, geht das Wasser so hoch an den Seiten.«). Auch die Verwendung einer anderen Herkunftssprache ist dabei prinzipiell möglich. Sobald anhand der Erklärungen der Kinder deutlich wird, dass sie das zugrunde liegende Konzept verstanden haben, bietet sich beim anschließenden Berichten der Beobachtungen die Einführung des entsprechenden Fachbegriffs durch die Lehrkraft an. Im Anschluss hieran kann der entsprechende Fachbegriff aktiv eingefordert und weiter gefestigt werden (vgl. auch Quehl & Trapp, 2013). Hervorzuheben ist, dass die Einschätzung, wann ein bestimmtes Konzept von den Kindern ausreichend verstanden wurde, gerade bei anspruchsvollen naturwissenschaftlichen Konzepten wie Dichte, Energie oder

Druck eine Herausforderung darstellt. Sie erfordert in der Regel ein didaktisches Arrangement von schülerorientierten Versuchsanordnungen oder die Einbindung von Visualisierungen und das gezielte Beobachten und Diagnostizieren von Schülerverständnis anhand der verbalen Äußerungen der Schülerinnen und Schüler. Die Verwendung spezifischer Fachbegriffe, die einmalig in einer Unterrichtsstunde auftreten, aber nicht zum Gesamtverständnis der entsprechenden fachlichen Konzepte beitragen (z. B. *Drahtschlaufe*), muss in der jeweiligen Unterrichtstunde nur soweit unterstützt werden, wie es für das Unterrichtsverständnis notwendig ist (wird z. B. in einer Versuchsanleitung darauf hingewiesen, dass eine »Drahtschlaufe« angefasst werden soll, kann eine passend beschriftete Abbildung angeboten werden).

Die zentralen Sprachhandlungen des Unterrichtsthemas *Schwimmen und Sinken* werden bei den Schülerinnen und Schülern über den gesamten Verlauf des Unterrichtsthemas auf- und ausgebaut. Der Aufbau erfolgt entlang des in Abbildung 3.2 dargestellten Forscherkreislaufs mit dem *Vermuten* und wird dann über das *Begründen* und *Beschreiben* bis zum *Erklären* geführt. Diese Sprachhandlungen erfordern ein komplexes Diskurswissen und sind immer wiederkehrende zentrale Handlungselemente des Sachunterrichts. Sie werden durch die Lehrkraft explizit eingeführt (z. B. mithilfe einer Bedeutungserklärung), zusammen mit der Bereitstellung konkreter Redemittel (z. B. für *vermuten*: »ich denke/glaube/vermute« etc., visualisiert im Forscherkreislauf, ▶ Abb. 3.2). Die Konzeption der Unterrichtsstunden nach dem Forscherkreislauf ermöglicht häufige Gelegenheiten zur Anwendung und Festigung der relevanten Sprachhandlungen, sodass die Unterstützung durch die explizite Bereitstellung der Redemittel schrittweise wieder abgebaut bzw. durch neue oder erweiternde Redemittel ersetzt und damit weiter ausgebaut werden kann (z. B. für *vermuten* Einführung des Konjunktivs oder Verwendung entsprechender Adverbien wie »vermutlich« oder »wahrscheinlich«).

Auch für die Verwendung *allgemeiner sprachlicher Redemittel* gibt es in denjenigen Kontexten Unterstützungsangebote, in denen diese Redemittel zur Erarbeitung bestimmter fachlicher Inhalte wichtig sind. Beispielsweise sollen beim Thema *Schwimmen und Sinken* Gewichtsvergleiche zu unterschiedlichen Materialwürfeln formuliert werden. Hier können nach Bedarf Wendungen wie »schwerer als«, »leichter als«, »am leichtesten« usw. als sprachliche Redemittel (z. B. visuell dargeboten als schriftliche Darstellung, ggf. zusammen mit erklärenden Abbildungen oder Realgegenständen wie einer Waage mit Gewichten) zur Verfügung gestellt und ihre Verwendung mithilfe der entsprechenden Sprachfördertechniken unterstützt werden. Somit sollen möglichst allen Kindern die sprachlichen Redemittel zur Verfügung stehen, die sie benötigen, um sich am fachlichen Diskurs zu beteiligen. Gleichzeitig werden diese Redemittel in einem bedeutungsvollen Kontext verwendet, und es bestehen in diesem Kontext vielfältige und häufige Anlässe, die sprachlichen Strukturen in ihrer Anwendung zu üben und zu festigen. Bei Bedarf können in Form von kurzen sprachlichen Exkursen auch formfokussierende Elemente expliziter Förderung einfließen (z. B. eine kurze Formulierung einer morphologischen Regel). Nach dem Scaffoldingprinzip wird die sprachliche Unterstützung in den nachfolgenden Stunden sukzessive wieder abgebaut.

Im ProSach-Sprachförderkonzept erfolgt also eine zielorientierte Planung der sprachlichen Unterstützung, die sich eng am Fach und an den fachlichen Anforderungen orientiert und berücksichtigt, dass der Aufbau sprachlicher Strukturen Zeit und vielzählige Wiederholungen benötigt.

Umsetzung der Sprachfördertechniken

Zur gezielten Umsetzung der geplanten Sprachförderung werden die in Abschnitt 2 beschriebenen Sprachfördertechniken (Modellierung, korrektives Feedback, Fokussierung, Fragetechniken) eingesetzt. Dazu wurde in der Schwimmen-und-Sinken-Unterrichtshandreichung exemplarisch aufgezeigt, in welchen Situationen welche Sprachfördertechnik verwendet werden könnte. Ein kontrollierter sprachlicher Input durch Modellierungstechniken eignet sich vor allem zur Einführung neuer Sprachstrukturen, da durch ihre frequente Verwendung in einem variablen und kontrastreichen Input den Kindern zunächst ein gutes Sprachmodell für eine Zielstruktur geboten wird, das sie übernehmen können. Zur Einführung des Begriffs *vermuten* könnte eine solche Inputsequenz zum Thema *Schwimmen und Sinken* z. B. wie folgt aussehen: »Lena hatte schon eine Vermutung, was schwimmen könnte. Sie hat vermutet, dass die Metallplatte schwimmt, weil sie flach ist. Was vermutest du? Hast du noch eine andere Idee? Was könnte ebenfalls schwimmen und warum?« Auch Fokussierungstechniken, wie etwa Visualisierungen und explizite Bedeutungserklärungen, sind für die Einführung neuer Sprachstrukturen sehr hilfreich. Eine explizite Bedeutungserklärung für *vermuten* könnte folgendermaßen lauten: »Lena hat vermutet, dass alles, was flach ist, schwimmt. ›Lena vermutet‹ bedeutet, dass Lena sich nicht sicher ist. Eine Vermutung ist eine Idee. Lena glaubt, dass alles, was flach ist, schwimmt, aber sie muss erst überprüfen, ob diese Vermutung stimmt. Eine Vermutung kann also auch falsch sein.« Dazu könnte der Begriff *vermuten* zusammen mit entsprechenden Redemitteln schriftlich visualisiert werden. Sobald die Schülerinnen und Schüler beginnen, die Zielstrukturen selbst zu verwenden, kann und soll die Lehrkraft mit Feedbackmethoden auf die Äußerungen der Kinder eingehen und diese positiv verstärken, korrigieren, erweitern oder umformen. Dies erfolgt in der Regel implizit und derart, dass die Äußerungen der Kinder wertschätzend aufgegriffen und die Kinder damit zum weiteren Sprechen ermutigt werden. Auf eine Äußerung wie: »Der Metallwürfel ist schwieriger« kann die Lehrkraft also mit einem korrektiven und erweiternden Feedback reagieren: »Genau, der Metallwürfel ist schwerer als der Steinwürfel. Er ist also der schwerste Würfel.« Auf diese Art sind die Feedbackmethoden für den Aufbau der neuen sprachlichen Strukturen eine wichtige Hilfe. Grundlage dafür ist, dass die Schülerinnen und Schüler ausreichend Gelegenheit erhalten, selbst zu sprechen. Dies kann mit Fragetechniken unterstützt werden. Die Fragen sollten dabei so formuliert werden, dass sie, angepasst an die sprachlichen Fähigkeiten der oder des Lernenden, längere Äußerungen elizitieren (z. B. »Warum sollte er das Holzbrett mit den Löchern nicht nehmen? Was meinst du dazu?«).

6 Die Professionalisierungsmaßnahme in ProSach

Die Professionalisierungsmaßnahme sollte die teilnehmenden Lehrkräfte für die sprachlichen Anforderungen des Fachunterrichts sensibilisieren, sie zu einer sprachförderlichen Planung und Gestaltung des Fachunterrichts befähigen und zum Aufbau professioneller Kompetenzen im Bereich des fachlichen und fachdidaktischen Wissens und des sprachförderlichen Handelns beitragen. Von ursprünglich 21 für eine Interventionsgruppe rekrutierten Lehrkräften nahmen 16 an der gesamten Professionalisierungsmaßnahme teil, während eine für die Evaluation zusätzlich rekrutierte Warte-Kontrollgruppe zunächst nur die Fachfortbildungen besuchte. Die nachfolgend beschriebene Professionalisierung, die sich aus Fortbildungsveranstaltungen und der anschließenden Erprobungsphase (▶ Abb. 3.1) zusammensetzte, bezieht sich auf die Interventionsgruppe des Projekts.

6.1 Gestaltung der Fortbildungsveranstaltungen

Fachfortbildungen

Um eine einheitliche Fachwissensgrundlage der Lehrkräfte zu den im Projekt unterrichteten Fachthemen zu gewährleisten, waren drei in ihrem Aufbau und ihrer lerntheoretischen Verortung vergleichbare Fachfortbildungen Bestandteil des Professionalisierungsansatzes. Diese umfassten jeweils fünf Zeitstunden und hatten eine Erarbeitung des erforderlichen inhaltsspezifischen Fachwissens und fachdidaktischen Wissens zum Ziel. Alle Lehrkräfte wurden im Anschluss an die Fortbildungen mit einem umfangreichen Materialpaket ausgestattet, bestehend aus einer Handreichung für den Unterricht inklusive Arbeitsblättern sowie Experimentierkisten.

Nachfolgend wird am Beispiel der mehrfach erprobten und überarbeiteten Fachfortbildung zum Thema *Schwimmen und Sinken* (Kleickmann, Tröbst, Jonen, Vehmeyer & Möller, 2016; Möller, Jonen, Hardy & Stern, 2002) der konzeptionelle Ansatz der Fachfortbildungen dargestellt (siehe auch Hardy et al., 2019), der die in Abschnitt 3 dargestellten Erkenntnisse einer wirksamen Wissensvermittlung in Fortbildungen berücksichtigt. Im Fokus dieser Fachfortbildung standen das Fachwissen zu den Konzepten *Verdrängung, Druck, Auftrieb* und *Dichte* sowie das unterrichtsrelevante fachdidaktische Wissen, welches mit den Lehrkräften entlang des Curriculums zum Thema Schwimmen und Sinken (adaptiert nach Jonen & Möller, 2005) erarbeitet wurde. Letzteres umfasst die Auseinandersetzung mit typischen vor-unterrichtlichen Vorstellungen von Grundschulkindern zum Inhaltsgebiet *Schwimmen und Sinken* (Jonen, Möller & Hardy, 2003) sowie das Wissen über geeignete Experimente zur Überwindung von Fehlkonzepten. Auch wurden mögliche Schwierigkeiten bei der Umsetzung des Themas im Unterricht in den Blick genommen (Hardy et al., 2019). Dieses Vorgehen sollte nach den bei Lipowsky (2010) dargestellten Wirksamkeitsstudien erfolgreich die kognitive Entwicklung der Lehrkräfte anregen und zu vertieften fachlichen und fachdidaktischen Kenntnissen in den betreffenden Fachthemen führen.

Sprachförderfortbildungen

Die Fortbildungsveranstaltungen zur fachintegrierten bedeutungsfokussierten Sprachförderung umfassten 16 Zeitstunden und verteilten sich auf zwei halbtägige und eine ganztägige Veranstaltung. In den Präsenzveranstaltungen wurde das in Abschnitt 5.2 vorgestellte Sprachförderkonzept erarbeitet.

Im Ergebnis der Fortbildungsreihe sollten die Lehrkräfte für die sprachlichen Anforderungen des Sachunterrichts sensibilisiert und dazu in der Lage sein, die sprachlichen Lernvoraussetzungen der Schülerinnen und Schüler einzuschätzen und mit den analysierten sprachlichen Anforderungen der Unterrichtseinheit abzugleichen. Auf der Grundlage dieser Analysen sollten die Lehrkräfte die sprachlichen Ziele für den jeweiligen unterrichtlichen Kontext definieren können. Sie sollten zudem implizite und explizite Sprachfördertechniken für die aktive sprachliche Unterstützung im Unterricht kennen, erste Anwendungsbeispiele erprobt haben und Situationen einschätzen können, die sich für sprachförderliches Handeln eignen. Ein wichtiges Merkmal des Fortbildungskonzepts bestand in der engen Verzahnung zwischen Theorie und unterrichtspraktischem Handeln im direkten Bezug zur konkreten Umsetzung am Beispiel eines naturwissenschaftlichen Sachunterrichtsthemas. Zum Abschluss der Fortbildung erhielten die Lehrkräfte die exemplarisch sprachförderlich angereicherte Handreichung zum Schwimmen-und-Sinken-Curriculum mit den sprachlichen Bedarfsanalysen, den vorgeplanten sprachlichen Zielen und sprachförderlichen Handlungsoptionen für verschiedene Unterrichtsphasen. Diese Materialien konnten und sollten von den Lehrkräften in der folgenden praktischen Anwendung flexibel an die sprachlichen Ausgangsleistungen der jeweiligen Schülerinnen und Schüler angepasst werden.

6.2 Gestaltung der praktischen Erprobungsphase

Wie in Abschnitt 3 dargestellt, sind Fortbildungen, die auf ein verändertes unterrichtspraktisches Handeln abzielen, dann besonders wirksam, wenn die Qualifizierungsmaßnahme eine praktische Erprobung mit Reflexion einschließt. Entsprechend setzten die Lehrkräfte im Projekt ProSach während der Qualifizierungsphase mindestens zwei Stunden des um sprachförderliche Handlungsoptionen angereicherten Schwimmen-und-Sinken-Curriculums im praktischen Unterrichtsalltag um. Pro Lehrkraft konnten somit mindestens eine Hospitation und eine Unterrichtsvideografie erfolgen. In der Unterrichtserprobung konnten sich die Lehrkräfte mit dem anspruchsvollen Curriculum und seiner praktischen Umsetzung vertraut machen und gleichzeitig die Anwendung der in der Fortbildung erlernten Sprachfördertechniken und in der Handreichung angebotenen sprachlichen Handlungsoptionen erproben.

Unterrichtshospitation und Eins-zu-eins-Feedback

In der Unterrichtserprobung waren die Lehrkräfte aufgefordert, ihr unterrichtspraktisches Handeln so zu gestalten, dass sie den Schülerinnen und Schülern ausreichend Sprechgelegenheiten bieten und geeignete Situationen zur Anwendung sprachförderlichen Handelns herstellen. Auf diese Ziele ausgerichtet, wurde eine Hospitation durch die Fortbildnerin in einer von der Lehrkraft selbst bestimmten Erprobungsstunde durchgeführt. Im Anschluss an die Stunde fand ein ca. 45-minütiges Reflexionsgespräch zwischen der Lehrkraft und der Fortbildnerin statt, das zunächst der Lehrkraft die Gelegenheit gab, die Unterrichtsstunde im Hinblick auf die selbst gesetzten Ziele zu reflektieren. Ebenso wurde sie um ihre Einschätzung zur Durchführbarkeit des Curriculums sowie mögliche Verbesserungsvorschläge gebeten. Anschließend erfolgte das Feedback der Fortbildnerin, die gelungene Aspekte der sprachförderlichen Unterrichtsinteraktion hervorhob und Weiterentwicklungsmöglichkeiten aufzeigte. Zum Abschluss wurde gemeinsam mit der Lehrkraft ein konkretes Ziel für die Umsetzung in der nächsten Stunde formuliert. Eine Lehrkraft, deren Schülerinnen und Schüler bereits viele Vermutungen korrekt äußerten, erhielt beispielsweise die Anregung, im nächsten Schritt mehr Begründungen von den Kindern einzufordern, und Hinweise, welche Fragetechniken dabei zielführend wären. Die zentralen Inhalte des Reflexionsgesprächs wurden für die Lehrkraft in einem Protokoll festgehalten.

Der Schwerpunkt des Reflexionsgesprächs lag auf dem sprachförderlichen Handeln der Lehrkraft. Das Beispiel zeigt jedoch, dass sprachlich unterstützende Handlungen auch allgemeine fachdidaktische Handlungsweisen beeinflussen, indem z. B. durch das Einfordern von Begründungen nicht nur komplexere Sprachstrukturen angeregt werden, sondern auch eine Aktivierung von Vorwissen und die Elaboration von Konzeptwissen erfolgen. Insofern wird mit dem sprachförderlichen Ansatz gleichzeitig ein konstruktivistisches Unterrichten der Lehrkraft unterstützt. Aus der Unterrichtshospitation ergab sich schließlich noch ein weiterer positiver Effekt für die weitere Professionalisierung: Sie schaffte ein wichtiges Vertrauensverhältnis für das nachfolgende Videofeedback.

Videofeedback

Für das Videofeedback wurde eine weitere von der Lehrkraft bestimmte Erprobungsstunde zum sprachförderlich gestalteten Schwimmen-und-Sinken-Unterricht videografiert und anschließend in einer Kleingruppe, bestehend aus vier bis sechs Lehrkräften und der Fortbildnerin, hinsichtlich der sprachförderlichen Unterrichtsgestaltung reflektiert. Die Dauer einer Feedbackrunde betrug je nach Teilnehmerzahl zwei bis drei Zeitstunden, wobei Videoausschnitte von maximal drei Lehrkräften pro Feedbackrunde gezeigt wurden. Die Videoausschnitte wurden vorab von der Fortbildnerin ausgewählt und von den Lehrkräften genehmigt. Zur Beobachtung eines Videoausschnitts formulierte die Fortbildnerin begleitende Fragen der folgenden Art: Was wird Ihrer Meinung nach in dieser Situation sprachlich gefördert und wie ist die Lehrkraft dabei vorgegangen? Haben Sie Ideen für weitere sprachliche Unterstützungsmöglichkeiten? Welche sprachlichen Schwierigkeiten der Schülerinnen und Schüler treten in dieser Situation auf? Neben sogenannten *Best-Practice-Videosequenzen*, die besonders gelungene Beispiele sprachlicher Unterstützung zeigten, wurden auch Sequenzen mit guten Ansätzen und weiterem Entwicklungspotential sowie Ausschnitte mit bisher ungenutzten Sprachfördergelegenheiten gezeigt, für die Lösungsvorschläge erarbeitet werden konnten. Nach Möglichkeit sollte in einer Feedbackrunde ein vielfältiges Spektrum sprachlicher Unterstützungssituationen und -angebote thematisiert werden, um die verschiedenen Möglichkeiten der Unterrichtsgestaltung unter Berücksichtigung sprachlicher und fachlicher Zielsetzungen zu vertiefen und entsprechende Strategien anwendungsbezogen weiterzuentwickeln.

Das kollegiale Feedback erfolgte nach der Methode des *Reflecting Team* (für das Videocoaching ausführlicher beschrieben bei Geyer & Lemmer, 2018). Nach dieser Methode nahm die Person, deren Unterricht reflektiert wird, die Rolle eines Zuhörers ein, während die übrigen Personen des Teams ihre Beobachtungen zu den Fragestellungen beschrieben. Sie trugen ferner zusammen, welche erfolgversprechenden Handlungsweisen sie entdeckten und welche weiteren Vorschläge und Ideen sie für denkbar hielten. Diese Äußerungen erfolgten immer wertschätzend und ohne die reflektierte Person direkt anzusprechen, da diese in keine Rechtfertigungsposition gelangen sollte. Auf diese Weise wurden abwechselnd die Videoausschnitte der beteiligten Lehrkräfte reflektiert und jede Lehrkraft nahm abwechselnd die Rolle der Feedback gebenden oder erhaltenden Person ein. Die zu jeder Videosequenz eingangs formulierten Fragen halfen bei der professionellen Betrachtung und förderten eine konstruktive Diskussion, bei der die Fortbildnerin nach Möglichkeit nur unterstützend wirkte. So ergaben sich ohne vorangegangene Übungsphasen anregende, gut funktionierende Feedbackgespräche, die den Lehrkräften neben vielen neuen Handlungsoptionen auch viel Bestätigung für bereits gutes und in diesem Rahmen bewusst gemachtes Unterrichtshandeln brachten.

Reflexionstreffen

In einem abschließenden, angeleiteten Reflexionstreffen in der Gesamtgruppe wurden wichtige Erkenntnisse aus den unterschiedlichen Videofeedbackgruppen zusammengetragen und mit Best-Practice-Videoausschnitten einzelner Teilnehmender veranschaulicht. Zudem wurden die unterrichtspraktischen Erfahrungen der Erprobung gesammelt und für die weitere Optimierung der Handreichung zur Unterrichtseinheit *Schwimmen und Sinken* genutzt. Auf diese Weise konnte die konkrete Umsetzung des zunächst top-down entwickelten Sprachförderkonzepts, welches mit dem adaptierten Unterrichtskonzept von Jonen und Möller (2005) verknüpft wurde, bottom-up auf der Basis der in der Erprobung gewonnenen Erfahrungen und Rückmeldungen aus der Praxis weiter überarbeitet werden. Die dann folgende Umsetzung im regulären Unterricht der Evaluationsphase erfolgte mit dem entsprechend überarbeiteten und unterrichtlich erprobten Curriculum.

7 Diskussion und Ausblick

Im Projekt ProSach wurde ein auf dem Scaffolding-Ansatz (Gibbons, 2002) aufbauendes Sprachförderkonzept für den Sachunterricht exemplarisch für das Inhaltsgebiet *Schwimmen und Sinken* erarbeitet und von Lehrkräften im regulären Unterricht umgesetzt. Vor der Umsetzung durchliefen die Lehrkräfte zunächst eine für den Zeitraum eines Schuljahres angelegte Professionalisierungsmaßnahme mit Theorie-Praxis-Verzahnung und Video-Coaching-Sitzungen.

Erste, noch vorläufige Auswertungen von Rückmeldungen der teilnehmenden Lehrkräfte weisen darauf hin, dass diese die Fortbildungsveranstaltungen insgesamt als positiv und praxisrelevant einschätzen. Dies kann nach Lipowsky (2010) als Hinweis auf die Rezeption der Fortbildungsinhalte durch die Lehrkräfte gewertet werden; ein Transfer auf Lehrkraftkompetenzen, unterrichtliches Handeln und Schülerleistungen sind weitere zu prüfende Wirkungen der Fortbildung. Zudem wurde das Videocoaching von den Lehrkräften als hilfreich und positiv anregend für das eigene sprachförderliche Handeln eingeschätzt. Mehrere Lehrkräfte berichteten am Ende der Qualifizierungsphase, dass sie ihr eigenes sprachliches Unterrichtshandeln und auch das ihrer Kolleginnen und Kollegen nun viel bewusster wahrnahmen und reflektierten und häufiger als zuvor bisher ungenutzte sprachförderliche Unterstützungsmöglichkeiten bemerkten. Diesen exemplarischen Aussagen zufolge scheint also ein wichtiges Fortbildungsziel der Professionalisierungsmaßnahme erreicht worden zu sein, welches die Sensibilisierung der Lehrkräfte für ihr eigenes sprachförderliches Handeln und für Unterrichtssituationen betrifft. Genauere Erkenntnisse dazu werden mit den Evaluationsergebnissen dieser Studie erwartet.

Zwei Fragen stellen sich jedoch in Bezug auf eine mögliche Verstetigung einer solchen Professionalisierungsmaßnahme. Die erste Frage bezieht sich darauf, ob eine derart intensiv begleitete Praxisphase mit Videocoaching, welche einen hohen Ressourcen- und Personalaufwand mit sich bringt, auch außerhalb von Projekten wie ProSach von den Fortbildungsinstituten geleistet werden kann. Möglicherweise sind hierfür die Einbeziehung von Multiplikatorinnen und Multiplikatoren und kollegiale Feedbackformen geeignet. Forschungsbefunde z. B. von Kreis und Staub (2017) weisen darauf hin, dass derart ressourcenaufwändige Professionalisierungsmaßnahmen sich lohnen, da sie gute Erfolge bringen.

Der zweite Punkt betrifft die zeitliche Intensität und Dauer einer solchen Professionalisierungsmaßnahme und die damit verbundene Frage, wie schulische und schuladministrative Rahmenbedingungen Lehrkräfte bei der Umsetzung von Professionalisierungsmaßnahmen unterstützen können. Die unterschiedlichen Vorgaben der Bundesländer zur verpflichtenden Teilnahme von Lehrkräften im Bereich der Lehrkräftefortbildung einerseits und die unterschiedliche Umsetzung von Entlastungsstunden weisen auf einen Entwicklungsbedarf hin, welcher die Lehrkräftefortbildung als wesentlichen Bestandteil der Lehrerprofession aufnimmt und konkretisiert. Zuvor stehen jedoch umfangreiche Analysen zur Evaluation des Sprachförderansatzes und der Professionalisierungsmaßnahme an, die zeigen sollen, ob und wie sich die umgesetzten Maßnahmen auf die Kompetenzentwicklung und das unterrichtspraktische Handeln der Lehrkräfte in der fachintegrierten Sprachförderung auswirken und sich dies schließlich in der sprachlichen und fachlichen Leistungsentwicklung der Schülerinnen und Schüler widerspiegelt.

Literatur

Beckerle, C. (2017). *Alltagsintegrierte Sprachförderung im Kindergarten und in der Grundschule. Evaluation des »Fellbach-Konzepts«*. Weinheim: Beltz Juventa.
Becker-Mrotzek, M., Schramm, K., Thürmann, E. & Vollmer, H. J. (2013). Sprache im Fach: Einleitung. In: M. Becker-Mrotzek, K. Schramm, E. Thürmann & H. J. Vollmer (Hrsg.), *Sprache im Fach. Sprachlichkeit und fachliches Lernen* (S. 7–13). Münster: Waxmann.
Dannenbauer, F. M. (2002). Grammatik. In: S. Baumgartner & I. Füssenich (Hrsg.), *Sprachtherapie mit Kindern* (S. 123–203). München: Reinhardt.
Darsow, A., Paetsch, J., Stanat, P. & Felbrich, A. (2012). Ansätze der Zweitsprachförderung. Eine Systematisierung. *Unterrichtswissenschaft*, 40(1), 64–82.
Ellis, R. (2001). Introduction: Investigating form-focused instruction. *Language Learning*, 51 (s1), 1–46. https://doi.org/10.1111/j.1467-1770.2001.tb00013.x.
Geyer, S. & Lemmer, R. (2018). »Man wird hellhörig und merkt: Was sagt man eigentlich so den ganzen Tag?« – Coachings in der Sprachförderung. *Sprache im Beruf*, 1(1), 113–124.
Gibbons, P. (2002). *Scaffolding language, scaffolding learning. Teaching second language learners in the mainstream classroom*. Portsmouth, N. H.: Heinemann.
Gogolin, I. (2009). Streitfall Zweisprachigkeit – The bilingualism controversy. Les préludes. In I. Gogolin & U. Neumann (Hrsg.), *Streitfall Zweisprachigkeit – The bilingualism controversy* (S. 15–22). Wiesbaden: VS Verlag für Sozialwissenschaften.
Gogolin, I. & Lange, I. (2011). Bildungssprache und durchgängige Sprachbildung. In: S. Fürstenau & M. Gomolla (Hrsg.), *Migration und schulischer Wandel: Mehrsprachigkeit* (S. 107–128). Wiesbaden: VS Verlag für Sozialwissenschaften.
Hardy, I., Hettmannsperger, R. & Gabler, K. (2019). Sprachliche Bildung im Fachunterricht: Theoretische Grundlagen und Förderansätze. In: J. Ziehm, B. Voet Cornelli, B. Menzel & M. Großmann (Hrsg.), *Schule migrationssensibel gestalten. Impulse für die Praxis* (S. 31–61). Weinheim, Basel: Beltz.
Hardy, I., Mannel, S. & Sauer, S. (2015). Inklusive sprachliche Bildung in Kindergarten und Grundschule. Gestaltungsmöglichkeiten im Kontext der Naturwissenschaften. In: I. Schnell & C. Huf (Hrsg.), *Inklusive Bildung in KiTa und Grundschule* (S. 163–179). Stuttgart: Kohlhammer.
Harley, B. (1993). Instructional Strategies and SLA in Early French Immersion. *Studies in Second Language Acquisition*, 15 (2), 245–259. https://doi.org/10.1017/S0272263100011980.
Henschel, S., Stanat, P., Becker-Mrotzek, M., Hasselhorn, M. & Roth, H.-J. (2014). *Evaluationskonzept der Bund-Länder-Initiative »Bildung durch Sprache und Schrift«*. Verfügbar unter: http://www.biss-sprachbildung.de/pdf/Evaluationskonzept.pdf [01.04.2019].
Heppt, B., Henschel, S. & Haag, N. (2016). Everyday and academic language comprehension. Investigating their relationships with school success and challenges for language minority learners. *Learning and Individual Differences*, 47, 244–251. https://doi.org/10.1016/j.lindif.2016.01.004.
Hövelbrinks, B. (2014). *Bildungssprachliche Kompetenz von einsprachig und mehrsprachig aufwachsenden Kindern. Eine vergleichende Studie in naturwissenschaftlicher Lernumgebung des ersten Schuljahres*. Weinheim, Basel: Beltz Juventa.
Jonen, A. & Möller, K. (2005). *Klassenkisten für den Sachunterricht. Ein Projekt des Seminars für Didaktik des Sachunterrichts im Rahmen von KiNT: »Kinder lernen Naturwissenschaft und Technik«. Schwimmen und Sinken*. Essen: Spectra-Verlag.

Jonen, A., Möller, K. & Hardy, I. (2003). Lernen als Veränderung von Konzepten – am Beispiel einer Untersuchung zum naturwissenschaftlichen Lernen in der Grundschule. In: D. Cech (Hrsg.), *Lernwege und Aneignungsformen im Sachunterricht* (S. 93–108). Bad Heilbrunn/Obb.: Klinkhardt.

Kalinowski, E., Gronostaj, A. & Vock, M. (2019). Effective Professional Development for Teachers to Foster Students' Academic Language Proficiency Across the Curriculum: A Systematic Review. *AERA Open, 5* (1), 1–23. https://doi.org/10.1177/2332858419828691.

Kammermeyer, G., Goebel, P., King, S., Lämmerhirt, A., Leber, A., Metz, A., Papillion-Piller, A. & Roux, S. (2017). *Mit Kindern im Gespräch (Grundschule). Strategien zur Sprachbildung und Sprachförderung von Kindern in der Grundschule.* Augsburg: Auer.

Kempert, S., Edele, A., Rauch, D., Wolf, K. M., Paetsch, J., Darsow, A., Maluch, J. & Stanat, P. (2016). Die Rolle der Sprache für zuwanderungsbezogene Ungleichheiten im Bildungserfolg. In: C. Diehl, C. Hunkler & C. Kristen (Hrsg.), *Ethnische Ungleichheiten im Bildungsverlauf: Mechanismen, Befunde, Debatten* (S. 157–241). Wiesbaden: Springer Fachmedien.

Kirchner, E. & Engel, C. (1994). Schülervorstellungen über Schall. *Sachunterricht und Mathematik in der Primarstufe, 22*(2), 53–57.

Kleickmann, T., Tröbst, S., Jonen, A., Vehmeyer, J. & Möller, K. (2016). The effects of expert scaffolding in elementary science professional development on teachers' beliefs and motivations, instructional practices, and student achievement. *Journal of Educational Psychology, 108*(1), 21–42. https://doi.org/10.1037/edu0000041.

KMK (Ständige Konferenz der Kultusminister der Länder der Bundesrepublik Deutschland, Hrsg.) (2015). *Empfehlungen zur Arbeit in der Grundschule (Beschluss der Kultusministerkonferenz vom 02.07.1970 i. d. F. vom 11.06.2015).* Verfügbar unter https://www.kmk.org/fileadmin/Dateien/pdf/PresseUndAktuelles/2015/Empfehlung_350_KMK_Arbeit_Grundschule_01.pdf [13.12.2018].

Kniffka, G. M. & Neuer, B. S. (2008). »Wo geht's hier nach ALDI?« – Fachsprachen lernen im kulturell heterogenen Klassenzimmer. In: A. Budke (Hrsg.), *Interkulturelles Lernen im Geographieunterricht* (S. 121–137). Potsdam: Univ.-Verl. Potsdam.

Koch, P. & Österreicher, W. (1985). Sprache der Nähe – Sprache der Distanz. Mündlichkeit und Schriftlichkeit im Spannungsfeld von Sprachtheorie und Sprachgeschichte. *Romanistisches Jahrbuch, 36*, 15–43. https://doi.org/10.1515/9783110244922.15.

Krashen, S. D. (1985). *The input hypothesis. Issues and implications.* New York, N. Y.: Longman.

Kreis, A. & Staub, F. (2017). *Kollegiales Unterrichtscoaching. Ein Instrument zur praxissituierten Unterrichtsentwicklung* (Handlungsfeld: Unterricht & Erziehung). Kronach: Carl Link.

Kucharz, D., Mackowiak, K. & Beckerle, C. (2015). *Alltagsintegrierte Sprachförderung. Ein Konzept zur Weiterqualifizierung in Kita und Grundschule (Mit Download-Materialien)* (FrühPädagogik). Weinheim: Beltz.

Lipowsky, F. (2010). Lernen im Beruf – Empirische Befunde zur Wirksamkeit von Lehrerfortbildung. In: F. H. Müller (Hrsg.), *Lehrerinnen und Lehrer lernen. Konzepte und Befunde zur Lehrerfortbildung* (S. 51–72). Münster: Waxmann.

Lyster, R. & Saito, K. (2010). Oral Feedback in Classroom SLA: A Meta-Analysis. *Studies in Second Language Acquisition, 32*(2), 265–302. https://doi.org/10.1017/S0272263109990520.

Mannel, S., Hardy, I., Sauer, S. & Saalbach, H. (2016). Sprachliches Scaffolding zur Unterstützung naturwissenschaftlichen Lernens. In: E. Tschirner, O. Bärenfänger & J. Möhring (Hrsg.), *Deutsch als fremde Bildungssprache. Das Spannungsfeld von Fachwissen, sprachlicher Kompetenz, Diagnostik und Didaktik* (S. 97–113). Tübingen: Stauffenburg.

Mikelskis-Seifert, S. & Wiebel, K. (2011). *Anschlussfähige naturwissenschaftliche Kompetenzen erwerben durch Experimentieren* (Neue Ausg.). Kiel: IPN Leibniz-Institut für die Pädagogik der Naturwissenschaften an der Universität Kiel.

Möller, K., Hardy, I., Jonen, A., Kleickmann, T. & Blumberg, E. (2006). Naturwissenschaften in der Primarstufe. Zur Förderung konzeptuellen Verständnisses durch Unterricht und zur Wirksamkeit von Lehrerfortbildungen. In: M. Prenzel & L. Allolio-Näcke (Hrsg.), *Untersuchungen zur Bildungsqualität von Schule. Abschlussbericht des DFG-Schwerpunktprogramms [BIQUA]* (S. 161–193). Münster: Waxmann.

Möller, K., Jonen, A., Hardy, I. & Stern, E. (2002). Die Förderung von naturwissenschaftlichem Verständnis bei Grundschulkindern durch Strukturierung der Lernumgebung. *Zeitschrift für Pädagogik – Beiheft*, 45, 176–191.

Paetsch, J., Felbrich, A. & Stanat, P. (2015). Der Zusammenhang von sprachlichen und mathematischen Kompetenzen bei Kindern mit Deutsch als Zweitsprache. *Zeitschrift für pädagogische Psychologie*, 29(1), 19–29. https://doi.org/10.1024/1010-0652/a000142.

Prediger, S. (2017). »Kapital multipliziert durch Faktor halt, kann ich nicht besser erklären«. Sprachschatzarbeit für einen verstehensorientierten Mathematikunterricht. In: B. Lütke, I. Petersen & T. Tajmel (Hrsg.), *Fachintegrierte Sprachbildung. Forschung, Theoriebildung und Konzepte für die Unterrichtspraxis* (DaZ-Forschung, Band 8, S. 229–252). Berlin: De Gruyter.

Quehl, T. & Trapp, U. (2013). *Sprachbildung im Sachunterricht der Grundschule – Mit dem Scaffolding Konzept unterwegs zur Bildungssprache.* Münster: Waxmann.

Reinmann-Rothmeier, G. & Mandl, H. (2001). Unterrichten und Lernumgebungen gestalten. In: A. Krapp & B. Weidenmann (Hrsg.), *Pädagogische Psychologie. Ein Lehrbuch* (4., vollst. überarb. Aufl.). Weinheim: Beltz PVU.

Riebling, L. (2013). *Sprachbildung im Naturwissenschaftlichen Unterricht: Eine Studie im Kontext Migrationsbedingter Sprachlicher Heterogenität.* Münster: Waxmann.

Schmidt, R. W. (1990). The role of consciousness in second language learning. *Applied Linguistics*, 11(2), 129–158. https://doi.org/10.1093/applin/11.2.129.

SenBJF. (2017). *Rahmenlehrplan 1–10 kompakt. Themen und Inhalte des Berliner Unterrichts im Überblick.* Verfügbar unter https://www.berlin.de/sen/bildung/unterricht/faecher-rahmenlehrplaene/rahmenlehrplaene/rlp-kompakt-1-10.pdf [01.04.2019].

Snow, C. E. (2010). Academic language and the challenge of reading for learning about science. *Science*, 328, 450–452. https://doi.org/10.1126/science.1182597.

Stanat, P., Becker, M., Baumert, J., Lüdtke, O. & Eckhardt, A. G. (2012). Improving second language skills of immigrant students. A field trial study evaluating the effects of a summer learning program. *Learning and Instruction*, 22, 159–170.

Tajmel, T. (2013). Bildungssprache im Fach Physik. In: I. Dirim, I. Gogolin, D. Lengyel, U. Neumann, H. H. Reich, H.-J. Roth & K. Schwippert (Hrsg.), *Herausforderung Bildungssprache – und wie man sie meistert.* Münster: Waxmann.

Van de Pol, J., Volman, M. & Beishuizen, J. (2010). Scaffolding in teacher-student interaction. A decade of research. *Educational psychology review*, 22(3), 271–296. https://doi.org/10.1007/s10648-010-9127-6.

Vygotsky, L. S. (1978). *Mind in society. The development of higher psychological processes.* Cambridge, MA: Harvard Univ. Press.

Wild, E., Quasthoff, U., Hollmann, J., Otterpohl, N., Krah, A. & Ohlhus, S. (2012). Die Rolle familialer Unterstützung beim Erwerb von Argumentationskompetenz in der Sekundarstufe I. *Diskurs Kindheits- und Jugendforschung*, 7(1), 101–112.

Wildemann, A. & Fornol, S. (2017). *Sprachsensibel unterrichten in der Grundschule. Anregungen für den Deutsch-, Mathematik- und Sachunterricht* (2. Auflage). Seelze: Klett Kallmeyer.

Wood, D., Bruner, J. S. & Ross, G. (1976). The role of tutoring in problem-solving. *Journal of Child Psychology and Psychiatry and Allied Disciplines*, 17, 89–100. https://doi.org/10.1111/j.1469-7610.1976.tb00381.x.

Kapitel 4:
Erfassung und Bedeutung des Fachwortschatzes im Sachunterricht der Grundschule

Birgit Heppt, Sofie Henschel, Rosa Hettmannsperger-Lippolt, Christine Sontag, Katrin Gabler, Ilonca Hardy, Petra Stanat & Susanne Mannel

Ausgehend von der besonderen Bedeutung, die (bildungs-)sprachliche Kompetenzen für den Schulerfolg haben, beschreibt der vorliegende Beitrag, wie Testaufgaben konstruiert werden können, mit denen sich ein wichtiges Element des bildungssprachlichen Wortschatzes erfassen lässt: der Fachwortschatz in ausgewählten Themenbereichen des Sachunterrichts in der Grundschule. Da die zuverlässige Erfassung der sprachlichen Ausgangslage der Schülerinnen und Schüler die Voraussetzung ist, um geeignete sprachliche Fördermaterialien und -strategien auszuwählen und einzusetzen, spielt die Entwicklung und Bereitstellung entsprechender Testinstrumente auch für die Durchführung und Evaluation von Sprachfördermaßnahmen eine wichtige Rolle. Inhaltliche Grundlage der im Folgenden beschriebenen Aufgabenentwicklung und -überprüfung bilden drei Unterrichtsthemen, die im Rahmen des Forschungs- und Entwicklungsprojekts »Professionalisierungsmaßnahmen zur bedeutungsfokussierten Sprachförderung im Sachunterricht der Grundschule (ProSach)«[1] umgesetzt wurden. Nach einer ausführlichen Darstellung der Bedarfsanalyse sprachlicher Anforderungen und der Entwicklung von Testaufgaben zur Erfassung des rezeptiven Fachwortschatzes werden zentrale Ergebnisse zur Aufgabenqualität und Validität berichtet. Zudem wird geprüft, inwieweit der Fachwortschatz neben dem allgemeinen sowie dem allgemeinen bildungssprachlichen Wortschatz zur Vorhersage des Fachwissens im Bereich *Schwimmen und Sinken* beiträgt. Auf Basis der Ergebnisse werden Herausforderungen bei der Erfassung fachspezifischer Wortschatzkenntnisse im Sachunterricht der Grundschule aufgezeigt und die Rolle allgemeiner bildungssprachlicher Wortschatzkenntnisse und des themenbezogenen Fachwortschatzes für den Erwerb von Fachwissen diskutiert.

---

1 Das Forschungs- und Entwicklungsprojekt »Professionalisierungsmaßnahmen zur bedeutungsfokussierten Sprachförderung im Sachunterricht der Grundschule (ProSach)« wurde im Rahmen der Bund-Länder-Initiative »Bildung durch Sprache und Schrift (BiSS)« mit Mitteln des Bundesministeriums für Bildung und Forschung (BMBF) unter den Förderkennzeichen 01JI602A (Humboldt-Universität zu Berlin) und 01JI602B (Goethe-Universität Frankfurt am Main) gefördert und unter der Leitung von Petra Stanat, Sofie Henschel und Ilonca Hardy durchgeführt.

Einleitung

In den vergangenen Jahren ist ein verstärktes Interesse an der Entwicklung von Sprachförder- bzw. Sprachbildungsmaßnahmen entstanden, die sprachliches und fachliches Lernen im schulischen Fachunterricht miteinander verknüpfen (z. B. Paetsch & Beck, 2018). Die besondere Herausforderung besteht dabei vor allem darin, Unterricht so zu planen und zu gestalten, dass alle Schülerinnen und Schüler ihre (bildungs-)sprachlichen Fähigkeiten anhand authentischer Problemstellungen und im Zuge der Bearbeitung fachlicher Unterrichtsinhalte weiterentwickeln. Um sprachförderlich unterrichten zu können, müssen Lehrkräfte deshalb die sprachlichen Anforderungen ihres Unterrichtsfachs kennen und den Sprachstand ihrer Schülerinnen und Schüler möglichst genau einschätzen können (z. B. Darsow, Paetsch & Felbrich, 2012; Gibbons, 2002). Auf dieser Grundlage lassen sich geeignete Fördermaterialien entwickeln bzw. auswählen und zielgerichtet in den Unterrichtsalltag integrieren.

Die Feststellung der sprachlichen Ausgangslage der Schülerinnen und Schüler ist jedoch gerade im Fachunterricht häufig äußerst schwierig, da hierbei neben allgemeinen bildungssprachlichen Fähigkeiten auch fachspezifische sprachliche Kenntnisse berücksichtigt werden müssen. Allgemein mangelt es an geeigneten standardisierten Testverfahren, die Lehrkräfte für eine zuverlässige Bestimmung schulbezogener sprachlicher Kompetenzen nutzen können (z. B. Heppt & Paetsch, 2018; Schuth, Heppt, Köhne, Weinert & Stanat, 2015). Für den Fachunterricht kommt erschwerend hinzu, dass aufgrund der Breite der zu behandelnden Themen sowie möglicher individueller Schwerpunktsetzungen nahezu keine standardisierten Testinstrumente verfügbar sind, die sich zur Bestimmung der jeweils relevanten fachspezifischen sprachlichen Kenntnisse – wie etwa des Fachwortschatzes – eignen. Dies hat einerseits zur Folge, dass Lehrkräfte darauf angewiesen sind, die fachsprachlichen Kenntnisse ihrer Schülerinnen und Schüler informell, etwa anhand von mündlichen Äußerungen im Unterrichtsgespräch oder schriftlichen Arbeitsaufträgen, einzuschätzen. Andererseits ist es ohne geeignete Testverfahren schlicht nicht möglich, die Wirksamkeit von fachintegrierten Sprachfördermaßnahmen zu überprüfen. Die Entwicklung von Testverfahren, mit denen sich Fachwortschatzkenntnisse erfassen lassen, ist somit zum einen forschungsmethodisch wichtig, um beispielsweise Fördereffekte zu erfassen oder die Relevanz des themenbezogenen Fachwortschatzes für die fachliche Kompetenzentwicklung untersuchen zu können. Gleichzeitig liefern ausgewählte Schritte der Testentwicklung für Lehrkräfte eine wichtige Orientierung, da sie auch für die Entwicklung informeller Aufgaben maßgeblich sind.

Vor diesem Hintergrund beschreibt der vorliegende Beitrag das Vorgehen bei der Entwicklung von Testaufgaben, mit denen sich der Fachwortschatz zu ausgewählten Themen des Sachunterrichts in der Grundschule feststellen lässt. Zugleich werden Ergebnisse zur Qualität der entwickelten Aufgaben berichtet und überprüft, inwieweit der Test zur Vorhersage des Fachwissenszuwachses der Schülerinnen und Schüler durch den Sachunterricht beiträgt, wenn weitere sprachliche Kompetenzen berücksichtigt werden.

1 (Bildungs-)Sprachliche Kompetenzen und Schulerfolg

Um erfolgreich am Unterricht teilhaben zu können, müssen Schülerinnen und Schüler über solide Kenntnisse der Unterrichtssprache verfügen. Diese ermöglichen es ihnen, Wissen und Denkprozesse darzulegen, Bedeutungen mit anderen Schülerinnen und Schülern auszuhandeln und so ihre fachlichen Kompetenzen[2] weiterzuentwickeln. Die enge Kopplung zwischen fachlichen und sprachlichen Leistungen ist nicht nur theoretisch plausibel, sondern auch empirisch gut belegt (z. B. Gut, Reimann & Grob, 2012; Mücke, 2007). Bisherige Forschungsarbeiten fokussieren zumeist auf allgemeine bzw. grundlegende sprachliche Kompetenzen, die für die Beteiligung an Alltagsgesprächen und das Verständnis sprachlich und inhaltlich vergleichsweise einfacher Lese- oder Hörtexte ausreichend sind (z. B. Bailey & Heritage, 2008; Snow, 2010). In den letzten Jahren wurde jedoch eine Reihe von Studien durchgeführt, die im engeren Sinne schulbezogene sprachliche Kompetenzen und deren Bedeutung für fachliche Leistungen in den Blick nehmen (z. B. Heppt, Henschel & Haag, 2016; Schuth, Köhne & Weinert, 2017; Townsend, Filippini, Collins & Biancarosa, 2012).

1.1 Bildungssprachliche Kompetenzen

Im Zentrum stehen dabei sogenannte *bildungssprachliche Kompetenzen*, die benötigt werden, um beispielsweise Arbeitsaufträge zu verstehen, Vermutungen, Beobachtungen oder Lernprozesse zu verbalisieren oder Lehrbuchtexte sinnentnehmend zu lesen. Es wird vermutet, dass diese schulbezogenen kommunikativen Anforderungen durch bestimmte bildungssprachliche Charakteristika gekennzeichnet sind, die in Alltagsgesprächen seltener auftreten (vgl. Schleppegrell, 2001; Snow, 2010). Hierzu zählen etwa die Verwendung spezifischer, oftmals abstrakter oder mehrdeutiger Begriffe, der Einsatz vielfältiger Konnektoren (z. B. *obwohl, damit, seitdem*), die zur Entstehung langer und komplexer Satzstrukturen beitragen, sowie ein sachlicher und unpersönlicher Schreibstil (für eine ausführliche Darstellung der Merkmale der Bildungssprache siehe Heppt, 2016). Wie Heppt et al. (2016) anhand von Lesetexten des IQB-Ländervergleichs Primarstufe 2011 zeigten, hängt das Verständnis von Texten, die eine Vielzahl typischer bildungssprachlicher Merkmale enthalten, enger mit mathematischen Kompetenzen zusammen als das Verständnis von eher alltagssprachlich geprägten Texten.

Bildungssprachliche Kompetenzen sind aber nicht nur stärker mit fachlichen Leistungen assoziiert als eher alltagsbezogene sprachliche Kompetenzen, sie tra-

---

[2] Unter *fachliche Kompetenz* fällt in den Naturwissenschaften das fachliche Wissen und das prozedurale Wissen (vgl. Kleickmann et al., 2010). Bei der *fachlichen Kompetenz* handelt es sich somit um ein übergeordnetes und breit erfasstes Konstrukt. *Fachwissen* wird als ein konzeptuelles, auf Konzepte bezogenes Wissen verstanden. Die Begriffe *Fachwissen* und *fachliche Kompetenz* werden daher im Folgenden nicht synonym verwendet.

gen auch über grundlegende sprachliche Kompetenzen hinaus zur Erklärung fachlicher Leistungen – u. a. in Mathematik, im Lesen und im Sachunterricht – bei (Meneses et al., 2018; Schuth et al., 2017; Townsend et al., 2012; Uccelli, Phillips Galloway, Barr, Meneses & Dobbs, 2015). Schuth et al. (2017) untersuchten in ihren Analysen einen zentralen Aspekt des bildungssprachlichen Wortschatzes, nämlich den *allgemeinen bildungssprachlichen Wortschatz*. Dabei handelt es sich um Ausdrücke, die fächerübergreifend von Bedeutung sind, um beispielsweise Arbeitsanweisungen zu benennen oder Prozesse zu beschreiben (z. B. *aufweisen*, *Aufbau*, *eine Tabelle anlegen*). Mitunter sind sie der Alltagssprache entlehnt, haben sich jedoch funktional und zum Teil auch morphologisch verändert (Skrandies, 2011) und werden in der Schule in anderen Bedeutungszusammenhängen verwendet als im Alltag (z. B. *angeben* im Sinne von *prahlen* vs. im Sinne von *einen Wert angeben*). In der Studie von Schuth et al. (2017) trug das Verständnis allgemeiner bildungssprachlicher Begriffe bei Grundschulkindern der vierten Jahrgangsstufe stärker zur Erklärung der von Lehrkräften eingeschätzten Leistungen im Lesen, im Schreiben, in Mathematik und im Sachunterricht bei als eher allgemeine Wortschatzkenntnisse.

1.2 Fachspezifischer bildungssprachlicher Wortschatz

Neben dem allgemeinen bildungssprachlichen Wortschatz stellt der *fachbezogene bildungssprachliche Wortschatz* (kurz: *Fachwortschatz*) einen wesentlichen Bestandteil des bildungssprachlichen Wortschatzes dar (z. B. Köhne, Kronenwerth, Redder, Schuth & Weinert, 2015; Nagy & Townsend, 2012). Im Unterschied zum fächerübergreifend verwendeten allgemeinen bildungssprachlichen Wortschatz umfasst der Fachwortschatz Begriffe, die für das Verständnis spezifischer fachlicher Inhalte zentral sind und deren Gebrauch sich daher auf einzelne Fächer bzw. Themenbereiche beschränkt (z. B. *Hypotenuse*, *kondensieren*, *Wasserkreislauf*).

Beim Fachwortschatz handelt es sich allerdings nicht nur um einen Teilbereich der Bildungssprache, sondern er ist zugleich integraler Bestandteil fachlicher Kompetenzen. Entsprechend bilden das Verständnis und die korrekte Verwendung fachsprachlicher Begriffe und Strukturen ein Kernelement in den fachspezifischen Bildungsstandards und Rahmenlehrplänen der Länder. Den Bildungsstandards für das Fach Mathematik in der Primarstufe (Kultusministerkonferenz, 2005) und dem Perspektivrahmen Sachunterricht (Gesellschaft für Didaktik des Sachunterrichts, 2013) zufolge sollen Schülerinnen und Schüler bereits in der Grundschule über wesentliche Fachbegriffe verfügen und die im Unterricht behandelten Phänomene korrekt benennen und beschreiben können. In den aktuellen Rahmenlehrplänen der Länder Berlin und Brandenburg bzw. Hessen wird dies beispielsweise im Bereich des *Kommunizierens* als wesentliche prozessbezogene Kompetenz aufgeführt. Demnach sollen Kinder Fachbegriffe nicht nur kennen, sondern sie auch Handlungen zuordnen und argumentativ anwenden können (Hessisches Kultusministerium, 2011; Senatsverwaltung für Bildung, Jugend und Familie & Ministerium für Bildung, Jugend und Sport des Landes Brandenburg, 2015).

Theoretisch lässt sich der Fachwortschatz somit als Teilbereich sprachlicher *und* fachlicher Kompetenzen beschreiben. Diese Annahme wird durch die Ergebnisse der wenigen Studien aus dem Bereich der Mathematik gestützt, in denen der Fachwortschatz empirisch untersucht wurde. So zeigten Paetsch, Felbrich und Stanat (2015) für Grundschulkinder mit Deutsch als Zweitsprache, dass der mathematische Fachwortschatz unter Kontrolle allgemeiner kognitiver Grundfähigkeiten durch produktive grammatische Kompetenzen und allgemeine produktive Wortschatzkenntnisse erklärt werden kann und gleichzeitig substanziell mit mathematischen Kompetenzen zusammenhängt.

In einer Studie von Bochnik und Ufer (2016) trugen sowohl der produktive als auch der rezeptive mathematische Fachwortschatz über allgemeine sprachliche Kompetenzen und das Verständnis kurzer mathematikbezogener Texte hinaus bedeutsam zur Erklärung der mathematischen Kompetenzen von Grundschülerinnen und Grundschülern bei. In diesen Analysen wurden der sprachliche Hintergrund der Schülerinnen und Schüler, ihr sozioökonomischer Status und ihre kognitiven Grundfähigkeiten statistisch kontrolliert. Die allgemeinen sprachlichen Kompetenzen und das Verständnis mathematikbezogener Kurztexte erlaubten dabei aber eine vergleichsweise bessere Erklärung mathematischer Kompetenzen als der produktive und der rezeptive mathematische Fachwortschatz (Bochnik & Ufer, 2016).

Zusammenfassend zeigen die Ergebnisse bisheriger empirischer Studien, dass verschiedene Aspekte von bildungssprachlicher Kompetenz bedeutsam und über grundlegende alltagssprachliche Kompetenzen hinaus zur Erklärung von fachlichen Kompetenzen beitragen und somit für den fachlichen Kompetenz- und Wissenserwerb wichtig sein dürften (z. B. Bochnik & Ufer, 2016; Schuth et al., 2017; Uccelli et al., 2015). Entsprechende Befunde wurden nicht nur für eine breite Operationalisierung allgemeiner bildungssprachlicher Kompetenzen erbracht (z. B. Meneses et al., 2018; Uccelli et al., 2015), sondern auch für den allgemeinen bildungssprachlichen Wortschatz (Schuth et al., 2017) sowie – bezogen auf den Bereich der Mathematik – für den Fachwortschatz (Bochnik & Ufer, 2016). Für den mathematischen Fachwortschatz ergaben sich überdies bedeutsame Zusammenhänge mit sprachlichen *und* fachlichen Kompetenzen (Bochnik & Ufer, 2016; Paetsch et al., 2015). Dies stützt theoretische und fachdidaktische Annahmen, wonach der Fachwortschatz sowohl als Teilbereich des bildungssprachlichen Wortschatzes konzeptualisiert wird als auch als Bestandteil fachlicher Kompetenzen.

Allerdings liegen bislang keine Studien vor, in denen der allgemeine bildungssprachliche Wortschatz und der Fachwortschatz vergleichend im Zusammenhang mit Fachwissen bzw. fachlichen Kompetenzen untersucht werden. Somit ist offen, inwieweit beide Facetten des bildungssprachlichen Wortschatzes unabhängig voneinander und über fachliche Ausgangsleistungen hinaus zum fachlichen Kompetenz- und Wissenserwerb beitragen.

2 Ziele und Fragestellungen des vorliegenden Beitrags

Der vorliegende Beitrag knüpft an die bisherige Befundlage zur Bedeutung sprachlicher Kompetenzen für die Entwicklung fachlicher Kompetenzen an. Während vorangegangene Studien die Bedeutung von Wortschatzkenntnissen im Zusammenhang mit fachlichen Kompetenzen für das Fach Mathematik betrachtet haben, werden im vorliegenden Beitrag allgemeine und fachspezifische bildungssprachliche Wortschatzkenntnisse im Sachunterricht in den Blick genommen. Der aktuelle Forschungsstand soll erweitert werden, indem die Bedeutung des Fachwortschatzes für den Erwerb von Fachwissen unter Berücksichtigung des allgemeinen bildungssprachlichen Wortschatzes analysiert wird. Grundlage dieser Analysen ist die Entwicklung von Testaufgaben, mit denen sich der rezeptive Fachwortschatz zu zentralen Inhalten des Sachunterrichts der Grundschule möglichst reliabel, valide und ökonomisch erfassen lässt. Nach einer ausführlichen Beschreibung des Vorgehens bei der Konzeption der Testaufgaben werden verschiedene Aspekte der Validität des Tests (vgl. Roick & Henschel, 2015) anhand der folgenden Fragestellungen untersucht:

1. Lassen sich Testaufgaben zur Erfassung des Fachwortschatzes zu ausgewählten Themen des Sachunterrichts der Grundschule zu einer gemeinsamen Skala zusammenfassen?
   Zur Beantwortung dieser Fragestellung wird zunächst untersucht, ob die Testaufgaben eine ein- oder mehrdimensionale Struktur aufweisen (strukturelle Validität). Liegt eine eindimensionale Struktur vor, bilden alle Testaufgaben ein gemeinsames Konstrukt ab und lassen sich zu einer gemeinsamen Skala zusammenfassen. Anschließend wird die interne Konsistenz (Reliabilität bzw. Messgenauigkeit) der resultierenden Skala bzw. der resultierenden Skalen bestimmt.
2. Bestehen bedeutsame Zusammenhänge zwischen dem Verständnis des Fachwortschatzes mit anderen sprachlichen Kompetenzen sowie mit dem Fachwissen von Grundschulkindern (konvergente Validität) und sind diese stärker ausgeprägt als der Zusammenhang zwischen dem Verständnis des Fachwortschatzes und den kognitiven Grundfähigkeiten (divergente Validität)?
   Der Fachwortschatz ist sowohl ein Teilaspekt des bildungssprachlichen Wortschatzes als auch Bestandteil des Fachwissens. Daher wird erwartet, dass der Fachwortschatz mit diesen beiden Kompetenzbereichen stärker zusammenhängt (konvergente Validität) als mit den kognitiven Grundfähigkeiten (divergente Validität). Gleichzeitig weisen der Fachwortschatz und das Fachwissen gleichermaßen Bezüge zu den fachlichen Inhalten des Sachunterrichts auf. Es wird deshalb angenommen, dass der Fachwortschatz stärker als der allgemeine und der allgemeine bildungssprachliche Wortschatz mit dem Fachwissen zusammenhängt.
3. Trägt das Verständnis des Fachwortschatzes über den allgemeinen und den allgemeinen bildungssprachlichen Wortschatz hinaus zur Vorhersage des Fachwis-

sens im exemplarisch ausgewählten Unterrichtsthema *Schwimmen und Sinken* bei, wenn zentrale Hintergrundmerkmale (z. B. familiärer Sprachgebrauch, kognitive Grundfähigkeiten) und die fachlichen Ausgangsleistungen für dieses Sachunterrichtsthema kontrolliert werden (inkrementelle Validität)?

Aufgrund der starken inhaltlichen Überlappung zwischen Fachwortschatz und Fachwissen ist anzunehmen, dass der Fachwortschatz über den allgemeinen bildungssprachlichen Wortschatz hinaus einen eigenständigen Beitrag zur Vorhersage des Fachwissens leistet.

3 Erfassung und Bedeutung des Fachwortschatzes im Sachunterricht der Grundschule am Beispiel des Projekts ProSach

3.1 Bedarfsanalyse sprachlicher Anforderungen

Das Projekt ProSach zielte darauf ab, einen möglichst flexiblen und praxistauglichen Sprachförderansatz, der sich zur fachintegrierten Sprachförderung im Sachunterricht eignet, zu entwickeln, zu erproben und auf seine Wirksamkeit hin zu überprüfen (für eine ausführliche Darstellung des Sprachförderansatzes ▶ Kap. 3 in diesem Band). Der Sprachförderansatz basiert auf dem Scaffolding-Konzept nach Gibbons (2002), demzufolge die Analyse der sprachlichen Anforderungen des Unterrichts (Bedarfsanalyse) und die daran anknüpfende Erfassung des Sprachstandes der Schülerinnen und Schüler (Lernstandsanalyse) wichtige Voraussetzungen für eine wirksame Gestaltung sprachförderlicher Maßnahmen im Fachunterricht sind. Dies bedeutet gleichzeitig, dass eine Sprachstandsfeststellung nur dann sinnvoll für die Planung und Umsetzung sowie für die anschließende Überprüfung der Wirksamkeit sprachförderlicher Maßnahmen genutzt werden kann, wenn sie sich ausreichend auf die spezifischen (fach-)sprachlichen Anforderungen der Unterrichtsinhalte und Lehrmaterialien bezieht und diese somit valide abbildet. Ausgangspunkt für die Entwicklung von Testaufgaben, mit denen sich der themenbezogene Fachwortschatz im Sachunterricht der Grundschule erfassen lässt, war im Projekt ProSach daher eine sprachliche Analyse der Unterrichtsinhalte und Lernziele zu ausgewählten Themen des Sachunterrichts.

Konkret wurden hierzu Unterrichtsentwürfe sowie dazugehörige Arbeitsmaterialien und Lernzielkontrollen zu den Themenbereichen *Schwimmen und Sinken*, *Aggregatzustände von Wasser und Übergangsprozesse* und *Bildung für Nachhaltige Entwicklung* herangezogen, die auf Grundlage von Lehr- und Unterrichtsmaterialien (vgl. Bertschy, Muheim & Künzli David, 2016; Holodinsky, Möller & Steffensky, 2009–2012; Jonen & Möller, 2005) und unter Berücksichtigung fachdidaktischer Überlegungen im Projekt entwickelt bzw. adaptiert wurden. Diese Themenbereiche sind in den meisten Rahmenlehrplänen verbindlich für den Sachunterricht der Grundschule vorgesehen und werden typischerweise in der dritten oder vierten Jahrgangsstufe unterrichtet (z. B. Hessisches Kultusministerium, 2011; Senatsverwaltung für Bildung, Jugend und Familie & Ministerium für Bildung, Jugend und Sport des Landes Brandenburg, 2015). Für jedes Sachunterrichtsthema liegen Unterrichtsentwürfe für fünf bis sechs Doppelstunden (à 90 Minuten) vor, in denen Inhalte, Lernziele, Arbeitsformen und benötigte Materialien genau beschrieben sind. In der Unterrichtseinheit zum Thema *Schwimmen und Sinken* stehen beispielsweise der Erwerb der Konzepte *Material*, *Dichte*, *Verdrängung* und *Auftrieb* im Vordergrund, während die Unterrichtseinheit *Aggregatzustände von Wasser und Übergangsprozesse* auf den Wasserkreislauf und damit verbundene Prozesse wie *Verdunstung* und *Kondensation* abzielt. In der Unterrichtseinheit *Bildung für Nachhaltige Entwicklung* lernen die Schülerinnen und Schüler Vor- und Nachteile unterschiedlicher Verpackungsmaterialien kennen und setzen sich mit Möglichkeiten zur Abfallvermeidung und -verwertung auseinander.

Anhand der Unterrichtsentwürfe und der dazugehörigen Arbeitsmaterialien wurden im Rahmen der sprachlichen Bedarfsanalyse häufig auftretende Begriffe identifiziert, die für den Aufbau der fachlichen Konzepte wesentlich sind. Bei der Begriffsauswahl wurden die Grundsätze der Repräsentativität und der Bedeutsamkeit berücksichtigt (Sacher, 2004). Entsprechend dem Grundsatz der Repräsentativität sollten Inhalte, die im Unterricht intensiver behandelt wurden, auch verstärkt in Leistungstests berücksichtigt werden. Der Grundsatz der Bedeutsamkeit sieht vor, dass bedeutsamere Inhalte, für die typischerweise mehr Unterrichtszeit aufgewendet wird, gegenüber weniger bedeutsamen Inhalten zu bevorzugen sind (Sacher, 2004). Durch die Orientierung an diesen Grundsätzen wurde sichergestellt, dass die ausgewählten Begriffe den im Unterricht auftretenden Fachwortschatz inhaltlich valide abbilden. In Abbildung 4.1 sind einige beispielhafte Begriffe aufgeführt, die anhand der Materialien identifiziert und bei der Aufgabenentwicklung berücksichtigt wurden.

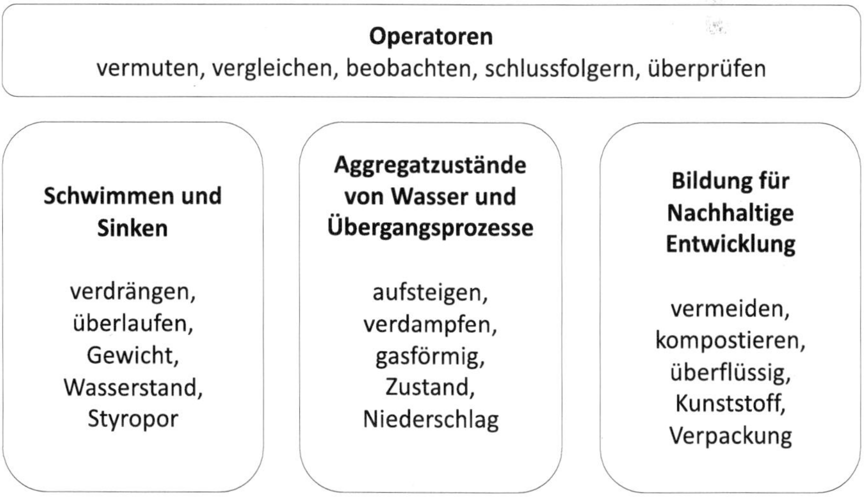

Operatoren
vermuten, vergleichen, beobachten, schlussfolgern, überprüfen

Schwimmen und Sinken

verdrängen,
überlaufen,
Gewicht,
Wasserstand,
Styropor

Aggregatzustände von Wasser und Übergangsprozesse

aufsteigen,
verdampfen,
gasförmig,
Zustand,
Niederschlag

Bildung für Nachhaltige Entwicklung

vermeiden,
kompostieren,
überflüssig,
Kunststoff,
Verpackung

Abb. 4.1: Ausgewählte themenbezogene Fachbegriffe für den Sachunterricht in der Grundschule

Wie aus Abbildung 4.1 hervorgeht, wurden für jedes der drei Sachunterrichtsthemen fachspezifische Begriffe identifiziert. Dabei handelte es sich in erster Linie um Substantive und Verben sowie vereinzelt um Adjektive. Darüber hinaus wurden Verben ausgewählt, die sich auf prozessorientierte Denk-, Arbeits- und Handlungsweisen des Sachunterrichts beziehen und die für verschiedene Themenbereiche des Sachunterrichts eine zentrale Rolle spielen (Senatsverwaltung für Bildung, Jugend und Familie & Ministerium für Bildung, Jugend und Sport des Landes Brandenburg, 2015). Diese Begriffe werden im Folgenden als *Operatoren* bezeichnet (▶ Abb. 4.1). Angesichts der inhaltlichen Nähe der Operatoren zum eher allgemeinen bildungssprachlichen Wortschatz beschränkte sich die Auswahl auf Verben, die vor allem für die Prozesse der Erkenntnisgewinnung von Bedeutung sein dürften. Gemeint sind also solche Begriffe, die bei der Planung und Durchführung von Versuchen sowie bei der Beschreibung und Interpretation der Ergebnisse benötigt werden.

Nicht berücksichtigt wurden themenbezogene Begriffe, deren Verständnis für den Konzepterwerb zwar notwendig ist, für die aber erwartet werden kann, dass sie Kindern in der dritten Jahrgangsstufe aus ihrem Alltag hinlänglich bekannt sind und die daher im Sachunterricht nicht neu eingeführt werden müssen (z. B. *Holz, schwimmen, Müll, kalt*). Entsprechend den Grundsätzen der Repräsentativität und der Bedeutsamkeit kamen ferner auch solche sehr spezifischen Fachbegriffe für die Aufgabenentwicklung nicht in Betracht, die nur einmalig eingeführt und erläutert werden und die daher für den Konzepterwerb als weniger entscheidend einzuschätzen sind (z. B. *Tropenholzwürfel, Meeresbiologe*).

Ein ähnliches Vorgehen ist auch für eine fach- bzw. themenspezifische Bedarfsanalyse in der pädagogischen Praxis empfehlenswert, um gezielte Lernstandsanalysen durchzuführen und eine sich daran anschließende individuelle Förderung zu erleichtern. Auch hier sollte nach den Grundsätzen der Repräsentativität und der Bedeutsamkeit besonderes Augenmerk auf denjenigen Fachbegriffen liegen, die in den Unterrichtsmaterialien gehäuft auftreten und die für das Verständnis der zugrunde liegenden fachlichen Konzepte besonders wichtig sind.

3.2 Aufgabenentwicklung

Ausgehend von der oben beschriebenen Bedarfsanalyse und den dabei identifizierten Fachbegriffen wurden im nächsten Schritt Testaufgaben entwickelt, mit denen sich das auf die drei Sachunterrichtsthemen bezogene Fachwortschatzwissen von Grundschulkindern erfassen lässt. Zur Entscheidung, ausschließlich das rezeptive Wortschatzwissen zu erheben, trugen pragmatische und testtheoretische Überlegungen bei. So sollten sich die Testaufgaben für den Einsatz im Klassenverband eignen und in einem möglichst zeitökonomischen Vorgehen durchführbar und auswertbar sein. Deshalb wurden ausschließlich geschlossene Multiple-Choice-Aufgabenformate entwickelt (z. B. Downing, 2006), zu denen (1) *Lückensätze*, (2) *bildbasierte Aufgaben* und (3) *Beschreibungen und Synonyme* zählen.

Bei den *Lückensätzen* handelt es sich um ein Aufgabenformat, das sich bereits in früheren Studien zur Erfassung der rezeptiven Wortschatzkenntnisse von Kindern im Grundschulalter bewährt hat (z. B. Dragon, Berendes, Weinert, Heppt & Stanat,

2015; Köhne et al., 2015). Jede Aufgabe besteht aus einem Satz mit einer Lücke, die korrekt vervollständigt werden muss, indem aus mehreren vorgegebenen Wörtern das passende ausgewählt wird. In unserem Fall wurden den Kindern je vier Wörter präsentiert, von denen jedes den Satz grammatisch korrekt vervollständigen würde, jedoch war nur eines auch semantisch sinnvoll (▶ Abb. 4.2).

Ilja legt mehrere Steine ins Wasserbecken und beobachtet, wie viel Wasser sie _____.
☐ zerdrücken
☐ verdrängen
☐ verbrauchen
☐ wegschieben

Abb. 4.2: Beispielaufgabe für das Aufgabenformat *Lückensätze* (Sachunterrichtsthema *Schwimmen und Sinken*)

Die *bildbasierten Aufgaben* bestehen aus realistischen Bildern oder schematischen Darstellungen von Objekten, Materialien und Prozessen, die die Kinder anhand von vier vorgegebenen Antwortmöglichkeiten korrekt benennen sollen. Einige Aufgaben enthalten nur ein Bild, in manchen Aufgaben werden den Kindern aber auch mehrere Objekte präsentiert, deren Gemeinsamkeiten bestimmt werden sollen (▶ Abb. 4.3).

Was ist auf diesem Bild zu sehen?	
[Bild]	☐ ein Sonnenkreislauf
	☐ ein Wasserkreislauf
	☐ ein Wasserlaufkreis
	☐ ein Regenkreis

Abb. 4.3: Beispielaufgabe für das Aufgabenformat *bildbasierte Aufgaben* (Sachunterrichtsthema *Aggregatzustände von Wasser und Übergangsprozesse*)

Bei *Beschreibungen und Synonymen* besteht der Aufgabenstamm jeweils aus vollständigen Sätzen. In der ersten Aufgabenvariante soll der korrekte Fachbegriff für eine zuvor kurz beschriebene Handlung, einen Prozess oder einen Vorgang ausgewählt werden. In der zweiten Aufgabenvariante müssen die Kinder für einen vorgegebenen Fachbegriff ein passendes Synonym identifizieren (▶ Abb. 4.4).

Aufgabenvariante 1: Auswahl des korrekten Fachbegriffs für eine zuvor beschriebene Handlung, einen Prozess oder einen Vorgang

Laura wiegt eine blaue und eine rote Kugel ab und sagt: „Die rote Kugel ist schwerer als die blaue." Was macht Laura?
☐ Sie vergleicht.
☐ Sie begründet.
☐ Sie schätzt.
☐ Sie vermutet.

Aufgabenvariante 2: Auswahl eines passenden Synonyms für einen vorgegebenen Fachbegriff

Wie kann man zu **Plastik** noch sagen?
☐ Kunststoff
☐ Verpackung
☐ Tüte
☐ Plasma

Abb. 4.4: Beispielaufgaben für das Aufgabenformat *Beschreibungen und Synonyme* (oben: *Operatoren*, unten: Sachunterrichtsthema *Bildung für Nachhaltige Entwicklung*)

Basierend auf mehreren kleinen Erprobungsstudien, die mit Grundschülerinnen und Grundschülern im Großraum Frankfurt durchgeführt wurden ($22 \leq N \leq 41$), und einer daran anknüpfenden Pilotierungsstudie mit Berliner Grundschulkindern ($N = 154$), wurden die Aufgaben mehrfach überarbeitet. Insgesamt wurden 36 Aufgaben mit zufriedenstellender interner Konsistenz (EAP/PV-Reliabilität[3] = .74) für den Einsatz in der Evaluationsstudie im Projekt ProSach ausgewählt (Heppt, Henschel & Hettmannsperger, 2017). Mit einer durchschnittlichen Lösungswahrscheinlichkeit von 56 % ($SD = 19\%$, $min = 7\%$, $max = 94\%$) wiesen die Aufgaben einen mittleren Schwierigkeitsgrad auf. Zwei weitere Aufgaben wurden im Anschluss an die Pilotierung konstruiert. In Tabelle 4.1 ist dargestellt, wie sich die insgesamt 38 Aufgaben auf die drei Sachunterrichtsthemen und die themenübergreifenden Operatoren sowie auf die drei Aufgabenformate verteilen.

---

[3] Die EAP/PV-Reliabilität (*expected a posteriori/plausible value*) ist ein Maß für die interne Konsistenz, das häufig angegeben wird, wenn Methoden der probabilistischen Testtheorie (z. B. Rasch-Analysen, vgl. Adams, Wu & Wilson, 2015) verwendet werden. Wie in der klassischen Testtheorie (vgl. Cronbachs Alpha als Maß der internen Konsistenz) hängt auch die EAP/PV-Reliabilität von der Homogenität und der Anzahl der Aufgaben ab.

Tab. 4.1: Verteilung der Aufgaben auf die Sachunterrichtsthemen und Aufgabenformate

		Sachunterrichtsthema				
		Schwimmen und Sinken	Aggregatzustände von Wasser und Übergangsprozesse	Bildung für Nachhaltige Entwicklung	Operatoren	Gesamt
Aufgabenformat	Lückensätze	4	5	9	3	21
	Bildbasierte Aufgaben	4	3	1	–	8
	Beschreibungen und Synonyme	–	1	4	4	9
	Gesamt	8	9	14	7	38

Der Themenbereich *Bildung für Nachhaltige Entwicklung* ist durch etwas mehr Aufgaben abgedeckt als die anderen beiden Sachunterrichtsthemen und die themenübergreifenden Operatoren. Zudem liegen deutlich mehr *Lückensätze* vor als *bildbasierte Aufgaben* und *Beschreibungen und Synonyme*. Dies ist nicht nur darauf zurückzuführen, dass mehr Aufgaben dieses Formats entwickelt wurden, sondern auch darauf, dass diese Aufgaben in den Erprobungsstudien insgesamt bessere Kennwerte erzielten. So erwiesen sich beispielsweise 45 % der *bildbasierten Aufgaben* und 33 % der Aufgaben vom Typ *Beschreibungen und Synonyme* in der Berliner Pilotierungsstudie mit einer Lösungswahrscheinlichkeit von mehr als 80 % als deutlich zu leicht für Grundschulkinder der Jahrgangsstufen 3 und 4. Dies war dagegen nur bei 13 % der *Lückensätze* der Fall. Diese Befunde stützen die oben beschriebenen Beobachtungen früherer Studien (Dragon et al., 2015; Köhne et al., 2015), wonach *Lückensätze* für die Erfassung rezeptiver Wortschatzkenntnisse in der Grundschule besonders gut geeignet sind.

3.3 Überprüfung der Aufgabenqualität und der Validität des Fachwortschatztests

Ziel des in ProSach entwickelten Sprachförderansatzes war es, Grundschulkinder der dritten Jahrgangsstufe durch die gezielte sprachliche Anreicherung des Sachunterrichts sowohl in der Entwicklung ihrer sprachlichen Kompetenzen als auch in ihrem fachlichen Wissenserwerb zu unterstützen. Um Fördereffekte abbilden zu können, bearbeiteten die teilnehmenden Kinder jeweils unmittelbar vor (Prätest) und nach jeder Unterrichtseinheit (Posttest) Testaufgaben zur Bestimmung ihres sprachlichen und fachlichen Leistungsstands. Zu den Themen *Schwimmen und Sinken* und *Aggregatzustände von Wasser und Übergangsprozesse* fanden zusätzlich einige Monate nach Abschluss der Unterrichtseinheiten Erhebungen statt (Follow-up). Es liegen somit insgesamt Daten aus drei Prätests, drei Posttests und zwei Follow-up-Tests vor, die im Zeitraum von August 2017 bis Oktober 2018 erhoben wurden. Die nachfolgenden Ausführungen beziehen sich ausschließlich auf die ersten beiden Messzeitpunkte, also auf den Prätest, der zur Bestimmung der Ausgangslage der Kinder vor Beginn der Unterrichtseinheit zum Thema *Schwimmen und Sinken* durchgeführt wurde, und auf den ersten Posttest, der direkt nach Abschluss dieser Unterrichtseinheit stattfand.[4]

Stichprobe und Testdesign

Am Prätest nahmen 519 Schülerinnen und Schüler aus 15 Grundschulen in Berlin und Hessen teil. Der Großteil der Kinder besuchte zum Testzeitpunkt die dritte Jahrgangsstufe ($n = 482$; 93 %). Aufgrund des jahrgangsübergreifenden Lernens (JÜL; Senatsverwaltung für Bildung, Wissenschaft und Forschung, 2010) nahmen an zwei Berliner Schulen auch Kinder aus der vierten Jahrgangsstufe teil ($n = 37$; 7 %). Zum ersten Erhebungszeitpunkt (Prätest), der zwei bis zehn Wochen nach Schuljahresbeginn stattfand, waren die Kinder im Durchschnitt 8 Jahre und 10 Monate alt ($SD = 8$ Monate). Das Geschlechterverhältnis war ausgeglichen ($n_{\text{Mädchen}} = 258$; 50 %) und auch die Anteile der Kinder, die angaben, zu Hause (1) nur Deutsch oder (2) Deutsch und eine andere Sprache zu sprechen, unterschieden sich nur unwesentlich ($n_{\text{monolingual Deutsch}} = 255$; 49 %).

Der Prätest wurde an zwei Testtagen in zwei 90-minütigen Testsitzungen durchgeführt, der Posttest umfasste eine 90-minütige Testsitzung (jeweils inklusive Pausen). Neben den Fachwortschatzaufgaben wurden weitere Leistungstests und Fragebogenskalen eingesetzt, von denen hier nur diejenigen Instrumente vorgestellt werden, die in die nachfolgenden Analysen eingingen.

Erhebungsinstrumente

Allgemeiner Wortschatz. Zur Erfassung des allgemeinen rezeptiven Wortschatzes wurde die Entwicklungsversion des Worterkennungstests *WOR-TE* für die Jahrgangsstufen 3 und 4 eingesetzt (Trautwein & Schroeder, 2019). Bei diesem Test, der in zwei Pseudo-Paralleltestversionen vorliegt, kreuzen die Kinder für 121 Wörter (davon 24 Pseudowörter) an, ob sie diese Wörter kennen oder nicht. Entsprechend den Vorgaben von Trautwein und Schroeder (2019) wurden die Wörter durch die Kinder selbstständig gelesen. Eine zusätzliche Vorgabe durch die Testleiterinnen und Testleiter erfolgte nicht. Da der Test aus organisatorischen Gründen in einigen Klassen nicht vollständig durchgeführt werden konnte,

---

4 Die Dateneingabe und -aufbereitung der Fachwissenstests zu den Themen *Aggregatzustände von Wasser und Übergangsprozesse* und *Bildung für Nachhaltige Entwicklung* war zum Zeitpunkt der Manuskripterstellung noch nicht abgeschlossen. Die Daten zu diesen Unterrichtsthemen konnten daher in die vorliegenden Analysen nicht einbezogen werden.

werden in die vorliegenden Analysen nur die jeweils ersten 61 Aufgaben einbezogen ($\alpha_{\text{Version A/B}} = .86/.84$).

Allgemeiner bildungssprachlicher Wortschatz. Der allgemeine bildungssprachliche Wortschatz wurde mit einer Kurzskala von *BiSpra-Wort*[5] (Heppt et al., in Druck; Köhne et al., 2015) bestimmt. Diese erfasst das Verständnis von fächerübergreifend relevanten Begriffen (z. B. *bestehen, übertragen, Aufbau*), die anhand eines Korpus von ca. 700.000 Wörtern authentischer schulbezogener Sprache unterschiedlicher Fächer und Jahrgangsstufen identifiziert wurden. Jede der 16 Multiple-Choice-Aufgaben besteht aus einem Satz mit einer Lücke und drei vorgegebenen bildungssprachlichen Wörtern. Die Aufgabe der Kinder ist es, die Lücke im Satz richtig zu vervollständigen, indem sie das grammatisch und semantisch passende Wort auswählen. Die Aufgaben waren in den Testheften abgedruckt und wurden den Kindern zusätzlich von einer CD vorgespielt ($\alpha = .67$).

Fachwortschatz. Die neu entwickelten Fachwortschatzaufgaben wurden in einem Multi-Matrix-Design administriert, bei dem jedem Kind nur eine Teilmenge aller Aufgaben vorgelegt wurde. Jede Schülerin bzw. jeder Schüler bearbeitete 19 oder 20 Aufgaben, wobei die sieben Operatoren als Ankeraufgaben dienten und von allen Kindern bearbeitet wurden (Angaben zur Reliabilität werden im Abschnitt *Strukturelle Validität, Reliabilität und Aufgabenschwierigkeit* berichtet). Die Aufgaben waren im vollständigen Wortlaut in den Testheften der Kinder abgedruckt. Um unerwünschte Einflüsse der Lesekompetenz auf die Aufgabenbearbeitung zu minimieren, lasen die Testleiterinnen und Testleiter die Aufgaben während der Erhebung vor, sodass die Schülerinnen und Schüler nur mitlesen mussten.

Fachwissen im Bereich Schwimmen und Sinken. Um die Ausgangslage und den Wissenszuwachs der Kinder im Bereich *Schwimmen und Sinken* zu bestimmen, wurden zehn Testaufgaben, davon neun im Multiple- bzw. Forced-Choice-Format und eine offene Aufgabe, eingesetzt (Hardy, Jonen, Möller & Stern, 2006; Kleickmann, 2008). Die Aufgaben zielten darauf ab, das konzeptuelle Verständnis der Kinder zur Verdrängung von Wasser und zum Schwimmen und Sinken von Gegenständen auf unterschiedlichen Niveaustufen (1 = Fehlvorstellungen, 2 = Zwischenvorstellungen bzw. anschlussfähige Konzepte[6], 3 = physikalische Konzepte) abzubilden. Im Prätest erreichten die Kinder durchschnittlich etwa ein knappes Drittel (30 %) der maximal möglichen Punktzahl ($SD = 15\%$, $min = 0\%$, $max = 76\%$), wobei 12 % ($SD = 9\%$) die höchste Niveaustufe erreichten. Wie bereits in früheren Erhebungen (Hardy et al., 2006; Kleickmann, 2008) erwies sich der Test somit auch in unserer Stichprobe als sehr schwierig. Dies dürfte sich ebenso wie die inhaltliche Heterogenität auf die interne

---

5 Das interdisziplinäre Verbundprojekt »Bildungssprachliche Kompetenzen (BiSpra II): Anforderungen, Sprachverarbeitung und Diagnostik« wurde mit Mitteln des Bundesministeriums für Bildung und Forschung (BMBF) unter den Förderkennzeichen 01GJ1209A (Otto-Friedrich-Universität Bamberg) und 01GJ1209B (Humboldt-Universität zu Berlin) gefördert und unter der Leitung von Sabine Weinert und Petra Stanat durchgeführt (mit zeitweiliger Unterstützung durch Angelika Redder).

6 Gemeint sind anschlussfähige Konzepte, die eine Grundlage für die Bildung wissenschaftlicher Konzepte bilden, jedoch noch keine umfassenden wissenschaftlichen Konzepte darstellen, oder Zwischenvorstellungen, in denen Fehlvorstellungen mit wissenschaftlichen Konzepten verknüpft werden (Kleickmann et al., 2010).

Konsistenz (EAP/PV-Reliabilität) des Tests niedergeschlagen haben. Im Prätest lag sie bei .51 und im Posttest bei .66.

Kognitive Grundfähigkeiten. Als Indikator für die kognitiven Grundfähigkeiten diente der Subtest *Matrizen* (12 Aufgaben, α = .60) aus dem *Grundintelligenztest Skala 2 – Revision* (CFT 20-R; Weiß, 2006). Bei diesem Test müssen die Kinder ein Muster aus drei vorgegebenen Symbolen richtig vervollständigen, indem sie aus einer Reihe von fünf Symbolen das logisch richtige identifizieren.

Zur Erfassung des kulturellen Kapitals schätzten die Schülerinnen und Schüler den eigenen Bücherbesitz auf einer 5-stufigen Likert-Skala (1 = *keine oder nur sehr wenige (0–10 Bücher)* bis 5 = *genug, um drei oder mehr Regale zu füllen (über 200 Bücher)*) ein. Der Indikator für das kulturelle Kapital ging neben dem Geschlecht, dem Alter und dem familiären Sprachgebrauch (monolingual Deutsch vs. nicht-monolingual Deutsch, siehe Abschnitt *Stichprobe und Testdesign*) als Kontrollvariable in die Analysen ein.

Analysestrategie

Die erste Fragestellung bezog sich auf die Prüfung der Dimensionalität (strukturelle Validität) und der Reliabilität der eingesetzten Aufgaben zum Fachwortschatz. Hierzu wurden alle 38 Aufgaben aus dem Prätest mit dem Programm ConQuest Version 4.5.2 (Adams et al., 2015) gemeinsam skaliert. Vier Aufgaben wurden aufgrund der unzureichenden Passung zum Rasch-Modell aus dem Aufgabenpool entfernt (vgl. OECD, 2012), sodass alle nachfolgenden Analysen auf Basis von 34 Aufgaben vorgenommen wurden.

Um die Struktur des entwickelten Fachwortschatztests zu überprüfen (Fragestellung 1), wurden Modellvergleiche (konfirmatorische Faktorenanalysen) durchgeführt. Das eindimensionale Modell wurde aufgrund theoretisch begründeter Überlegungen mit plausiblen Alternativmodellen (zwei-, drei- und vierdimensionale Modelle) verglichen (vgl. Roick & Henschel, 2015).[7]

Inwieweit der Fachwortschatz mit anderen sprachlichen Kompetenzen und dem Fachwissen sowie mit den kognitiven Grundfähigkeiten zusammenhängt (Fragestellung 2) und ob der Fachwortschatz über weitere sprachliche Merkmale hinaus zur Erklärung des Fachwissens im Posttest beiträgt (Fragestellung 3), wurde mit Korrelations- bzw. Regressionsanalysen untersucht. Als Fähigkeitsschätzer für den themenbezogenen Fachwortschatz und das Fachwissen wurden jeweils *Weighted Likelihood Estimates* (WLE; Warm, 1989) herangezogen.

Die Korrelations- und Regressionsanalysen wurden aufgrund der geschachtelten Datenstruktur (Kinder in Schulklassen) unter Verwendung des Schätzers MLR (*Maxi-*

---

[7] Die Beurteilung der Modellgüte basierte auf den deskriptiven Fitindizes *Akaike Information Criterion* (AIC) und *Bayesian Information Criterion* (BIC). Geringere Werte weisen auf eine bessere Modellanpassung hin (Vrieze, 2012). Der Modellvergleich erfolgte anhand der Deviance und des darauf basierenden χ^2-Differenzentests. Signifikante Modellvergleiche weisen auf eine bessere Passung des komplexeren Modells hin, andernfalls ist das sparsamere Modell zu bevorzugen.

mum Likelihood Estimation with Robust Standard Errors) mit der Option »type = complex« in Mplus (Muthén & Muthén, 1998–2018) durchgeführt. Fehlende Werte wurden mithilfe der *Full Information Maximum Likelihood*-Methode (Schafer & Graham, 2002) modellbasiert geschätzt. Die Signifikanzprüfung von Korrelationsunterschieden erfolgte auf Basis von Fisher z-transformierten Werten (vgl. Eid, Gollwitzer & Schmitt, 2017).

Ergebnisse

Strukturelle Validität, Reliabilität und Aufgabenschwierigkeit des Fachwortschatztests

Um zu überprüfen, ob sich die 34 Fachwortschatzaufgaben zu einer gemeinsamen Skala zusammenfassen lassen, wurde im ersten Schritt eine Reihe von Modellvergleichen durchgeführt. Die Ergebnisse zeigen, dass die mehrdimensionalen Modelle die Daten nicht besser abbilden als das sparsame eindimensionale Modell (▶ Tab. 4.2), und stützen somit die Annahme, dass alle Aufgaben das gleiche Konstrukt (Fachwortschatz) erfassen, auch wenn sie sich auf unterschiedliche Sachunterrichtsthemen beziehen. Gleichzeitig handelt es sich um ein inhaltlich breites und heterogenes Konstrukt. Dies schlägt sich in der vergleichsweise geringen internen Konsistenz nieder. Mit einer EAP/PV-Reliabilität von .64 im Prätest ist diese gerade noch zufriedenstellend.

Tab. 4.2: Modellvergleiche für den Fachwortschatztest (*N* = 519)

Modell	AIC	BIC	Deviance	Anzahl geschätzter Parameter	Modellvergleich gegen liberaleres Modell		
					Δ χ^2	df	p
Eindimensional (insgesamt)	9447.28	9596.10	9377.28	35			
Zweidimensional (NaWi, GeWi)	9450.36	9607.68	9376.36	37	0.92	2	.63
Dreidimensional (SuS + Op, AWÜ, BNE)	9456.54	9626.61	9376.54	40	0.74	5	.98
Vierdimensional (SuS, AWÜ, BNE, Op)	9455.67	9642.75	9367.67	44	9.61	9	.38

Anmerkungen: NaWi = Naturwissenschaften; GeWi = Gesellschaftswissenschaften; SuS = Schwimmen und Sinken; Op = Operatoren; AWÜ = Aggregatzustände von Wasser und Übergangszustände; BNE = Bildung für Nachhaltige Entwicklung. Bei AIC (*Akaike Information Criterion*) und BIC (*Bayesian Information Criterion*) handelt es sich um Fitindizes zur Beurteilung der Modellgüte (vgl. Fußnote 7 im Abschnitt *Analysestrategie*).

Die Kinder lösten im Prätest durchschnittlich 65 % der Aufgaben richtig (*SD* = 19 %, *min* = 0 %, *max* = 100 %). Die Aufgaben sind somit insgesamt vergleichsweise leicht.

Bei genauerer Betrachtung der besonders leichten und der besonders schwierigen Aufgaben zeigt sich, dass Fachbegriffe wie *Wachs, Müll trennen* und *Styropor* Grundschulkindern vor der Unterrichtseinheit (d.h. zu Beginn der dritten bzw. vierten Jahrgangsstufe) mehrheitlich bereits bekannt sind. Hingegen kennen nur wenige Kinder die Bedeutung der Fachbegriffe *Vorgang, verdrängen* oder *Kunststoff* (▶ Abb. 4.5).

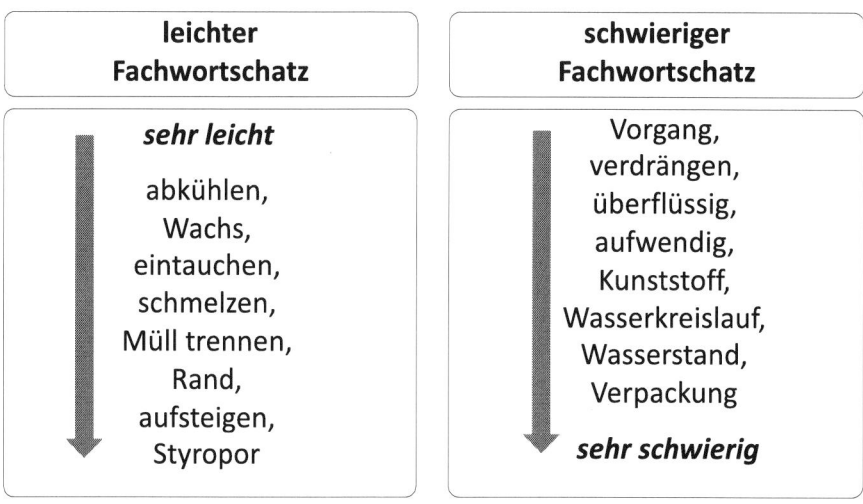

Abb. 4.5: Darstellung der acht leichtesten und acht schwierigsten Fachwörter
Anmerkung: Die Aufgabenschwierigkeit steigt jeweils in Pfeilrichtung an.

Zusammenhänge des Fachwortschatzes mit anderen Kompetenzbereichen (konvergente und divergente Validität)

Zur Prüfung der zweiten Fragestellung wurden manifeste Korrelationen zwischen dem Verständnis des Fachwortschatzes und dem Fachwissen, den allgemeinen und bildungssprachlichen Wortschatzkenntnissen sowie den kognitiven Grundfähigkeiten berechnet. Diese sind in Tabelle 4.3 dargestellt.

Erwartungsgemäß hängt die Leistung im Fachwortschatztest mit allen anderen Kompetenzmaßen signifikant positiv zusammen. Obwohl zunächst angenommen wurde, dass der Fachwortschatz aufgrund seiner inhaltlichen Bezüge zum Fachwissen und zu den sprachlichen Kompetenzen vergleichbare Zusammenhänge zu beiden Merkmalsbereichen aufweisen sollte, zeigt sich im Vergleich der Korrelationen ein anderes Befundmuster: Demnach ist der Fachwortschatz mit dem allgemeinen bildungssprachlichen Wortschatz signifikant stärker assoziiert als mit dem Fachwissen ($z = -8.45, p < .01$). Darüber hinaus hängt der Fachwortschatz auch enger mit dem allgemeinen Wortschatz zusammen als mit dem Fachwissen ($z = -2.49, p < .01$). Die Ergebnisse legen somit eine stärkere Verortung des themenbezogenen Fachwortschatzes als sprachliche Kompetenzfacette nahe denn als Teil des konzeptuellen Verständnisses. Dies wird auch dadurch gestützt, dass das Fachwissen stärker mit dem

Tab. 4.3: Zusammenhänge zwischen verschiedenen Kompetenzmaßen im Prätest (N = 519)

	Kompetenzmaße	1	2	3	4
1	Fachwortschatz	-			
2	Kognitive Grundfähigkeiten	.20**	-		
3	Fachwissen im Bereich Schwimmen und Sinken	.25**	.23**	-	
4	Allgemeiner Wortschatz	.27**	.10*	.14**	-
5	Allgemeiner bildungssprachlicher Wortschatz	.60**	.19**	.31**	.31**

Anmerkung: **$p < .01$; *$p < .05$.

allgemeinen bildungssprachlichen Wortschatz assoziiert ist als mit dem Fachwortschatz ($z = 6.48$, $p < .01$). Weiterhin zeigen sich bei einem Vergleich der Beziehungen zwischen den drei Wortschatzmaßen engere Zusammenhänge zwischen Fachwortschatz und allgemeinem bildungssprachlichen Wortschatz als zwischen Fachwortschatz und allgemeinem Wortschatz ($z = -6.56$, $p < .01$). Dies spricht für die Annahme, dass der Fachwortschatz eine Facette des bildungssprachlichen Wortschatzes ist und sich von eher allgemeinen Wortschatzkenntnissen abgrenzen lässt.

Weitere Belege für die konvergente und divergente Validität ergaben darüber hinaus die erwartungskonform engeren Zusammenhänge zwischen Fachwortschatz und allgemeinem Wortschatz ($z = -3.14$, $p < .01$) bzw. allgemeinem bildungssprachlichen Wortschatz ($z = -8.59$, $p < .01$; konvergente Validität) im Vergleich zum Zusammenhang zwischen Fachwortschatz und kognitiven Grundfähigkeiten (divergente Validität). Entgegen unseren Erwartungen war der Fachwortschatz mit dem Fachwissen nicht stärker assoziiert als mit den kognitiven Grundfähigkeiten ($z = -0.38$, $p = .35$).

Vorhersage des Fachwissens durch den Fachwortschatz

Ziel unserer dritten Fragestellung war es, zu überprüfen, ob das Verständnis des Fachwortschatzes zum Zeitpunkt des Prätests über Kenntnisse des allgemeinen und des allgemeinen bildungssprachlichen Wortschatzes hinaus zur Vorhersage des Wissenszuwachses im Bereich *Schwimmen und Sinken* beiträgt. Hierzu wurde eine Reihe von Regressionsanalysen berechnet. Als abhängige Variable diente jeweils die Leistung im Fachwissenstest zum Posttest. In Modell 1 gingen neben den fachlichen Ausgangsleistungen im Prätest die Hintergrundmerkmale Geschlecht, Alter, familiärer Sprachgebrauch (monolingual Deutsch vs. nicht-monolingual Deutsch), kulturelles Kapital und kognitive Grundfähigkeiten als Kontrollvariablen ein. In den Modellen 2 bis 4 wurden die sprachbezogenen Maße schrittweise in die Analysen aufgenommen. Wie aus Tabelle 4.4 hervorgeht, sind die fachlichen Ausgangsleistungen im Prätest erwartungsgemäß jeweils der beste Prädiktor für das

Fachwissen nach Abschluss der Unterrichtseinheit *Schwimmen und Sinken* (Modelle 1 bis 4).

Tab. 4.4: Regressionsanalysen zur Vorhersage des Fachwissens im Bereich Schwimmen und Sinken zum Posttest ($N = 519$)

Prädiktoren	Modell 1		Modell 2		Modell 3		Modell 4	
	β	SE	β	SE	β	SE	β	SE
Hintergrundmerkmale								
Geschlecht[a]	.01	.04	.01	.04	.00	.04	−.01	.04
Alter	−.08	.06	−.08	.06	−.06	.07	−.05	.06
Familiärer Sprachgebrauch[b]	−.10*	.04	−.08*	.04	−.05	.03	−.05	.03
Kulturelles Kapital	.11**	.03	.11**	.03	.11**	.03	.08**	.02
Kognitive Grundfähigkeiten	.12**	.04	.10**	.04	.09*	.04	.08*	.04
Fachwissen								
Fachwissen im Bereich Schwimmen und Sinken zum Prätest	.39**	.04	.37**	.04	.33**	.05	.32**	.05
Sprachbezogene Maße								
Allgemeiner Wortschatz			.10**	.04	.05	.04	.02	.04
Allgemeiner bildungssprachlicher Wortschatz					.17**	.06	.05	.06
Fachwortschatz							.23**	.05
R^2	.21		.22		.24		.28	

Anmerkungen: [a]0 = Junge, 1 = Mädchen, [b]0 = monolingual Deutsch, 1 = nicht-monolingual Deutsch; **$p < .01$, *$p < .05$.

Sowohl der familiäre Sprachgebrauch als auch das kulturelle Kapital und die kognitiven Grundfähigkeiten erweisen sich zunächst als bedeutsame Prädiktoren für das Fachwissen am Ende der Unterrichtseinheit (Modelle 1 und 2). Der Effekt des familiären Sprachgebrauchs weist darauf hin, dass Kinder mit monolingual deutscher Familiensprache von der Unterrichtseinheit zum Thema *Schwimmen und Sinken* etwas stärker profitieren als Kinder, die zu Hause (auch) eine andere Sprache als Deutsch sprechen. Allerdings fällt der Leistungsvorteil gering aus und lässt sich vollständig über Unterschiede im allgemeinen bildungssprachlichen Wortschatz erklären (Modell 3). In den Modellen 2 bis 4 wird deutlich, dass neben der fachlichen Ausgangsleistung auch sprachliche Kompetenzen bedeutsam zum Wissenszuwachs im Bereich *Schwimmen und Sinken* beitragen. Zwar gilt dies zunächst auch für den allgemeinen Wortschatz (Modell 2), jedoch verschwindet der vergleichsweise kleine Effekt (1 % zusätzliche Varianzaufklärung) bei gleichzeitiger Berücksichtigung des allgemeinen bildungssprachlichen Wortschatzes (Modell 3), der weitere 3 % zur Varianzaufklärung im Fachwissen am Ende der Unterrichtseinheit beiträgt. Dies verdeutlicht die größere Relevanz des allgemeinen bildungssprachlichen Wortschatzes im Vergleich zum allgemeinen Wortschatz für die Leistungsentwicklung im Fachwissen im Bereich *Schwimmen und Sinken*.

Welche Rolle der Fachwortschatz für die Leistungsentwicklung spielt, geht aus Modell 4 hervor. Hier zeigt sich, dass das Verständnis des Fachwortschatzes vor Beginn der Unterrichtseinheit (Prätest) weitere 4 % in der Varianz des Fachwissens am Ende der Unterrichtseinheit aufklärt. Der allgemeine Wortschatz und der allgemeine bildungssprachliche Wortschatz leisten über den Fachwortschatz hinaus keinen eigenständigen Beitrag mehr zur Erklärung der Leistungsentwicklung. Die fachlichen Ausgangsleistungen und der Fachwortschatz stellen somit die besten Prädiktoren für die Leistungsentwicklung im Themenbereich *Schwimmen und Sinken* dar.

4 Diskussion

Ziel des vorliegenden Beitrags war die Entwicklung und Validierung von Testaufgaben, mit denen sich der rezeptive Fachwortschatz von Grundschulkindern zu zentralen Themen des Sachunterrichts erfassen lässt. Dabei wurden zunächst die Struktur des themenbezogenen Fachwortschatzes im Sachunterricht der Grundschule, die Reliabilität und die Aufgabenschwierigkeit betrachtet (Fragestellung 1). Inwieweit der Fachwortschatz als Bestandteil des Fachwissens und sprachlicher Kompetenzen beschrieben werden kann, wurde anhand von Zusammenhängen mit anderen sprachlichen Kompetenzen und dem Fachwissen im Bereich *Schwimmen und Sinken* (konvergente Validität) sowie mit den kognitiven Grundfähigkeiten (divergente Validität) untersucht (Fragestellung 2). Um Hinweise auf die Bedeutung des Fachwortschatzes im Vergleich zu allgemeinen sowie allgemeinen bildungssprachlichen Wortschatzkenntnissen zu erhalten, wurde ferner untersucht, ob der Fachwortschatz über andere sprachliche Teilkompetenzen und kognitive Grundfähigkeiten hinaus zum Wissenszuwachs im Themenbereich *Schwimmen und Sinken* beiträgt (Fragestellung 3).

Strukturelle Validität, Reliabilität und Aufgabenschwierigkeit des Fachwortschatztests

Die Prüfung der strukturellen Validität verdeutlichte, dass sich die 34 Fachwortschatzaufgaben, die sich auf drei Sachunterrichtsthemen und auf themenübergreifende Operatoren beziehen, am besten durch eine eindimensionale Struktur beschreiben lassen. Trotz der Themenvielfalt der Fachwortschatzaufgaben ist es somit sinnvoll, sie zu einer gemeinsamen Skala zusammenzufassen und keine Subskalen für einzelne Themenbereiche bzw. Operatoren zu bilden. Allerdings fällt die Messgenauigkeit der Skala nur zufriedenstellend aus. Dies könnte einerseits auf den Einsatz unterschiedlicher Aufgabenformate und andererseits auf die inhaltliche Breite der Zielwörter zurückzuführen sein. Es ist anzunehmen, dass sich die starke Abhängigkeit des vorhandenen Wortschatzwissens von individuellen Erfahrungen und Interessen (vgl. Glück, 2007) gerade im Prätest in einer ausgeprägten Variabilität im Wortschatz der Kinder bemerkbar macht, die sich in der vergleichsweise niedrigen Reliabilität widerspiegelt. Diese Annahme ist dadurch begründet, dass die Reliabilität wesentlich davon abhängt, inwieweit das Lösen einer Aufgabe mit dem Lösen einer anderen Aufgabe innerhalb des Tests zusammenhängt. Dieser Zusammenhang dürfte gerade zu Beginn der Unterrichtseinheit geringer ausfallen, weil zu diesem Zeitpunkt noch keine Angleichung der Fachwortschatzkenntnisse der Kinder durch den Unterricht stattgefunden hat.

Ferner zeigte sich, dass die Fachwortschatzaufgaben für Grundschulkinder der dritten Jahrgangsstufe bereits vor Beginn der Unterrichtseinheiten relativ einfach sind. Die Aufgaben differenzieren also besonders gut im unteren und weniger gut im oberen Leistungsbereich. Aus unterrichtspraktischer Sicht dürfte dies jedoch sogar erstrebenswert sein. Da eine starke alltagssprachliche Verankerung des themenbezogenen Fachwortschatzes curricular explizit vorgesehen ist (Senatsverwaltung für Bildung, Jugend und Familie & Ministerium für Bildung, Jugend und Sport des Landes Brandenburg, 2015), dürfte es für die nachfolgende Unterrichtsplanung sicherlich von Vorteil sein, wenn Begriffe wie *Müll trennen, eintauchen* oder *schmelzen* vielen Kindern bereits bekannt sind und der Fokus auf die weniger bekannten Begriffe gelegt werden kann. Zu letzteren zählen etwa *Wasserkreislauf, verdrängen* oder *Kunststoff*, die im engeren Sinne dem bildungssprachlichen Register zuzuordnen sind. Sie sind Grundschulkindern aus ihrem Alltag weniger vertraut und müssen daher im Unterricht gezielt eingeführt werden. Insgesamt bleibt festzuhalten, dass die Aufgabenschwierigkeiten nicht losgelöst von den pädagogischen Zielsetzungen des Sachunterrichts zu betrachten sind, in denen der Alltagsnähe der Inhalte und dem Rückgriff auf individuelle Vorerfahrungen der Kinder ein hoher Stellenwert beigemessen wird.

Zusammenhänge des Fachwortschatzes mit anderen Kompetenzbereichen (konvergente und divergente Validität)

Die Korrelationsanalysen ergaben für den Fachwortschatz engere Zusammenhänge mit dem allgemeinen und insbesondere mit dem allgemeinen bildungssprachlichen

Wortschatz als mit dem Fachwissen und den kognitiven Grundfähigkeiten. Die Unterschiede in den Beziehungen zu sprachlichen Kompetenzen bzw. Fachwissen im Vergleich zu kognitiven Grundfähigkeiten sind im Sinne der konvergenten und divergenten Validität erwartungskonform. Da der Fachwortschatz gleichermaßen als Bestandteil sprachlicher und fachlicher Kompetenzen gilt, ohne dass sich konzeptionell eine stärkere Zuordnung zu einer der beiden Dimensionen ableiten ließe, wurde für den entsprechenden Korrelationsvergleich keine gerichtete Hypothese formuliert. Die vorliegenden Befunde auf Basis der Prätestdaten deuten jedoch darauf hin, dass der themenbezogene Fachwortschatz in stärkerem Maße den (bildungs-)sprachlichen Kompetenzen als dem Fachwissen zuzuordnen ist.

Dies könnte mit der im Vergleich zum Fachwissenstest größeren Ähnlichkeit der Messinstrumente zur Erfassung von Fachwortschatz und allgemeinem bildungssprachlichem Wortschatz (*BiSpra-Wort*) zusammenhängen. Während beide Wortschatztests das Wortverständnis mithilfe von Multiple-Choice-Aufgaben erfassen und zum Teil auch auf identischen Aufgabenformaten basieren (*Lückensätze*), erfordert der Fachwissenstest auch die Fähigkeit zur schriftlichen Textproduktion und enthält mehrere Aufgaben, bei denen die Testleiterinnen und Testleiter Experimente vorführen. Dass der vergleichsweise engere Zusammenhang zwischen Fachwortschatz und allgemeinem bildungssprachlichem Wortschatz auf eine unzureichende inhaltliche Abgrenzung zwischen beiden Konstrukten zurückzuführen ist, erscheint hingegen eher unwahrscheinlich. Während der Fachwortschatztest ausschließlich Wörter enthält, deren Verständnis für mindestens eines der drei ausgewählten Sachunterrichtsthemen relevant war, lag der Wortauswahl bei *BiSpra-Wort* ein weitaus größeres sprachliches Korpus zugrunde (siehe *Erhebungsinstrumente*). Die Wortauswahl erfolgte hier mit der Zielstellung, Ausdrücke zu identifizieren, die fächerübergreifend für den Wissenserwerb von Bedeutung sein dürften (für eine ausführliche Beschreibung siehe Köhne et al., 2015). Zwar gilt dies auch in begrenztem Maße für die Operatoren des Fachwortschatztests, jedoch ist kein Zielwort aus dem Fachwortschatztest in *BiSpra-Wort* enthalten und umgekehrt.

Gleichzeitig könnte der vergleichsweise geringere Zusammenhang zwischen Fachwortschatz und Fachwissen auch darauf zurückzuführen sein, dass der Fachwortschatztest thematisch breit angelegt ist, während sich der in die Analysen einbezogene Fachwissenstest nur auf einen der drei sachunterrichtlichen Inhalte bezog.

Die größere Überlappung des Fachwortschatzes mit anderen sprachbezogenen Maßen als mit dem Fachwissen ist grundsätzlich mit den Annahmen zur konvergenten Validität vereinbar. Aufgrund der größeren inhaltlichen Nähe zwischen Fachwortschatz und Fachwissen waren zwischen diesen beiden Kompetenzbereichen höhere Korrelationen erwartet worden als zwischen Fachwortschatz und kognitiven Grundfähigkeiten. Die Zusammenhänge fielen jedoch in vergleichbarer Höhe aus. Die Annahmen zur konvergenten und divergenten Validität der Fachwortschatzaufgaben konnten somit nur zum Teil gestützt werden. Eine weitere mögliche Ursache für die vergleichsweise niedrigen Zusammenhänge zwischen Fachwortschatz und Fachwissen könnte in der niedrigen Reliabilität beider Konstrukte im Prätest liegen.

Vorhersage des Fachwissens durch den Fachwortschatz

In den Regressionsanalysen zeigte sich schließlich, dass die Fachwortschatzkenntnisse vor Beginn der Unterrichtseinheit (Prätest) bedeutsam zum Leistungszuwachs im Fachwissen im Bereich *Schwimmen und Sinken* beitragen. Der Fachwortschatz erweist sich somit auch unter Kontrolle wichtiger Hintergrundmerkmale neben den fachlichen Ausgangsleistungen als wichtigster Prädiktor für den fachlichen Wissenserwerb. Bemerkenswert dabei ist, dass neben dem allgemeinen auch der allgemeine bildungssprachliche Wortschatz über den Fachwortschatz hinaus keinen eigenständigen Beitrag zum Wissenserwerb im Bereich *Schwimmen und Sinken* mehr leistet.

Die Befunde unterstreichen zum einen die wichtige Rolle des Vorwissens für den weiteren Wissenserwerb und replizieren damit die Befunde zahlreicher früherer Studien (vgl. zusammenfassend Hasselhorn & Gold, 2009). Zum anderen liefern sie erste Hinweise auf die inkrementelle Validität des Fachwortschatzes zur Erklärung und Vorhersage des fachlichen Wissenserwerbs im Sachunterricht. Damit stehen sie in Einklang mit den Befunden von Bochnik und Ufer (2016), die vergleichbare Ergebnisse für das Fach Mathematik erbrachten. In ihren Analysen erwies sich der mathematische Fachwortschatz über allgemeine sprachliche Kompetenzen hinaus als signifikanter Prädiktor für die Erklärung mathematischer Leistungen bei Kindern im Grundschulalter.

Die Ergebnisse heben damit die Bedeutung schulbezogener sprachlicher Wortschatzkenntnisse im Vergleich zu eher allgemeinen Wortschatzkenntnissen hervor. Damit replizieren sie einerseits die Befunde einiger aktueller Studien, in denen sich Teilkompetenzen der Bildungssprache, wie etwa das Verständnis des allgemeinen bildungssprachlichen Wortschatzes, als bessere Prädiktoren für schulische Leistungen erwiesen als eher allgemeine sprachliche Fähigkeiten, die für die Bewältigung alltäglicher Interaktionssituationen ausreichend sind (z. B. Meneses et al., 2018; Schuth et al., 2017). Gleichzeitig erweitern sie den bisherigen Forschungsstand, indem sie die zentrale Bedeutung insbesondere der Fachwortschatzkenntnisse unterstreichen. Diese spielen im Vergleich zum allgemeinen bildungssprachlichen Wortschatz für den Fachwissenserwerb in dem von uns untersuchten Themenbereich *Schwimmen und Sinken* eine entscheidendere Rolle. Die Ergebnisse unterstreichen die Notwendigkeit einer gezielten Förderung des Fachwortschatzes, um Schülerinnen und Schüler in ihrem Fachwissenserwerb zu unterstützen.

Offen bleibt allerdings, ob sich die Ergebnisse auch auf andere Themenbereiche des Sachunterrichts übertragen lassen und inwieweit der Fachwortschatz über andere sprachbezogene Kompetenzen hinaus nachhaltige Effekte auf den fachlichen Wissenserwerb hat (Follow-up). Ferner gilt es zu prüfen, wie sich Fachwissen, allgemeiner bildungssprachlicher Wortschatz und Fachwortschatz auch über eine längere Zeit wechselseitig bedingen und welche Effekte unterschiedliche Umsetzungsqualitäten eines handlungsorientierten Sachunterrichts sowie spezifischer Sprachfördermaßnahmen auf deren Entwicklung und Zusammenspiel haben. Diesen und anknüpfenden Fragen wird aktuell mit vertiefenden Analysen nachgegangen. In diese werden auch Videodaten aus der Unterrichtsbeobachtung einbezogen, die über die Qualität der umgesetzten Unterrichtsinhalte und Sprachförderstrategien Aufschluss geben.

Literatur

Adams, R. J., Wu, M. L. & Wilson, M. R. (2015). *ACER ConQuest: Generalised item response modelling software* [Computer software]. Version 4. Camberwell, Victoria: Australian Council for Educational Research.

Bailey, A. L. & Heritage, M. (2008). *Formative assessment for literacy. Grades K-6*. Thousand Oaks, CA: Corwin Press.

Bertschy, C., Muheim, V. & Künzli David, C. (2016). *Querblicke. Verpackungen. Bildung für Nachhaltige Entwicklung umsetzen 4*. Bern: Ingoldverlag.

Bochnik, K. & Ufer, S. (2016). Die Rolle (fach-)sprachlicher Kompetenzen zur Erklärung mathematischer Kompetenzunterschiede zwischen Kindern mit deutscher und nicht-deutscher Familiensprache. *Zeitschrift für Grundschulforschung, 9*, 135–147.

Darsow, A., Paetsch, J. & Felbrich, A. (2012). Konzeption und Umsetzung der fachbezogenen Sprachförderung im BeFo-Projekt. In: S. Jeuk & J. Schäfer (Hrsg.), *Deutsch als Zweitsprache in Kindertageseinrichtungen und Schulen* (S. 215–234). Stuttgart: Fillibach.

Downing, S. M. (2006). Twelve steps for effective test development. In: S. M. Downing & T. M. Haladyna (Hrsg.), *Handbook of test development* (S. 3–25). Mahwah, NJ: Routledge Taylor & Francis Group.

Dragon, N., Berendes, K., Weinert, S., Heppt, B. & Stanat, P. (2015). Ignorieren Grundschulkinder Konnektoren? – Untersuchung einer bildungssprachlichen Komponente. *Zeitschrift für Erziehungswissenschaft, 18*, 803–825.

Eid, M., Gollwitzer, M. & Schmitt, M. (2017). *Statistik und Forschungsmethoden* (5., korr. Aufl.). Weinheim: Beltz.

Gesellschaft für Didaktik des Sachunterrichts (2013). *Perspektivrahmen Sachunterricht*. Kempten: Klinkhardt.

Gibbons, P. (2002). *Scaffolding language, scaffolding learning. Teaching second language learners in the mainstream classroom*. Portsmouth, NH: Heinemann.

Glück, C. (2007). *Wortschatz- und Wortfindungstest für 6- bis 10-Jährige (WWT 6–10)*. München: Urban & Fischer.

Gut, J., Reimann, G. & Grob, A. (2012). Kognitive, sprachliche, mathematische und sozialemotionale Kompetenzen als Prädiktoren späterer schulischer Leistungen: Können die Leistungen eines Kindes in den IDS dessen Schulleistungen drei Jahre später vorhersagen? *Zeitschrift für Pädagogische Psychologie, 26*, 213–220.

Hardy, I., Jonen, A., Möller, K. & Stern, E. (2006). Effects of instructional support within constructivist learning environments for elementary school students' understanding of »floating and sinking«. *Journal of Educational Psychology, 98*, 307–326.

Hasselhorn, M. & Gold, A. (2009). *Pädagogische Psychologie. Erfolgreiches Lernen und Lehren* (2. Aufl.). Stuttgart: Kohlhammer.

Heppt, B. (2016). *Verständnis von Bildungssprache bei Kindern mit deutscher und nicht-deutscher Familiensprache*. Dissertation, Humboldt-Universität zu Berlin. Verfügbar unter http://edoc.hu-berlin.de/dissertationen/heppt-birgit-2016-05-23/PDF/heppt.pdf [12.11.2018].

Heppt, B., Henschel, S. & Haag, N. (2016). Everyday and academic language proficiency: Investigating their relationships with school success and challenges for language minority learners. *Learning and Individual Differences, 47*, 244–251.

Heppt, B., Henschel, S. & Hettmannsperger, R. (2017, September). Entwicklung eines Fachwortschatztests für den Sachunterricht in der Grundschule. Poster präsentiert auf der *Gemeinsamen Tagung der Fachgruppen Entwicklungspsychologie und Pädagogische Psychologie der DGPs (PaePsy)*. Münster.

Heppt, B., Köhne-Fuetterer, J., Eglinsky, J., Volodina, A., Stanat, P. & Weinert, S. (in Druck). *BiSpra 2-4. Test zur Erfassung bildungssprachlicher Kompetenzen bei Grundschulkindern der Jahrgangsstufen 2 bis 4*. Münster: Waxmann.

Heppt, B. & Paetsch, J. (2018). Diagnostik sprachlicher Kompetenzen im Schulbereich. In: C. Titz, S. Geyer, A. Ropeter, H. Wagner, S. Weber & M. Hasselhorn (Hrsg.), *Konzepte zur Sprach- und Schriftsprachförderung entwickeln* (S. 117–137). Stuttgart: Kohlhammer.
Hessisches Kultusministerium (2011). *Bildungsstandards und Inhaltsfelder – Das neue Kerncurriculum für Hessen. Primarstufe. Sachunterricht.* Wiesbaden: Hessisches Kultusministerium. Verfügbar unter https://kultusministerium.hessen.de/sites/default/files/media/kc_sachunterricht_prst_2011.pdf [12.11.2018].
Holodinsky, M., Möller, K. & Steffensky, M. (2009–2012). *Videobasierte Unterrichtsanalyse (ViU): Early Science – Theoretische Modellierung und empirische Erfassung der Kompetenzen zur Analyse der Lernwirksamkeit von naturwissenschaftlichem Grundschulunterricht.* Verfügbar unter: https://www.uni-muenster.de/Koviu/Projekt/projektbeschreibung.html [10.12.2018].
Jonen, A. & Möller, K. (2005). *Klassenkisten für den Sachunterricht. Ein Projekt des Seminars für Didaktik des Sachunterrichts im Rahmen von KiNT: »Kinder lernen Naturwissenschaft und Technik«.* Essen: Spectra.
Kleickmann, T. (2008). *Zusammenhänge fachspezifischer Vorstellungen von Grundschullehrkräften zum Lehren und Lernen mit Fortschritten von Schülerinnen und Schülern im konzeptuellen naturwissenschaftlichen Verständnis.* Dissertation, Westfälische Wilhelms-Universität Münster. Verfügbar unter https://d-nb.info/992474906/34 [12.11.2018].
Kleickmann, T., Hardy, I., Möller, K., Pollmeier, J., Tröbst, S. & Beinbrech, C. (2010). Die Modellierung naturwissenschaftlicher Kompetenz im Grundschulalter: Theoretische Konzeption und Testkonstruktion. *Zeitschrift für Didaktik der Naturwissenschaften, 16,* 265–283.
Köhne, J., Kronenwerth, S., Redder, A., Schuth, E. & Weinert, S. (2015). Bildungssprachlicher Wortschatz – linguistische und psychologische Fundierung und Itementwicklung. In: A. Redder, J. Naumann & R. Tracy (Hrsg.), *Forschungsinitiative Sprachdiagnostik und Sprachförderung (FiSS) – Ergebnisse* (S. 67–92). Münster: Waxmann.
Kultusministerkonferenz (2005). *Bildungsstandards im Fach Mathematik für den Primarbereich (Jahrgangsstufe 4). Beschluss der Kultusministerkonferenz vom 15.10.2004.* München: Luchterhand.
Meneses, A., Uccelli, P., Santelices, M. V., Ruiz, M., Acevedo, D. & Figueroa, J. (2018). Academic language as a predictor of reading comprehension in monolingual Spanish-speaking readers: Evidence from Chilean early adolescents. *Reading Research Quarterly, 53,* 223–247.
Mücke, S. (2007). Einfluss personeller Eingangsvoraussetzungen auf Schülerleistungen im Verlauf der Grundschulzeit. In: K. Möller, P. Hanke, C. Beinbrech, A. K. Hein, T. Kleickmann & R. Schages (Hrsg.), *Qualität von Schulunterricht. Entwickeln, erfassen und bewerten* (S. 277–280). Wiesbaden: VS Verlag für Sozialwissenschaften.
Muthén, L. K. & Muthén, B. O. (1998–2012). *Mplus user's guide* (Bd. 7). Los Angeles, CA: Muthén & Muthén.
Nagy, W. & Townsend, D. (2012). Words as tools: Learning academic vocabulary as language acquisition. *Reading Research Quarterly, 47,* 91–108.
OECD (2012). *PISA 2009 Technical Report.* Paris: OECD Publishing.
Paetsch, J. & Beck, L. (2018). Förderung von sprachlichen Kompetenzen im Primarbereich. In: C. Titz, S. Geyer, A. Ropeter, H. Wagner, S. Weber & M. Hasselhorn (Hrsg.), *Konzepte zu Sprach- und Schriftsprachentwicklung entwickeln* (S. 117–137). Stuttgart: Kohlhammer.
Paetsch, J., Felbrich, A. & Stanat, P. (2015). Der Zusammenhang von sprachlichen und mathematischen Kompetenzen bei Kindern mit Deutsch als Zweitsprache. *Zeitschrift für Pädagogische Psychologie, 29,* 19–29.
Roick, T. & Henschel, S. (2015). Strategie zur Validierung von Kompetenzstrukturmodellen. In: U. Riegel, S. Schubert, G. Siebert-Ott & K. Macha (Hrsg.), *Kompetenzmodellierung und Kompetenzmessung in den Fachdidaktiken* (S. 11–28). Münster: Waxmann.
Sacher, W. (2004). *Leistungen entwickeln, überprüfen und beurteilen.* Bad Heilbrunn: Klinkhardt.
Schafer, J. L. & Graham, J. W. (2002). Missing data: Our view of the state of the art. *Psychological Methods, 7*(2), 147–177.
Schleppegrell, M. J. (2001). Linguistic features of the language of schooling. *Linguistics and Education, 12,* 431–459.
Schuth, E., Heppt, B., Köhne, J., Weinert, S. & Stanat, P. (2015). Die Erfassung schulisch relevanter Sprachkompetenzen bei Grundschulkindern – Entwicklung eines Testinstru-

ments. In: A. Redder, J. Naumann & R. Tracy (Hrsg.), *Forschungsinitiative Sprachdiagnostik und Sprachförderung (FISS) – Ergebnisse* (S. 93–112). Münster: Waxmann.

Schuth, E., Köhne, J. & Weinert, S. (2017). The influence of academic vocabulary knowledge on school performance. *Learning and Instruction, 49,* 157–165.

Senatsverwaltung für Bildung, Jugend und Familie & Ministerium für Bildung, Jugend und Sport des Landes Brandenburg (2015). *Rahmenlehrplan Teil C. Sachunterricht.* Berlin. Verfügbar unter http://bildungsserver.berlin-brandenburg.de/fileadmin/bbb/unterricht/rahmenlehrplaene/Rahmenlehrplanprojekt/amtliche_Fassung/Teil_C_Sachunterricht_2015_11_16_web.pdf [13.11.2018].

Senatsverwaltung für Bildung, Wissenschaft und Forschung (2010). *Bildung für Berlin. Die flexible Schulanfangsphase. Förderung durch individuelles, gemeinsames und jahrgangsübergreifendes Lernen.* Berlin. Verfügbar unter https://www.berlin.de/sen/bildung/schule/bildungswege/grundschule/ [12.11.2018].

Skrandies, P. (2011). Everyday academic language in German historiography. *GFL Journal, 1,* 98–123.

Snow, C. E. (2010). Academic language and the challenge of reading for learning about science. *Science, 328,* 450–452.

Townsend, D., Filippini, A., Collins, P. & Biancarosa, G. (2012). Evidence for the importance of academic word knowledge for the academic achievement of diverse middle school students. *The Elementary School Journal, 112,* 497–518.

Trautwein, J. & Schroeder, S. (2019). WOR-TE: Ein Ja/Nein-Wortschatztest für Kinder verschiedener Altersgruppen. Entwicklung und Validierung basierend auf dem Rasch-Modell. *Diagnostica, 65,* 37–48.

Uccelli, P., Phillips Galloway, E., Barr, C. D., Meneses, A. & Dobbs, C. L. (2015). Beyond vocabulary: Exploring cross-disciplinary academic-language proficiency and its association with reading comprehension. *Reading Research Quarterly, 50,* 337–356.

Vrieze, S. I. (2012). Model selection and psychological theory: A discussion of the differences between the Akaike Information Criterion (AIC) and the Bayesian Information Criterion (BIC). *American Psychological Association, 17,* 228–243.

Warm, T. (1989). Weighted likelihood estimation of ability in item response theory. *Psychometrika, 54,* 427–450.

Weiß, R. (2006). *Grundintelligenztest Skala 2 – Revision.* Göttingen: Hogrefe.

Kapitel 5:
TRIO – Gemeinsame Qualifizierung des Fachpersonals in Grundschule und Kindertagesstätte zu alltagsintegrierter sprachlicher Bildung und Sprachförderung in Kleingruppen

Kristina Schierbaum, Diemut Kucharz, Janin Brandenburg, Jan-Henning Ehm, Marcus Hasselhorn, Sina Simone Huschka, Sabrina Geyer, Alina Lausecker, Rabea Lemmer & Petra Schulz

> Im BiSS-Entwicklungsprojekt »*TRIO* – Kooperation zwischen Grundschule und Kindestagesstätte: Alltagsintegrierte sprachliche Bildung und Sprachförderung in Kleingruppen« wurde eine innovative und theoretisch fundierte Maßnahme zur gemeinsamen Qualifizierung pädagogischer Fach- und Lehrkräfte zur Sprachförderung am Übergang von der Kindertagesstätte in die Grundschule erprobt und evaluiert. Im vorliegenden Beitrag werden die Untersuchungsziele und Fragestellungen von *TRIO* expliziert (Abschnitt 1) und das Arbeitsprogramm vorgestellt (Abschnitt 2). Es folgt eine Skizze der gemeinsamen Qualifizierung pädagogischer Fach- und Lehrkräfte samt Coachings (Abschnitt 3) sowie der methodischen Umsetzungen der im Projekt realisierten Evaluation, einschließlich der Explikation vorliegender Ergebnisse zur Wirksamkeit der Qualifizierungsmaßnahmen, insbesondere der qualifizierten Fachkräfte (Abschnitt 4). Abschließend wird der Mehrwert von *TRIO* zusammengefasst und ein Ausblick auf weitere Erkenntnispotenziale gegeben (Abschnitt 5).

Einleitung

TRIO ist der Name eines vom 1. November 2015 bis 31. Dezember 2018 vom Bundesministerium für Bildung und Forschung (BMBF) geförderten BiSS-Entwicklungsprojekts, das am Übergang von der Elementar- zur Primarstufe angesiedelt ist. Das Projekt verknüpft *gezielte alltagsintegrierte sprachliche Bildung* mit *linguistisch fundierter Sprachförderung* in Kleingruppen und basiert auf einer gemeinsamen Qualifizierung der pädagogischen Fach- und Lehrkräfte in Kindertagesstätte und Grundschule über eine Fortbildungsreihe mit Coaching-Angebot (*Tandem*Fobi). Die empirische Umsetzung und Evaluation erfolgte im südwestlichen Rhein-Main-Gebiet.

Der Name *TRIO* wurde gewählt, um die Triplizität zum Ausdruck zu bringen, die das BiSS-Entwicklungsvorhaben in besonderem Maße charakterisiert. *TRIO* steht nicht nur für die *drei beteiligten, miteinander kooperierenden wissenschaftlichen Disziplinen* (Erziehungswissenschaften, Sprachwissenschaft/Sprachdidaktik und Psychologie), sondern auch für *drei Gruppen von Akteuren im Kontext der Sprachförderung* (Kind, pädagogische Fachkraft und Grundschullehrkraft) sowie für *drei Bausteine in Bezug auf die Fortbildungsreihe Tandem*Fobi (Diagnostik der Kinder, Fortbildung und Coaching der pädagogischen Fach- und Lehrkräfte sowie Evaluation ihrer Kompetenzentwicklung).

Aktuell ist der Bedarf an interdisziplinären Projekten dieser Art hoch, weil aus wissenschaftlicher Sicht viele Fragen nach der Qualität erfolgter Sprachförderung, der Effektivität sprachförderlicher Aktivitäten in der alltagsintegrierten sprachlichen Bildung und der Zusatzförderung bei vorliegendem Sprachförderbedarf sowie der Sprachförderkompetenzen der Fach- und Lehrkräfte keineswegs hinreichend geklärt sind (Kucharz, Schulz & Hasselhorn, 2016).

In dem in diesem Beitrag vorgestellten Entwicklungsprojekt wurde angestrebt, eine *alltagsintegrierte sprachliche Bildung* mit einer *linguistisch fundierten Sprachförderung* zu verbinden. Aus organisatorischen Gründen wurde in diesem Projekt das Konzept der linguistisch fundierten Sprachförderung besonders im Hinblick auf die Umsetzung in Kleingruppen für Kinder mit Deutsch als Zweitsprache vermittelt. Weil *TRIO* bei einer gemeinsamen Umsetzung konkreter Bildungsmaßnahmen ansetzt, hat das Projektteam die Fortbildungsreihe *Tandem*Fobi institutionsübergreifend für Grundschullehrkräfte und pädagogische Fachkräfte der ihnen zugeordneten Kindertagesstätten mit dem Ziel durchgeführt, dass die Sprachförderung auch beim Übergang der Kinder von der Kindertagesstätte in die Grundschule nahtlos weitergeführt wird. Ziel war es, die Zusammenarbeit von Kindertagesstätte und Grundschule im Sinne des BiSS-Moduls E6 (»Übergang vom Elementarbereich zum Primarbereich«) zu intensivieren und die Einsicht in die gemeinsame Verantwortung für sprachförderliche Aktivitäten unter den pädagogischen Fach- und Lehrkräften am Übergang vom Elementar- und Primarbereich zu stärken.

1 Fragestellungen und Untersuchungsziele

Mittlerweile sind vielfältige Maßnahmen ergriffen worden, um die sprachliche Entwicklung und Bildung von Kindern bereits im Elementarbereich zu fördern. Allerdings erwies sich bisher für eine durchgängige sprachliche Bildung der Übergang von der Kindertagesstätte in die Grundschule als große Hürde (z. B. Sauerhering, 2013). Daher wurde für die sprachliche Bildung und Förderung im Übergang vom Elementar- zum Primarbereich ein Forschungsbedarf zur Qualifizierung der Fach- und Lehrkräfte in Kindertagesstätten und Grundschulen identifiziert, in denen die *alltagsintegrierte sprachliche Bildung* und die *linguistisch fundierte Sprachförderung* in Kleingruppen gemeinsam in den Blick genommen und aufeinander abgestimmt werden.

Um dies zu leisten, wurde in *TRIO* der Ansatzpunkt verfolgt, die Sprachförderkompetenzen pädagogischer Fach- und Lehrkräfte im Elementar- und Primarbereich durch gezielte gemeinsame Fortbildungsmaßnahmen zu steigern und so zu einer besseren Qualität in der Sprachförderung beizutragen. Die Kooperation wurde dabei aus der Perspektive der Grundschulen organisiert, sodass im Rahmen von *TRIO* eine gemeinsame Qualifizierung (*Tandem*Fobi) im Tandem von Grundschullehrkräften und pädagogischen Fachkräften (der ihnen zugeordneten Kindertagesstätten) durchgeführt wurde. Durch begleitende Coachings unterstützte Sprachbildungs- und -förderaktivitäten fanden nicht nur in den einzelnen Einrichtungen, sondern auch gemeinsam im Tandem statt.

Während der Projektlaufzeit sollten vor allem zwei Fragestellungen beantwortet werden:

1. Welche Erweiterungen der Sprachförderkompetenzen von pädagogischen Fachkräften und Grundschullehrkräften können durch eine systematische pädagogisch und linguistisch fundierte gemeinsame Qualifizierung erzielt werden?
2. Profitieren insbesondere Kinder, bei denen ein Sprachförderbedarf im Deutschen besteht, in ihrer Sprachentwicklung von einer solchen Qualifizierung der Fachkräfte in *alltagsintegrierter sprachlicher Bildung* inklusive *linguistisch fundierter Sprachförderung* in Kleingruppen?

Erste Antworten auf diese Fragen, insbesondere auf die Frage nach den Erweiterungen der Sprachförderkompetenz der an dem Qualifizierungsangebot teilnehmenden Fach- und Lehrkräfte, werden in diesem Beitrag skizziert.

2 Arbeitsprogramm

Beim BiSS-Entwicklungsprojekt *TRIO* handelt es sich um eine Feldstudie zur Evaluation der Wirkungen der weiter unten näher beschriebenen gemeinsamen Qualifizierung von pädagogischen Fach- und Lehrkräften aus Kitas und Grundschulen. Untersucht wurden die sprachförderlichen Wirkungen der gezielten Qualifizierung und die Sprachförderkompetenzen bei insgesamt 16 rekrutierten Tandems pädagogischer Fach- und Lehrkräfte aus Kita und Grundschule sowie die Wirkungen auf 305 Kinder, die die Einrichtungen der Fortbildungsteilnehmerinnen und -teilnehmer besuchten. Der Schwerpunkt bei den untersuchten Kindern lag auf der Entwicklung sprachlicher Kompetenzen in der Zeitspanne von eineinhalb Jahren vor der Einschulung (Zeitpunkt der Schulanmeldung) bis zum Ende der 1. Klasse. Die Tandems erwarben in der Fortbildung Kenntnisse und Handlungskompetenzen zur *alltagsintegrierten sprachlichen Bildung*, zur *linguistisch fundierten Sprachförderung* für Kinder mit Deutsch als Zweitsprache sowie zur *Diagnostik der kindlichen Sprachentwicklung*.

Das Projekt war auf drei Jahre angelegt und wurde am Frankfurter IDeA-Zentrum im Verbund mit Arbeitsgruppen an der Goethe-Universität (Erziehungswissenschaft,

Sprachwissenschaft und Sprachdidaktik) und dem DIPF (Entwicklungspsychologie) umgesetzt. Die Projektpartnerinnen an der Goethe-Universität konzentrierten sich auf die Erfassung der Sprachförderkompetenz sowie die Durchführung der Fortbildungen und Coachings der pädagogischen Fach- und Lehrkräfte. Gemeinsam konzipierten sie die Fortbildungsbausteine für die Tandemfortbildungen. Außerdem führten sie Coaching-Termine an den unterschiedlichen Standorten der teilnehmenden Kindertagesstätten und Grundschulen durch. Weitere Details zu den Qualifizierungsmaßnahmen werden in Abschnitt 3 dargestellt.

Die Projektpartnerinnen und -partner am DIPF verantworteten die Untersuchung der sprachlichen und kognitiven Entwicklung der Kinder aus den teilnehmenden Einrichtungen. So wurden vor allem wiederholt die kindlichen Sprachfähigkeiten erfasst. Zwei von vier Individualtestungen fanden in den teilnehmenden Kindertageseinrichtungen statt. Ab dem dritten Messzeitpunkt wurden die Testungen in den rekrutierten Schulen durchgeführt, weil die Kinder in der Zwischenzeit eingeschult worden waren. Ein Großteil der Kinder (91 %) wurde auf die kooperierende Tandem-Schule eingeschult, sodass in allen Tandem-Schulen die Datenerhebungen wie geplant stattfinden konnten. Auf die begleitende Evaluation bzw. die in diesem Zusammenhang mit den Kindern und den Fachkräften durchgeführten Erhebungen wird in Abschnitt 4 detaillierter eingegangen.

3 Gemeinsame Qualifizierung der pädagogischen Fach- und Lehrkräfte

Qualifizierungsmaßnahmen für pädagogische Fach- und Lehrkräfte zur sprachlichen Bildung und Sprachförderung sind aus Sicht von Wissenschaft, Praxis und Bildungspolitik von hoher Relevanz, denn der Erfolg von Unterstützungsmaßnahmen der Sprachentwicklung von Kindern hängt wesentlich von den Sprachförderkompetenzen der Fachkräfte ab (Geyer, 2018; Kucharz, 2018a; Müller, Smits, Geyer & Schulz, 2014).

Die Qualifizierungsmaßnahme *Tandem*Fobi thematisiert den Erst- und Zweitspracherwerb, Meilen- und Stolpersteine in der Sprachentwicklung, Verfahren zur Sprachstandsdiagnostik, die Sprachförderung im Alltag und in Kleingruppen sowie Aspekte der Elternarbeit. Die Module decken sowohl linguistische (z. B. Geyer, Schwarze & Müller, 2018; Tracy, 2008; Tracy, Schulz & Voet-Cornelli, 2018) als auch erziehungswissenschaftliche (z. B. Kucharz, 2018b) Aspekte ab.

Die Tandems bestanden aus Grundschullehrkräften, die überwiegend für die Durchführung der hessischen Vorlaufkurse zuständig waren, und pädagogischen Fachkräften, die in den umliegenden Kindertagesstätten mit den Kindern arbeiteten. Die Vorlaufkurse wurden in Hessen zum ersten Mal im Schuljahr 2002/03 eingeführt und sollen Kinder, die bei der Anmeldung zur Einschulung noch nicht über ausreichende Deutschkenntnisse verfügen, im letzten Kindergartenjahr bei ihrer

Sprachentwicklung vor Schulbeginn unterstützen (Hessisches Kultusministerium, n. d.). Voraussetzung für die Teilnahme an *Tandem*Fobi war die Bereitschaft der pädagogischen Fach- und Lehrkräfte zum regelmäßigen Besuch der Fortbildungstage sowie das Einverständnis, sich in Einzel- und Tandemcoachings beraten zu lassen.

Die Fortbildungsreihe basiert auf zahlreichen Erfahrungen der Projektverantwortlichen an der Goethe-Universität und gründet sich außerdem auf wissenschaftliche Befunde zur Wirksamkeit von Fortbildungen (Lipowsky, 2010). So haben etwa verschiedene Studien deutlich gemacht, dass die Teilnahme an Weiterqualifizierungen allein nicht genügt, um eine Handlungsänderung bei den Fortgebildeten hervorzurufen (Kucharz, Mackowiak & Beckerle, 2015; Rank, Gebauer, Fölling-Albers & Hartinger, 2011; Wahl, 2002). Als wesentliche Elemente effektiver Fortbildungen haben sich vor allem (1) ein enger Praxisbezug, z. B. durch die Arbeit mit Fallbeispielen, (2) längere Zeiträume mit abwechselnden Erprobungs- und Präsenzphasen sowie ergänzenden Coachingphasen und (3) die Zusammenarbeit mit einer festen Gruppe von Teilnehmerinnen und Teilnehmern erwiesen (Lipowsky, 2010; Ruberg, 2011).

Im Hinblick auf die Wirkung von (gemeinsamen Weiter-)Qualifizierungen für pädagogische Fach- und Lehrkräfte liegen bisher nur wenige Befunde vor (Hippel, 2011). Deshalb wurden bei der Konzeption der Fortbildungsreihe *Tandem*Fobi zur Förderung der Sprachförderkompetenz pädagogischer Fach- und Lehrkräfte einschlägige Befunde zur Wirksamkeit von Fortbildungen berücksichtigt, insbesondere die Wirksamkeitsüberprüfungen des Heidelberger Trainingsprogramms (Simon & Sachse, 2011), des Projekts PROfessio (Müller, Schulz, Geyer & Smits, 2017) und des Fellbach-Konzepts (Beckerle, 2017). Auch Ergebnisse zu den *Gelingensbedingungen* von Fortbildungen aus der Wirksamkeitsforschung zur Lehrerfortbildung (Lipowsky & Rzejak, 2012) wurden berücksichtigt. Weil längerfristige und mehrteilige Fortbildungen wirksamer als kurzfristige und eintägige sind (Kucharz, 2018b; Lipowsky, 2010), erstreckte sich die Qualifizierungsmaßnahme *Tandem*Fobi über etwa ein Jahr. So konnten sich an die Vermittlung neuen Wissens in den fünf Modulen an sieben Fortbildungstagen auch immer wieder Phasen der Erprobung und Reflexion anschließen. Die Teilnehmenden bekamen außerdem regelmäßig Arbeitsaufträge, die sie in ihrer Praxis lösen sollten. Zum besseren Transfer der vermittelten Fortbildungsinhalte erhielt jede pädagogische Fach- und Lehrkraft drei begleitende Coaching-Termine (vgl. Böhm, Jungmann & Koch, 2017; Faas, 2003; Fried, 2008; Kucharz et al., 2015; Müller, Geyer & Smits, 2016).

Durch die gemeinsame Fortbildung und das Coaching der Teilnehmenden als Tandem wurden professionelle Lerngemeinschaften implementiert (Gräsel, Fußangel & Parchmann, 2006). Auf diese Weise konnten sich die pädagogischen Fachkräfte mit Lehrkräften, die in der Regel auch für die Durchführung des Vorlaufkurses in der Kindertagesstätte verantwortlich sind, gegenseitig über ihre Arbeit austauschen, sich beraten und gemeinsam reflektieren.

Um die unmittelbare Zufriedenheit und Akzeptanz durch die Teilnehmenden zu berücksichtigen, wurden die Tandemteilnehmenden am Ende jedes Fortbildungstages kurz zu ihrem Eindruck von der jeweiligen Sitzung befragt. Die Ergebnisse dieser Befragung wurden genutzt, um die Umsetzung kontinuierlich anzupassen und auf die Bedürfnisse der Teilnehmenden einzugehen.

3.1 Module des Fortbildungskonzeptes *Tandem*Fobi

Das Fortbildungskonzept *Tandem*Fobi umfasst fünf Module, die auf sieben halbe bzw. ganze Fortbildungstage verteilt werden, wie Abbildung 5.1 veranschaulicht.

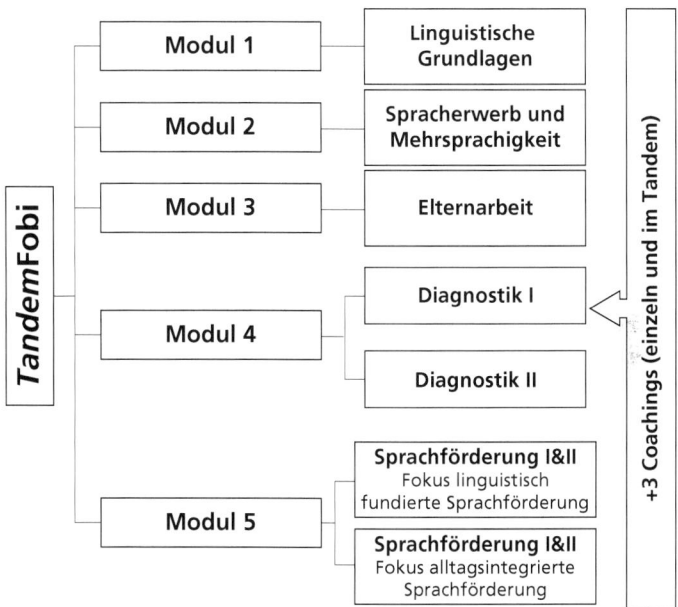

Abb. 5.1: Das Interventionsprogramm *Tandem*Fobi im Überblick

(1) Das Modul »*Linguistische Grundlagen*« zielt auf die Vermittlung linguistischer Grundlagen und gibt eine Einführung in Sprache als komplexes System. Es setzt sich mit den sprachlichen Bereichen Phonologie, Semantik, Morphologie, Syntax und Pragmatik sowie dem Lexikon auseinander.

(2) Im Modul »*Spracherwerb und Mehrsprachigkeit*« lernen die Teilnehmerinnen und Teilnehmer die unterschiedlichen Spracherwerbstypen sowie die Besonderheiten des Erst- und Zweitspracherwerbs kennen. Neben dem Grammatik- und Lexikonerwerb bei Kindern mit Deutsch als Erst- und Zweitsprache wird hier auch auf die sogenannten »Stolpersteine« im Spracherwerb des Deutschen eingegangen. Ergänzend werden Kenntnisse zu spezifischen Sprachentwicklungsstörungen vermittelt sowie Mythen und Fakten rund um das Thema Mehrsprachigkeit angesprochen.

(3) Das Modul »*Elternarbeit*« spricht die Teilnehmenden als Expertinnen und Experten im Kontakt mit den Eltern eines Kindes an. Hier besteht das Ziel darin, Möglichkeiten für den Austausch mit und das Informieren von Eltern aufzuzeigen, für den Nutzen einer gegenseitigen Unterstützung von Fachkräften und Eltern bei Förderbemühungen zu sensibilisieren und die Reflexion über Herausforderungen in der Zusammenarbeit in einem multikulturellen Umfeld zu ermöglichen.

(4) Das Modul »*Diagnostik*« besteht aus zwei Teilen. Der erste Teil befasst sich mit den allgemeinen Grundlagen, Zielen und Anforderungen von Diagnostik und zeigt dazu verschiedene Herangehensweisen und Diagnoseverfahren auf. Ziel dieses Moduls ist es, Vor- und Nachteile von Befragungen, Beobachtungsverfahren, Tests und Screenings kennenzulernen bzw. formulieren zu können. Vertiefend erfolgt in diesem Teil eine Einführung in die Analyse von *Sprachproben* (Kucharz et al., 2015), bei der jede Teilnehmerin und jeder Teilnehmer im Vorfeld deren Erhebung selbst erprobt, um sie während der Fortbildung – mithilfe von Kolleginnen und Kollegen wie auch der Fortbildnerin – auszuwerten. Im zweiten Teil des Moduls »*Diagnostik*« werden die Anforderungen an eine Sprachstandserhebung im Kontext von Mehrsprachigkeit erarbeitet. Darüber hinaus wird eine Einführung in das standardisierte Verfahren *Linguistische Sprachstandserhebung – Deutsch als Zweitsprache* (*LiSe-DaZ*; Schulz & Tracy, 2011) als Beispiel für ein förderrelevantes diagnostisches Verfahren mit eigener DaZ-Norm gegeben. Besonders wird dabei die Durchführung, Auswertung und Interpretation der Untertests »Satzklammer« und »Verstehen von W-Fragen« vertieft.

(5) Das fünfte Modul wird im Rahmen von *TRIO* in zwei verschiedenen Varianten durchgeführt: In der einen Variante wird der Fokus auf die *linguistisch fundierte Sprachförderung* (Tracy, 2008; Geyer et al., 2018), vor allem für Kinder mit DaZ, gelegt. Die Teilnehmenden werden an jeweils zwei Fortbildungstagen darin geschult, anhand des ermittelten Sprachstands Förderziele bestimmen zu können, Material und Methoden für die Sprachförderung zu analysieren und selbstständig eine Fördereinheit zu planen, durchzuführen und im Anschluss zu reflektieren. In der zweiten Variante wird die *alltagsintegrierte Sprachförderung* (Kucharz et al., 2015; Kucharz, 2018a) thematisiert. Hier stehen neben der Begriffsklärung auch die Prinzipien und Strategien zur Sprachförderung im Vordergrund, wobei Sprachfördertechniken wie Stimulieren, Korrigieren und Modellieren (Dannenbauer, 1984, 2002) geübt werden. Daneben werden mit den Teilnehmerinnen und Teilnehmern die Schritte von der Sprachprobe zum Förderschwerpunkt erarbeitet. In diesem Rahmen erstellen sie einen Sprachförderplan für ein Zielkind auf der Grundlage ihrer eigenständig erhobenen Sprachprobe, um diesen später in der Einrichtung umzusetzen und während des Einzelcoachings reflektieren zu können.

3.2 Begleitende Coachings

Das Fortbildungskonzept *TandemFobi* wurde durch begleitende Coaching-Termine der Teilnehmenden in ihren Einrichtungen ergänzt (Geyer & Lemmer, 2018; Kucharz et al., 2015). Da neues Wissen, das in Fortbildungen zur Sprachförderung vermittelt wird, oftmals nur unzureichend in die pädagogische Praxis übertragen werden kann, sollten die Teilnehmerinnen und Teilnehmer Erfahrungen im alltäglichen Handeln machen können und zu diversen Reflexionsphasen (Schnebel, 2007) angeleitet werden, damit sie das Wissen zu neuen Praktiken im pädagogischen Alltag werden lassen. Coachings sind in diesem Kontext eine Dialogform (Wegener, Loebbert & Fritze, 2016) im Sinne absichtsvoll herbeigeführter Beziehungen zwischen Beratung und Supervision, deren Qualität durch Freiwilligkeit, gegenseitige Akzeptanz, Vertrauen und Diskretion zwischen den beteiligten Personen bestimmt ist (Rauen, 2003).

Als zentraler Baustein des Weiterqualifizierungskonzeptes *Tandem*Fobi wurden pro pädagogischer Fach- und Lehrkraft ein Einzelcoaching-Termin in der Kindertagesstätte bzw. Grundschule und zwei Coaching-Termine im Tandem »unter einem Dach« realisiert (teilweise videobasiert, sofern ein entsprechendes Einverständnis gegeben wurde, sich im Vorfeld videografieren zu lassen). Die Coaches knüpften an die Erfahrungen und Fragen der Teilnehmenden an und leiteten sie zur Reflexion und Optimierung der eigenen Sprachförderung in einer konkreten Situation an.

4 Evaluationsergebnisse

Die Evaluation der Qualifizierungsmaßnahmen in *TRIO* zeichnet sich dadurch aus, dass sowohl Daten von den pädagogischen Fach- und Lehrkräften als auch Daten von den Kindern erhoben wurden. Die wichtigsten ersten Ergebnisse zu den erzielten Steigerungen der Sprachförderkompetenzen der pädagogischen Fach- und Lehrkräfte (siehe Abschnitt 4.1) und deren Auswirkungen auf die sprachliche Entwicklung der Kinder aus den Einrichtungen der qualifizierten Fach- und Lehrkräfte (siehe Abschnitt 4.2) werden im Folgenden vorgestellt.

4.1 Sprachförderkompetenz der pädagogischen Fach- und Lehrkräfte

Stichprobe

Für die Studie konnten 38 pädagogische Fach- und 31 Lehrkräfte gewonnen werden. Insgesamt wurden 16 Tandems aus je zwei bis sieben Personen aus miteinander kooperierenden Kindertagesstätten und Grundschulen gebildet. Die Rekrutierung der Teilnehmerinnen und Teilnehmer erfolgte über das Hessische Kultusministerium.

Die Probandinnen und Probanden wurden einer von zwei Fortbildungsgruppen oder einer Vergleichsgruppe (Warte-Kontrollgruppe) zugewiesen. An den Qualifizierungsmaßnahmen der Fortbildungsgruppen nahmen insgesamt 53 Fach- und Lehrkräfte teil. Die Qualifizierung der beiden Fortbildungsgruppen erfolgte in den Modulen 1 bis 4 identisch. Erst im fünften Modul wurde die Fortbildungsgruppe 1 mit 33 Fach- und Lehrkräften zum Konzept einer *linguistisch fundierten Sprachförderung* in Kleingruppen (Geyer et al., 2018; Tracy, 2008) qualifiziert (Fortbildungsgruppe 1). Die 20 Fach- und Lehrkräfte der Fortbildungsgruppe 2 erhielten dagegen ein Modul zum Konzept der *alltagsintegrierten Sprachförderung* (Kucharz et al., 2015; Kucharz, 2018a). Die verbleibenden 16 Personen bildeten vier Tandems der Vergleichsgruppe, die sich ebenfalls für die Teilnahme an der Fortbildung entschieden hatten, jedoch erst nach Abschluss der Datenerhebungen (wie die Fortbildungsgruppe 2) fortgebildet und gecoacht wurden und daher für die hier präsentierten Analysen als Warte-Kontrollgruppe fungierten.

Erfassung der Sprachförderkompetenz mit *SprachKoPF*$_{v7.02}$

Zur Erfassung der Sprachförderkompetenz der Fach- und Lehrkräfte wurde zu Beginn und am Ende der Qualifizierungsmaßnahmen das Instrument *SprachKoPF*$_{v07.2}$ (Thoma & Tracy, 2013) eingesetzt. Bei dem an der Universität Mannheim entwickelten Instrument handelt es sich um einen standardisierten Online-Test, mit dem das sprachförderrelevante *Wissen* und *Können* pädagogischer Fachkräfte erfasst wird. Das Instrument ermöglicht eine »Soll/Ist-Analyse der Sprachförderkompetenz« (Thoma, Tracy, Michel & Ofner, 2012, S. 88), verbunden mit dem Ziel, Qualifizierungsbedarfe und mögliche Ausgangspunkte für die Weiterqualifizierung pädagogischer Fachkräfte zu identifizieren. Das Verfahren wurde bereits mehrfach erfolgreich bei pädagogischen Fachkräften aus Kindertagesstätten und Lehrkräften aus Grundschulen zur Dokumentation von Kompetenzveränderungen im Längsschnitt eingesetzt (Müller et al., 2017; Roth, Hopp & Thoma, 2015).

Die theoretische Grundlage des Instruments bildet das linguistische Konstrukt der Sprachförderkompetenz von Hopp et al. (2010). Demnach benötigen Fachkräfte zur Schaffung einer Sprachfördersituation »bereichsbezogene Kenntnisse (Wissen), Fähigkeiten (Können) und Handlungen (Machen)« (S. 614). Mit *SprachKoPF*$_{v07.2}$ werden die Kompetenzen in den Bereichen *Wissen* und *Können* getrennt in zwei Subtests erfasst (Thoma & Tracy, 2015).

Das sprachförderrelevante *Wissen* wird mit 55 Items (überwiegend Mehrfachwahlaufgaben) in den Bereichen *linguistisches Basiswissen* (Phonologie, Lexikon, Morphologie, Syntax, Semantik/Pragmatik und Soziolinguistik) und *praxisbezogenes Wissen* (Spracherwerb, Sprachdiagnostik und -förderung) erhoben. Im Bereich *Können* werden in 18 Items Strategien und Methoden der Fachkräfte zur Sprachdiagnostik und Sprachförderung erfasst. Die Aufgaben im Bereich *Können* orientieren sich an sogenannten *Situational Judgement Tasks* (McDaniel & Nguyen, 2001), in denen authentische Situationen beschrieben oder in Audio- und Videobeispielen dargestellt werden. Die Bewertungen der Situationen durch die befragten Fachkräfte erfolgen über Ratingskalen oder Mehrfachwahlaufgaben. Der Test enthält zudem Fragen zum biografischen und beruflichen Hintergrund.

Die Durchführung des Tests, mit dem Einzelpersonen sowie Gruppen getestet werden können, umfasst circa 60 Minuten und erfolgt computerbasiert. Zur Gewährleistung der Durchführungsobjektivität wurden alle Testungen unter Aufsicht einer Testleiterin bzw. eines Testleiters durchgeführt. Der Test enthält ein Glossar, in dem linguistische Fachbegriffe durch Synonyme erklärt werden. Weitere Hilfsmittel wie Bücher oder das Internet dürfen nicht verwendet werden (Thoma & Tracy, 2015).

Die Auswertung der Tests erfolgte nach dem Verfahren von Thoma und Tracy (2015), demzufolge der Gesamtpunktwert auf eine Skala von 0.0 bis 1.0 transformiert wird. Basierend auf dem Konstrukt der Sprachförderkompetenz von Hopp et al. (2010) haben Personen mit einem hohen Wert als Testergebnis eine ausgeprägte

Sprachförderkompetenz bezogen auf die Bereiche *Wissen* und *Können,* und Personen mit einem niedrigen Wert eine weniger ausgeprägte Kompetenz in diesen Bereichen. Da die Probandinnen und Probanden bei der Durchführung zum Raten ermutigt werden, wurde eine Ratekorrektur eingefügt, durch die das Gesamtergebnis des Tests um die zufällig richtig geratenen Items korrigiert wird (Moosbrugger & Kelava, 2012). Die Wahrscheinlichkeit einer Verfälschung des Testscores durch Raten wird so minimiert (Thoma & Tracy, 2015).

Ergebnisse

Eine erste Inspektion der *SprachKoPF$_{v07.2}$*-Daten zeigte keine bedeutsamen Unterschiede zwischen den beiden Fortbildungsgruppen (die sich ja ohnehin auch nur in einem der fünf Qualifizierungsmodule unterschieden). Daher werden im Folgenden die beiden Fortbildungsgruppen als eine Fortbildungsgruppe zusammengefasst. Tabelle 5.1 zeigt die Ausgangsmittelwerte und Standardabweichungen der Fortbildungs- und Vergleichsgruppe im *SprachKoPF$_{v07.2}$* zu Beginn der Intervention sowie die statistischen Kennwerte (*t*-Werte und *p*-Werte) der zweiseitig getesteten Mittelwertvergleiche zwischen Fortbildungs- und Vergleichsgruppe für die Subskalen und den Gesamtwert des *SprachKoPF$_{v07.2}$*. Der Mittelwertvergleich zwischen den beiden Gruppen zeigt, dass sich die Fachkräfte der Fortbildungs- und Vergleichsgruppe vor Beginn der Qualifizierungsmaßnahme hinsichtlich ihrer Sprachförderkompetenzen nicht unterscheiden.

Tab. 5.1: Mittelwerte (Standardabweichung) für die Skalen Wissen und Können sowie für den Gesamtwert des SprachKoPF$_{v07.2}$ vor Beginn der Qualifizierungsmaßnahme, getrennt für die zusammengefasste Fortbildungsgruppe und die Vergleichsgruppe

Komponente	n FG/VG	FG M (SD)	VG M (SD)	*t*-Wert	*p*-Wert
Wissen	53 / 16	.39 (.20)	.42 (.17)	−0.52	.61
Können	53 / 16	.23 (.14)	.17 (.10)	1.65	.11
Gesamt	53 / 16	.31 (.14)	.30 (.11)	0.47	.64

Anmerkung: *t*-Test für unabhängige Stichproben mit dazugehörigem *p*-Wert bei zweiseitiger Testung für den Vergleich zwischen der Fortbildungsgruppe (FG) und der Vergleichsgruppe (VG) zum 1. MZP.

Tabelle 5.2 dokumentiert die Veränderungen der Sprachförderkompetenzen von vor Beginn bis zum Ende der Qualifizierungsmaßnahmen in beiden Gruppen durch den Vergleich der erfassten Kompetenzen zum ersten und zweiten Messzeitpunkt.

Die Veränderungen der Sprachförderkompetenzen zwischen den beiden Messzeitpunkten zeigen deutliche Unterschiede zwischen der Fortbildungs- und der Vergleichsgruppe. Die Fortbildungsgruppe zeigt sowohl in Bezug auf die Subskala *Wissen* als auch auf den Gesamtwert einen signifikanten Zuwachs vom ersten zum

Tab. 5.2: Mittelwerte (Standardabweichung) für die Skalen Wissen und Können sowie für den Gesamtwert des SprachKoPF$_{v07.2}$ vor Beginn (1. MZP) und nach Abschluss (2. MZP) der Qualifizierungsmaßnahme, getrennt für die zusammengefasste Fortbildungsgruppe und die Vergleichsgruppe

Komponente	Gruppe	n	1. MZP M (SD)	2. MZP M (SD)	t-Wert	p-Wert
Wissen	FG	29	.40 (.17)	.48 (.18)	−4.76	.00
	VG	15	.42 (.18)	.44 (.19)	−0.70	.49
Können	FG	29	.28 (.13)	.33 (.14)	−1.96	.06
	VG	14	.16 (.09)	.22 (.14)	−1.38	.19
Gesamt	FG	29	.34 (.12)	.43 (.11)	−5.75	.00
	VG	14	.30 (.11)	.32 (.16)	−1.07	.30

Anmerkung: t-Tests für unabhängige Stichproben mit dazugehörigem p-Wert bei zweiseitiger Testung für den Vergleich vom 1. zum 2. MZP, getrennt für die Fortbildungsgruppe (FG) und die Vergleichsgruppe (VG) zum 1. MZP.

zweiten Messzeitpunkt, also vom Zeitpunkt vor dem Beginn der Qualifizierungsmaßnahme bis zu deren Abschluss. Es zeigt sich eine Diskrepanz der Stichprobengröße zwischen Prä- und Posttest, da es nicht gelungen ist, alle Teilnehmenden für eine zweite Durchführung des online-basierten und zeitlich sehr aufwändigen Tests SprachKoPF$_{v07.2}$ zu mobilisieren.

Auch für die Subskala *Können* deutet sich ein Zuwachs der Fortbildungsgruppe vom ersten zum zweiten Messzeitpunkt an, auch wenn dieser bei der hier durchgeführten zweiseitigen Testung knapp das festgelegte Signifikanzkriterium von 5 % verfehlt. Bei der Vergleichsgruppe zeigen sich zwar deskriptiv leichte Zuwächse zwischen dem ersten und zweiten MZP, die aber deutlich das Signifikanzkriterium verfehlen.

4.2 Sprachkompetenzen der Kinder

Stichprobe

Für die Teilnahme an der Studie konnten insgesamt 305 Kinder aus 24 Kindertagesstätten gewonnen werden. Die Kinder befanden sich zu Beginn der Studie in ihrem letzten Kindergartenjahr. Tabelle 5.3 fasst die demografischen Angaben der Stichprobe getrennt für die beiden Gruppen zusammen. Die Stichprobe der Kinder war sprachlich heterogen: Es nahmen monolinguale (L1), simultan bilinguale (Erwerbsbeginn beider Sprachen bis zum Alter von 1;11 Jahren; 2L1) und sequentiell bilinguale Kinder teil, letztere mit frühem Erwerbsbeginn (zwischen 2;00 und 3;11 Jahren; eL2) oder mit spätem Erwerbsbeginn (ab 4;00; cL2). Die mehrsprachigen Kinder dieser Stichprobe sprechen neben Deutsch insgesamt 24 verschiedene Sprachen, wobei Türkisch und Arabisch mit 23 bzw. 15 % am häufigsten vertreten waren. Die Spracherwerbstypen verteilten sich dabei gleichmäßig auf die Fortbildungsgruppe und die Vergleichsgruppe, $\chi^2(6, N=305) = 10.90$, $p = 0.9$. Von 70 der insgesamt 83 sequentiell bilingualen Kinder liegen uns Informationen über die Teilnahme am Vorlaufkurs vor. 59 % dieser Kinder besuchten Vorlaufkurse, die in der Regel von den Grundschullehrkräften durchgeführt wurden, die an *Tandem*Fobi teilgenommen hatten.

Geprüft wurde auch, ob sich die Kinder aus den Einrichtungen der Fortbildungsgruppe und der Vergleichsgruppe hinsichtlich ihrer Sprachleistungen zu Beginn der Studie bedeutsam voneinander unterschieden. Es zeigte sich, dass dies nicht der Fall war – trotz der fehlenden Randomisierung waren die Sprachausgangslagen (gemessen mit LiSe-DaZ, s. u.) über die zwei Gruppen hinweg zum ersten Messzeitpunkt vergleichbar. Auch das Geschlechterverhältnis unterschied sich nicht zwischen den Gruppen, $\chi^2(1, N=305) < 1$, $p = .73$.

Tab. 5.3: Stichprobenbeschreibung der Kinder, die die beteiligten Einrichtungen besuchten, getrennt für die Fortbildungsgruppe und die Vergleichsgruppe

		Fortbildungsgruppe	Vergleichsgruppe
n_{KiTa}		19	5
n_{Kinder}		251	54
Geschlecht			
	Weiblich	118	24
		47 %	44 %
	Männlich	133	30
		53 %	56 %
Spracherwerbstyp			
	L1	131	31
		52 %	57 %
	2L1	53	7
		21 %	13 %
	eL2	55	13
		22 %	24 %
	cL2	12	3
		5 %	6 %
mittleres Alter (*SD*)		5.55 (0.32)	5.75 (0.32)
Alter bei Erwerbsbeginn			
	eL2	3.00 (0.50)	2.80 (0.54)
	cL2	4.42 (0.49)	5.28 (0.95)

Tab. 5.3: Stichprobenbeschreibung der Kinder, die die beteiligten Einrichtungen besuchten, getrennt für die Fortbildungsgruppe und die Vergleichsgruppe – Fortsetzung

		Fortbildungsgruppe	Vergleichsgruppe
Kontaktmonate*			
	eL2	29.98 (6.91)	36.46 (7.99)
	cL2	13.67 (4.68)	7.00 (25.46)

Anmerkungen: L1 = monolingual Deutsch, 2L1 = simultan bilingual, eL2 = früh sequentiell bilingual, cL2 = sequentiell bilingual mit spätem Erwerbsbeginn. * = Die Angabe bezieht sich auf Kinder mit eL2 und cL2.

Kompetenzerfassung der Kinder

Zur Feststellung der sprachlichen Kompetenzentwicklung der Kinder wurden vier Messzeitpunkte realisiert – zwei Erhebungen fanden im letzten Kindergartenjahr der Kinder statt und zwei im Verlauf der ersten Klasse. Abbildung 5.2 veranschaulicht das längsschnittliche Design der Datenerhebung.

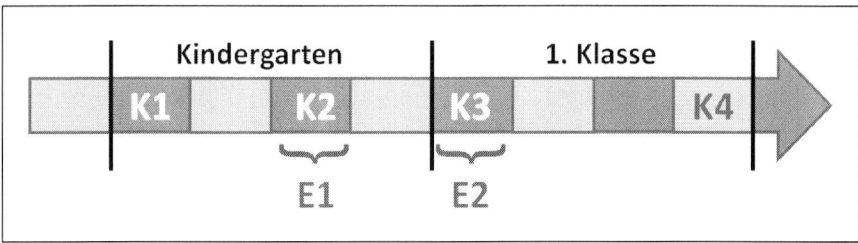

Abb. 5.2: Das längsschnittliche Design der Datenerhebungen
Anmerkungen: K1 = Kindertestung zum ersten Messzeitpunkt; K2 = Kindertestung zum zweiten Messzeitpunkt; K3 = Kindertestung zum dritten Messzeitpunkt; K4 = Kindertestung zum vierten Messzeitpunkt; E1 = Erste Elternbefragung; E2 = Zweite Elternbefragung.

Bei den ersten drei Messzeitpunkten (K1 bis K3, ▶ Abb. 5.2) stand die sprachliche Entwicklung der Kinder im Fokus. In Einzeltestungen wurden das Sprachverständnis und die Sprachproduktion mit zwei standardisierten Sprachtests erfasst: Mit allen Kindern wurde LiSe-DaZ (Schulz & Tracy, 2011) durchgeführt. Das Sprachverständnis wird in LiSe-DaZ anhand von Fragen und sogenannten Wahrheitswert-Aufgaben in Bezug auf w-Fragen, Satznegation und Verbbedeutung untersucht. Die Sprachproduktion wird mithilfe einer Bildergeschichte geprüft, durch die die Kinder gezielt zu bestimmten sprachlichen Äußerungen angeregt werden (sog. Elizitationsverfahren). Erfasst werden dabei die grammatischen Phänomene Satzklammer, Subjekt-Verb-Kongruenz, die Produktion verschiedener Wortklassen sowie die Kasusmarkierungen. Eine Besonderheit von LiSe-DaZ besteht darin, dass es bislang der einzige standardisierte Sprachtest ist, der über eine getrennte Norm für Kinder mit

DaZ verfügt und dabei auch den Beginn des Deutscherwerbs sowie die Kontaktdauer mit dem Deutschen differenziert berücksichtigt. Da LiSe-DaZ bei monolingual deutschsprachigen Kindern nach dem 6. Lebensjahr nicht mehr hinreichend genau differenziert, wurden zusätzlich ausgewählte Subtests aus dem *Sprachentwicklungstest für Kinder im Alter zwischen 5 und 10 Jahren* (SET 5–10; Petermann, 2016) eingesetzt, um die sprachlichen Entwicklungsfortschritte über den gesamten Studienverlauf hinweg abbilden zu können. Ähnlich wie LiSe-DaZ überprüft der SET 5–10 überwiegend jene morphologischen und syntaktischen Kompetenzen, die durch Regelkonstruktion erworben werden.

Zusätzlich zu den sprachlichen Fertigkeiten der Kinder wurden bei TRIO auch schriftsprachliche Vorläuferkompetenzen, wie etwa die phonologische Bewusstheit, die Benenngeschwindigkeit und das phonologische Arbeitsgedächtnis in den Blick genommen und deren Entwicklung parallel zur Sprache untersucht. Es ist mittlerweile bekannt, dass sich sprachliche Kompetenzen und schriftsprachliche Basiskompetenzen nicht unabhängig voneinander entwickeln, sondern sich gegenseitig beeinflussen können (von Goldammer, Mähler & Hasselhorn, 2011).

Beim vierten und damit letzten Messzeitpunkt (K4) am Ende der ersten Klasse wurden erste Kompetenzen der Kinder im Lesen und Rechtschreiben – also in der Schriftsprache – mit standardisierten Schulleistungstests erfasst. Auf diese Weise konnten mögliche indirekte Effekte der Fördermaßnahmen auf die Schriftsprache der Kinder untersucht werden. Da die Sprache eine Schlüsselkompetenz für den Erwerb schulischer Fertigkeiten darstellt (Schulz, Grimm, Schwarze & Wojtecka, 2017; Tracy, 2008), stellt sich beispielsweise die Frage, ob Kinder, die von den Sprachfördermaßnahmen besonders profitiert haben, erfolgreicher in die Schule starten und ob sie am Ende der ersten Klasse höhere Lernstände im Lesen und Schreiben erreichen als Kinder, die sprachlich weniger profitierten.

In Bezug auf das Lesen wurden bei TRIO zwei Teilkomponenten erfasst, das *Dekodieren* und das *Leseverständnis*. Das Dekodieren, d. h. die Fähigkeit, Grapheme in Phoneme umzuwandeln und zusammenzuziehen, spielt besonders zu Beginn des Lesenlernens eine zentrale Rolle und wird mit dem erst kürzlich entwickelten Dekodiertest *DiLe-D* (Paleczek, Seifert, Obendrauf, Schwab & Gasteiger-Klicpera, 2018) untersucht. Bei diesem Individualtest werden die Kinder aufgefordert, je ein Leseblatt mit realen Wörtern bzw. Pseudowörtern für eine Minute laut vorzulesen. Durch die getrennte Darbietung von Wörtern und Pseudowörtern lässt sich sowohl die direkte visuelle Worterkennung auf lexikalischer Ebene als auch das lautierende nicht-lexikalische Lesen prüfen. Das Leseverständnis wurde mit zwei Subtests aus dem ELFE II (Lenhard, Lenhard & Schneider, 2017) erhoben. Beim *Satzverständnistest* lesen die Kinder einzelne Sätze mit einer Wortlücke. Ihre Aufgabe ist es, aus mehreren Alternativen das Wort auszusuchen, das den Satz sinnvoll vervollständigt. Das *Textverständnis* wird mithilfe kleiner Textabschnitte geprüft, zu denen die Kinder anhand von Mehrfachwahlaufgaben Fragen beantworten. Bisherige Studien zeigen, dass insbesondere das Leseverständnis zu einem erheblichen Teil durch sprachliche Kompetenzen wie Wortschatz sowie syntaktische und morphologische Fertigkeiten determiniert ist, während das Dekodieren stärker von phonologischen Basiskompetenzen beeinflusst wird (von Goldammer et al., 2011).

Erste Kompetenzen der Kinder im Rechtschreiben wurden mit dem WÜRT 1–2 (Trolldenier, 2014) anhand eines Lückentextdiktats untersucht. Neben einer quantitativen Auswertung der richtig geschriebenen Wörter ermöglicht der WÜRT 1–2 zusätzlich eine qualitative Beschreibung von Fehlerprofilen, die sich an neun phänomenologisch definierten Fehlerkategorien orientiert.

In zwei Elternbefragungen, von denen eine während der Kindergartenzeit (E1) und eine nach der Einschulung (E2) stattfand, wurden des Weiteren der demografische Hintergrund der Familie sowie Meilensteine in der Sprachentwicklung der Kinder abgefragt, wie beispielsweise das Alter, in dem die Kinder die ersten Wörter gesprochen haben. Diese Informationen können bei der Evaluation der Fortbildungseffekte als Kontrollvariablen genutzt werden, um mögliche differenzielle Effekte der Fördererfolge aufzudecken. Auf diese Weise kann beispielsweise geprüft werden, ob Kinder mit einem niedrigen sozioökonomischen Status oder einem verzögerten Spracherwerb anders auf die sprachlichen Anregungen der pädagogischen Fachkräfte und Lehrkräfte ansprechen als ihre gleichaltrigen Klassenkameradinnen und Klassenkameraden.

Sprachausgangslage der Kinder

Im Folgenden gehen wir auf die Sprachausgangslage der Kinder bei Projektstart ein. Dazu werden exemplarisch drei Subtests aus LiSe-DaZ herangezogen (Huschka, Schulz & Brandenburg, 2019). Der Untertest *Verstehen der Verbbedeutung* prüft anhand von Wahrheitswertaufgaben die Unterscheidung von Prozessverben und Endzustandsverben (Schulz, 2018). Mithilfe des Untertests *Verstehen von w-Fragen* wird untersucht, ob die Kinder Fragen zielsprachlich interpretieren, die durch verschiedene Fragepronomen eingeleitet werden (Schulz, 2013). Der Untertest *Kasus* erfasst die korrekte Markierung von Akkusativ und Dativ in der gesprochenen Sprache der Kinder (Lemmer, 2018). Tabelle 5.4 enthält die Mittelwerte und Standardabweichungen in diesen drei Untertests, getrennt für die vier Spracherwerbstypen. Zur Überprüfung, ob sich die unterschiedlichen Spracherwerbstypen in ihrer Ausgangslage unterscheiden, wurden Varianzanalysen durchgeführt. War die Voraussetzung der Varianzgleichheit bei den Varianzanalysen nicht gegeben, wurde die Welch-Statistik zugrunde gelegt.

Tab. 5.4: Mittelwerte (*M*) und Standardabweichungen (*SD*) in den Subskalen des LiSe-DaZ, getrennt für die unterschiedlichen Spracherwerbstypen

		M	SD
Verstehen der Verbbedeutung			
	L1	11.14	1.26
	2L1	10.92	1.30
	eL2	10.29	1.96
	cL2	9.00	2.27

Tab. 5.4: Mittelwerte (*M*) und Standardabweichungen (*SD*) in den Subskalen des LiSe-DaZ, getrennt für die unterschiedlichen Spracherwerbstypen – Fortsetzung

		M	*SD*
Verstehen von w-Fragen			
	L1	8.63	1.46
	2L1	7.64	2.03
	eL2	6.88	2.02
	cL2	3.31	2.90
Kasusmarkierung			
	L1	5.59	1.90
	2L1	4.29	2.04
	eL2	2.83	1.99
	cL2	2.25	1.87

Anmerkungen: L1 = monolingual; 2L1 = simultan bilingual; eL2 = früh sequentiell bilingual; cL2 = sequentiell bilingual mit spätem Erwerbsbeginn.

Erwartungskonform zeigten sich Gruppenunterschiede zwischen den Spracherwerbstypen in allen drei LiSe-DaZ Untertests: *Verbbedeutung*, Welch-$F(3, 48.24) = 6.73, p = .001$; *w-Fragen*, Welch-$F(3, 47.44) = 27.20, p < .001$; und *Kasusmarkierung*, $F(3, 292) = 38.14, p < .001$. Post-hoc-Vergleiche ergaben, dass bei der *Verbbedeutung* die L1-Kinder den Kindern mit eL2 und cL2 überlegen waren. Die Kinder mit 2L1 schnitten wiederum besser ab als die Kinder mit cL2. Beim Verständnis von *w-Fragen* erzielten die Kinder mit L1 von allen Gruppen die besten Leistungen. Die Kinder mit 2L1 und mit eL2 erzielten bessere Leistungen als die Kinder mit cL2. Im Untertest *Kasus* erzielten die Kinder mit L1 von allen Gruppen die besten Leistungen. Die Kinder mit 2L1 schnitten besser ab als die Kinder mit eL2 und cL2.

Zusammenfassend lässt sich festhalten, dass sich Kinder verschiedener Spracherwerbstypen im letzten Kindergartenjahr in ihren sprachlichen Kompetenzen im Deutschen voneinander unterscheiden. Dies dürfte damit zusammenhängen, dass sukzessiv-bilinguale Kinder einen späteren Erwerbsbeginn und eine geringere Kontaktdauer zur deutschen Sprache haben als monolinguale Kinder (Schulz et al., 2017; Tracy & Thoma, 2009; Wojtecka, 2018). Die Sprachleistungen der simultan-bilingualen Kinder im Deutschen sind ›gemischt‹. Dies lässt sich dadurch erklären, dass der Zeitpunkt, zu dem ein sprachliches Phänomen in einer Erstsprache erworben wird, für den Zweitspracherwerb von Bedeutung ist. In sprachlichen Bereichen, die im monolingualen Erwerb früh erworben werden, zeigen simultan-bilinguale Kinder die gleichen Leistungen wie monolinguale Kinder. In spät erworbenen Bereichen wie z. B. der Kasusmarkierung ähneln die Leistungen der simultan-bilingualen Kinder dagegen denen der sukzessiv-bilingualen Kinder, während sie bei früh erworbenen Phänomenen einen Vorteil gegenüber den sukzessiv-bilingualen Kindern aufweisen (Schulz & Grimm, 2019).

Ein besonderes Interesse galt der Frage, in welchen sprachlichen Bereichen die Kinder mit Deutsch als Zweitsprache (DaZ) Förderbedarf aufweisen. In den LiSe-DaZ-Subtests werden Cut-off-Kriterien definiert, nach welchen ein solcher Förderbedarf im Deutschen bestimmt werden kann. Tabelle 5.5 ist zu entnehmen, wie viele Kinder mit DaZ bei der ersten Sprachstanderhebung Förderbedarf in den bereits vorgestellten Untertests aufwiesen. Hierbei wurden sowohl die Kinder mit einem frühen Erwerbsbeginn als auch die Kinder mit einem späten Erwerbsbeginn des Deutschen einbezogen.

Am niedrigsten lag bei den Kindern mit DaZ der Förderbedarf für das Verständnis der Verbbedeutung. Er lag bei etwas über 25 %. Dies steht im Einklang mit den Befunden früherer Studien (z. B. Penner, Schulz & Wyman, 2003; Wojtecka, 2018), die belegen, dass Verbbedeutung – auch im monolingualen Erwerb – früh beherrscht wird. Deutlich höher fiel der Förderbedarf bei der Kasusmarkierung aus: Hier wies die Hälfte der Kinder mit DaZ noch Förderbedarf auf. Auch dieses Ergebnis deckt sich mit bisherigen Befunden zum Zweitspracherwerb des Deutschen (Lemmer, 2018; Wojtecka, 2018), die zeigen, dass Kasusmarkierung zu den Fähigkeiten gehört, die auch im monolingualen Erwerb spät beherrscht werden (Grimm & Schulz, 2016; Schulz & Grimm, 2019).

Tab. 5.5: LiSe-DaZ: Förderbedarf bei Kindern mit Deutsch als Zweitsprache (eL2 und cL2)

Subtest	Cut-off Kriterium	MZP 1		
		*n*1	*n*2	%
Verbbedeutung				
Prozessverben	*weniger als 5 Richtige von 6*	81	21	26
Endzustandsverben	*weniger als 5 Richtige von 6*	81	22	27
w-Fragen				
Subjektfragen	*weniger als 2 Richtige von 2*	80	21	26
Objektfragen	*weniger als 3 Richtige von 4*	81	37	46
Adjunktfragen	*weniger als 3 Richtige von 4*	80	44	55
Kasusmarkierung				
Akkusativ	*weniger als 2 Richtige von 4*	75	49	65
Dativ	*weniger als 2 Richtige von 5*	77	36	47

Anmerkungen: MZP = Messzeitpunkt; *n*1 = Anzahl Kinder mit DaZ, welche den Untertest bearbeitet haben; *n*2 = Anzahl Kinder mit DaZ, welche Förderbedarf haben.

Sprachentwicklung der Kinder im Längsschnitt

Um zu überprüfen, ob sich die Qualifizierungsmaßnahme positiv auf die Entwicklung der kindlichen Sprachfähigkeiten auswirkt, werden derzeit detaillierte Analysen zur sprachlichen Entwicklung der Kinder durchgeführt. Bereits erfolgt ist eine Auswertung (Lemmer et al., 2019) in der Teilstichprobe der Fortbildungsgruppe, die zu *linguistisch fundierter Sprachförderung* fortgebildet wurde, bei der die Effektivität dieser Qualifizierungsmaßnahme auch auf der Ebene der mehrsprachigen Kinder aus den teilnehmenden Kitas untersucht wurde. Vor und nach der Qualifizierungsmaßnahme wurde nicht nur die Entwicklung der Sprachförderkompetenz von 33 pädagogischen Fachkräften (PFK) überprüft; parallel wurde mit *LiSe-DaZ* auch die Entwicklung der Sprachfähigkeiten von 78 mehrsprachigen Kindern analysiert, die jeweils in den Einrichtungen dieser PFK betreut wurden. Die Ergebnisse belegen, dass die Sprachförderkompetenz der fortgebildeten PFK nach der Qualifizierungsmaßnahme signifikant gestiegen war und dass die Steigerung signifikant höher ausfiel als die Veränderung in der Vergleichsgruppe. Zudem verbesserten sich auch die geförderten Kinder in einem Kernbereich des Deutschen, der Satzstruktur, signifikant gegenüber den Kindern, deren PFK keine Fortbildung besuchten.

5 Fazit und Ausblick

Im Entwicklungsprojekt *TRIO* sollte eine innovative und theoretisch fundierte Qualifizierungsmaßnahme zur Sprachbildung und -förderung am Übergang vom Kindergarten in die Grundschule entwickelt und erprobt werden. Die Wirkungen der dabei umgesetzten Qualifizierungsmaßnahme wurden empirisch evaluiert.

Pädagogische Fachkräfte aus Kitas und Grundschullehrkräfte, die in miteinander kooperierenden Einrichtungen arbeiteten, wurden gemeinsam fortgebildet. Dazu wurde ihnen ein umfangreiches professionelles Angebot zu relevanten Themen des Bereichs Sprachbildung und Sprachförderung gemacht, das neben theoretischen Grundlagen praktische Übungen und ein individuelles Coaching umfasste. Es zeigte sich, dass die Sprachförderkompetenz der Teilnehmenden an der Qualifizierungsmaßnahme substanziell gesteigert werden konnte. Aus ersten Analysen für eine Teilstichprobe von pädagogischen Fachkräften, die zu *linguistisch fundierter Sprachförderung* fortgebildet wurden, geht zudem hervor, dass sich auch die sprachlichen Leistungen der in den Einrichtungen geförderten Kinder stärker verbesserten als die sprachlichen Leistungen der Kinder, deren pädagogische Fachkräfte nicht an der Fortbildungsmaßnahme teilnahmen (Lemmer et al., 2019).

Dennoch sind an dieser Stelle Limitationen der Studie zu benennen. Nicht immer konnten sich alle Teilnehmerinnen und Teilnehmer gleichermaßen auf das gesamte Qualifizierungs-Angebot einlassen, weil es zum Teil die Umstände in ihren Einrichtungen (Krankenstand oder Personalmangel) schwierig machten. Am Ende aber überwog die Erkenntnis, gemeinsam die sprachliche Entwicklung der Kinder in der deutschen Sprache zu unterstützen. Das Projekt zielte auf den Übergang Kindergarten – Grundschule und fokussierte deshalb in der Fortbildung auf pädagogische Fachkräfte und Grundschullehrkräfte. Der Schwerpunkt lag vor allem auf den sprachförderlichen Maßnahmen vor dem Übergang, wie sie im Kita-Alltag und in den Vorlaufkursen in Hessen durchgeführt werden. Hierzu wurden die Fach- und Lehrkräfte fortgebildet und beraten.

Um die Entwicklung der Kinder, die von den Maßnahmen profitieren sollten, zu erfassen, wurde ein umfangreiches Instrumentarium eingesetzt. Dank der erreichten Stichprobengröße war und ist es möglich, differenzierte Auskünfte zu den sprachlichen Entwicklungen der Kinder im Deutschen mit unterschiedlichen Spracherwerbsbiografien zu erhalten. Insbesondere die längsschnittliche Betrachtung der Daten wird zukünftig weitere interessante Erkenntnisse über die Wirksamkeit der Fortbildungsmaßnahmen ermöglichen.

Literatur

Beckerle, C. (2017). *Alltagsintegrierte Sprachförderung im Kindergarten und in der Grundschule. Evaluation des »Fellbach-Konzepts«*. Weinheim: Beltz Juventa.
Böhm, J., Jungmann, T. & Koch, K. (2017). Professionalisierung pädagogischer Fachkräfte. In: T. Jungmann & K. Koch (Hrsg.), *Professionalisierung pädagogischer Fachkräfte in Kindertageseinrichtungen, Psychologie in Bildung und Erziehung: Vom Wissen zum Handeln* (S. 9–27). Wiesbaden: Springer.
Dannenbauer, F. M. (1984). Techniken des Modellierens in einer entwicklungsproximalen Therapie für dysgrammatisch sprechende Vorschulkinder. *Der Sprachheilpädagoge, 16*, 35–49.
Dannenbauer, F. M. (2002). Grammatik. In: S. Baumgartner & I. Füssenich (Hrsg.), *Sprachtherapie mit Kindern: Grundlagen und Verfahren* (5. Aufl., S. 105–161). München: Reinhardt.
Faas, S. (2003). *Berufliche Anforderungen und berufsbezogenes Wissen von Erzieherinnen. Theoretische und empirische Rekonstruktionen*. Wiesbaden: Springer.
Fried, L. (2008). Professionalisierung von Erzieherinnen am Beispiel der Sprachförderkompetenz. Forschungsansätze und erste Ergebnisse. In: H. von Balluseck (Hrsg.), *Professionalisierung der Frühpädagogik* (S. 265–277). Opladen: Budrich.
Geyer, S. (2018). *Sprachförderkompetenz im U3-Bereich: Eine empirische Untersuchung aus linguistischer Perspektive*. Stuttgart: Metzler.
Geyer, S. & Lemmer, R. (2018). »Man wird hellhörig und merkt: Was sagt man eigentlich so den ganzen Tag?« Coachings in der Sprachförderung. *Sprache im Beruf (SpriB), 1*, 113–124.
Geyer, S., Schwarze, R. & Müller, A. (2018). Sprachförderung im Elementarbereich. In: C. Titz, S. Geyer, H. Wagner, S. Weber & M. Hasselhorn (Hrsg.), *Konzepte zur Sprach- und Schriftsprachförderung entwickeln*. Bildung durch Sprache und Schrift, Bd. 1 (S. 161–178). Stuttgart: Kohlhammer.
von Goldammer, A., Mähler, C. & Hasselhorn, M. (2011). Vorhersage von Lese- und Rechtschreibleistungen durch phonologische Kompetenzen im Vorschulalter. In: M. Hasselhorn & W. Schneider (Hrsg.), *Frühprognose schulischer Kompetenzen* (Test und Trends N. F., Bd. 9, Jahrbuch der pädagogisch-psychologischen Diagnostik, S. 32–59). Göttingen: Hogrefe.
Grimm, A. & Schulz, P. (2016). Warum man bei mehrsprachigen Kindern dreimal nach dem Alter fragen sollte: Sprachfähigkeiten simultan-bilingualer Lerner im Vergleich mit monolingualen und frühen Zweitsprachlernern. *Diskurs Kindheits- und Jugendforschung, 1*, 27–42.

Gräsel, C., Fußangel K. & Parchmann, I. (2006). Lerngemeinschaften in der Lehrerfortbildung. Kooperationserfahrungen und -überzeugungen von Lehrkräften. *Zeitschrift für Erziehungswissenschaft*, 9(4), 545–561.

Hessisches Kultusministerium (n. d.). *Vorlaufkurse*. Verfügbar unter https://kultusministerium.hessen.de/foerderangebote/foerderung-von-sprachkompetenz/gesamtsprachshyfoerderkonzept/vorlaufkurse [14.12.2018].

von Hippel, A. (2011). Fortbildung in pädagogischen Berufen – zentrale Themen, Gemeinsamkeiten und Unterschiede der Fortbildung in Elementarbereich, Schule und Weiterbildung. *Zeitschrift für Pädagogik*, 57. Beiheft, 248–267.

Hopp, H., Thoma, D. & Tracy, R. (2010). Sprachförderkompetenz pädagogischer Fachkräfte: Ein sprachwissenschaftliches Modell. *Zeitschrift für Erziehungswissenschaft*, 13, 609–629.

Huschka, S., Schulz, P. & Brandenburg, J. (2019). Sprachförderbedarf und Sprachprofile bei unterschiedlichen Spracherwerbstypen im Kindergarten – Analysen aus dem BiSS-Entwicklungsvorhaben TRIO. In: D. Kucharz & K. Koch, Sprache fördern – Sprache lernen – Sprache erfassen. Möglichkeiten und Grenzen der Kombination kindbezogener Daten. In: C. Donie, F. Förster, M. Obermayr, A. Deckwerth, G. Kammermeyer, G. Lenske, M. Leuchter & A. Wildemann (Hrsg.). *Grundschulpädagogik zwischen Wissenschaft und Transfer*. Jahrbuch Grundschulforschung Bd. 23. Wiesbaden: Springer VS (S. 398–400).

Kucharz, D. (2018a). Alltagsintegrierte sprachliche Bildung und Förderung im Elementarbereich. In: C. Titz, S. Geyer, A. Ropeter, H. Wagner, S. Weber & M. Hasselhorn (Hrsg.), *Konzepte zur Sprach- und Schriftsprachförderung entwickeln*. Bildung durch Sprache und Schrift, Bd. 1 (S. 214–227). Stuttgart: Kohlhammer.

Kucharz, D. (2018b). Qualifizierung der Fachkräfte im Elementarbereich. In: C. Titz, S. Geyer, H. Wagner, S. Weber & M. Hasselhorn (Hrsg.), *Konzepte zur Sprach- und Schriftsprachförderung entwickeln*. Bildung durch Sprache und Schrift, Band 1 (S. 249–261). Stuttgart: Kohlhammer.

Kucharz, D., Mackowiak, K. & Beckerle, C. (2015). *Alltagsintegrierte Sprachförderung. Ein Konzept zur Weiterqualifizierung in Kita und Grundschule*. Weimar: Beltz.

Lemmer, R. (2018). *Sprachentwicklungsstörungen bei frühen Zweitsprachlernern – Der Erwerb von Kasus, Finitheit und Verbstellung*. Dissertation Goethe-Universität Frankfurt.

Lemmer, R., Huschka, S., Geyer, S., Brandenburg, J., Ehm, J.-H., Lausecker, A., Schulz, P. & Hasselhorn, M. (2019). Sind Fortbildungsmaßnahmen zu linguistisch fundierter Sprachförderung wirksam? – Analysen zu den Kompetenzen von Fachkräften und mehrsprachigen Kindern. *Frühe Bildung*, 8(4), 181–186.

Lenhard, W., Lenhard, A. & Schneider, W. (2017). *Ein Leseverständnistest für Erst- bis Siebtklässler – Version II (ELFE II)*. Göttingen: Hogrefe.

Lipowsky, F. (2010). Lernen im Beruf – Empirische Befunde zur Wirksamkeit von Lehrerfortbildung. In: F. Müller, A. Eichenberger, M. Lüders & J. Mayr (Hrsg.), *Lehrerinnen und Lehrer lernen – Konzepte und Befunde zur Lehrerfortbildung* (S. 51–72). Münster: Waxmann.

Lipowsky, F. & Rzejak, D. (2012). Lehrerinnen und Lehrer als Lerner. Wann gelingt der Rollentausch? Merkmale und Wirkungen effektiver Lehrerfortbildungen. *Schulpädagogik heute*, 5(3), 1–17.

McDaniel, M. A. & Nguyen, N. T. (2001). Situational judgement tests: A review of practice and constructs assessed. *International Journal of Selection and Assessment*, 9(1,2), 103–113.

Moosbrugger, H. & Kelava, A. (2012). *Testtheorie und Fragebogenkonstruktion* (2., akt. und überarb. Aufl.). Berlin, Heidelberg: Springer.

Müller, A., Smits, K., Geyer, S. & Schulz, P. (2014). Was ist Sprachförderkompetenz? Fachwissen und Handlungskompetenz von pädagogischen Fachkräften in der vorschulischen Sprachförderung. In: B. Lütke & I. Petersen (Hrsg.), *Deutsch als Zweitsprache: Erwerben, lernen und lehren* (S. 247–262). Stuttgart: Klett Fillibach.

Müller, A., Geyer, S. & Smits, K. (2016). Sprachförderung im Elementarbereich – eine Herausforderung für pädagogische Fachkräfte. In: I. Barkow & C. Müller-Brauers (Hrsg.), *Frühe sprachliche und literale Bildung. Sprache lernen und Sprache fördern im Kindergarten und zum Schuleintritt* (S. 129–145). Tübingen: Narr Francke Attempto Verlag.

Müller, A., Schulz, P., Geyer, S. & Smits, K. (2017). Sprachförderung – Professionalisierung von pädagogischen Fachkräften im Elementarbereich. In: U. Hartmann, M. Hasselhorn &

A. Gold (Hrsg.), *Entwicklungsverläufe verstehen – Kinder mit Bildungsrisiken wirksam fördern*. Forschungsergebnisse des Frankfurter IDeA-Zentrums (S. 441–454). Stuttgart: Kohlhammer.
Paleczek, L., Seifert, S., Obendrauf, T., Schwab, S. & Gasteiger-Klicpera, B. (2018). *Differenzierter Lesetest Dekodieren (DiLe–D)*. Göttingen: Hogrefe.
Penner, Z., Schulz, P. & Wymann, K. (2003). Learning the meaning of verbs: What distinguishes language impaired from normally developing children? *Linguistics*, 41(2), 289–319.
Petermann, F. (2016). *Sprachentwicklungstest für Kinder im Alter zwischen 5 und 10 Jahren (SET 5–10)*. Göttingen: Hogrefe.
Rank, A., Gebauer, S., Fölling- Albers, M. & Hartinger, A. (2011). Vom Wissen zum Handeln in Diagnose und Förderung. Bedingungen des erfolgreichen Transfers einer situierten Lehrerfortbildung in die Praxis. *Zeitschrift für Grundschulforschung* 4(2), 70–82.
Rauen, C. (2003). *Coaching*. Göttingen: Hogrefe.
Roth, C., Hopp, H. & Thoma, D. (2015). Effekte von Fort- und Weiterbildung auf die Sprachförderkompetenz frühpädagogischer Fachkräfte. *Frühe Bildung*, 4, 218–225.
Ruberg, T. (2011). Qualitätsanforderungen an Weiterbildnerinnen und Weiterbildner. In: WiFF/DJI (Hrsg.), *Wegweiser Weiterbildung Sprachliche Bildung* (S. 100–114). München: Deutsches Jugendinstitut.
Sauerhering, M. (2013). Sprachförderung im Übergang. In: M. Sauerhering & C. Solzbacher (Hrsg.), *Übergang Kita-Grundschule*. Nifbe Themenheft Nr. 14 (S. 11–16). Osnabrück, o. V.
Schnebel, S. (2007). *Professionell beraten. Beratungskompetenz in der Schule*. Weinheim und Basel: Beltz.
Schulz, P. (2013). Wer versteht wann was? Sprachverstehen im frühen Zweitspracherwerb des Deutschen am Beispiel der w-Fragen. In: A. Deppermann (Hrsg.), *Das Deutsch der Migranten* (S. 313–337). Berlin/New York: de Gruyter.
Schulz, P. (2018). Zur Semantik von Verben im Spracherwerb. In: S. Engelberg, H. Lobin, K. Steyer & S. Wolfer (Hrsg.), *Wortschätze. Dynamik – Muster – Komplexität* (S. 133–151). Berlin, New York: de Gruyter.
Schulz, P. & Grimm, A. (2019). The age factor revisited: Timing in acquisition interacts with age of onset in bilingual acquisition. *Frontiers in Psychology*, 9 (Article 2732).
Schulz, P., Grimm, A., Schwarze, R. & Wojtecka, M. (2017). Spracherwerb bei Kindern mit Deutsch als Zweitsprache: Chancen und Herausforderungen. In: U. Hartmann, M. Hasselhorn & A. Gold (Hrsg.), *Entwicklungsverläufe verstehen – Individuelle Förderung wirksam gestalten. Forschungsergebnisse des Frankfurter IDeA-Zentrums* (S. 190–206). Stuttgart: Verlag W. Kohlhammer.
Schulz, P. & Tracy, R. (2011). *Linguistische Sprachstandserhebung – Deutsch als Zweitsprache (LiSe-DaZ)*. Göttingen: Hogrefe.
Simon, S. & Sachse, S. (2011). Sprachförderung in der Kindertagesstätte – Verbessert ein Interaktionstraining das sprachförderliche Verhalten von Erzieherinnen? *Empirische Pädagogik*, 25(4), 462–480.
Thoma, D. & Tracy, R. (2013). *SprachKoPF-Online$_{v07}$. Instrument zur standardisierten Erhebung der Sprachförderkompetenz pädagogischer Fachkräfte*. Mannheim: MAZEM.
Thoma, D. & Tracy, R. (2015). *Manual zu SprachKoPF$_{v07.2}$. Instrument zur standardisierten Erhebung der Sprachförderkompetenz pädagogischer Fachkräfte*. Mannheim: Universität Mannheim.
Thoma, D., Tracy, R., Michel, M. & Ofner, D. (2012). *Schlussbericht des Vorhabens SprachKoPF, »Sprachliche Kompetenzen Pädagogischer Fachkräfte«*. Mannheim: Universität Mannheim.
Tracy, R. (2008). *Wie Kinder Sprachen lernen. Und wie wir sie dabei unterstützen können* (2. Aufl.). Tübingen: Francke.
Tracy, R., Schulz, P. & Voet Cornelli, B. (2018). Sprachstandsfeststellung im Elementarbereich. In: C. Titz, S. Geyer, A. Ropeter, H. Wagner, S. Weber & M. Hasselhorn (Hrsg.), *Entwicklung von Konzepten zur Sprach- und Schriftsprachförderung* (S. 101–116). Stuttgart: Kohlhammer.
Tracy, R. & Thoma, D. (2009). Convergence on finite V2 clauses in L1, bilingual L1 and early L2 acquisition. In: P. Jordens & C. Dimroth (Hrsg.), *Functional categories in learner language* (S. 1–43). Berlin & New York: Mouton de Gruyter.
Trolldenier, H.-P. (2014). *Würzburger Rechtschreibtest für 1. und 2. Klassen (WÜRT 1–2)*. Göttingen: Hogrefe.

Wahl, D. (2002). Mit Training vom trägen Wissen zum kompetenten Handeln? *Zeitschrift für Pädagogik*, 48(2), 227–241.

Wegener, R., Loebbert, M. & Fritze, A. (2016). *Coaching-Praxisfelder. Forschung und Praxis im Dialog*. Wiesbaden: Springer.

Wojtecka, M. (2018). *Acquisition pace and developmental path of early second language learners of German. A longitudinal study on acquisition of morphosyntax and semantics*. Dissertation Goethe-Universität Frankfurt.

Teil III: Die BiSS-Entwicklungsprojekte – Der Sekundarbereich

In Teil III dieses Bandes werden in den Kapiteln 6 und 7 zwei Entwicklungsprojekte vorgestellt, die Forschungsdesiderata der Sprach- und Leseförderung im Sekundarbereich aufgreifen. Kapitel 6 berichtet über das Projekt »Transfer des Bildungswortschatzes von der Schriftlichkeit in die Mündlichkeit in den Sachfächern der Sekundarstufe I. Eine Interventionsstudie am Beispiel des Erklärens in der 8. Jahrgangsstufe« (TraBi). In Kapitel 7 wird das BiSS-Entwicklungsprojekt »Lese- und Schreibflüssigkeit – Konzeption, Diagnostik, Förderung« vorgestellt.

Bislang ist wenig erforscht, wie der mündliche Gebrauch der Bildungssprache in den Sachfächern der Sekundarstufe gefördert werden kann. Torsten Steinhoff, Hendrik Borgmeier, Tim Brosowski und Nicole Marx gehen in Kapitel 6 mit dem Projekt TraBi dieser Frage nach. Sie beschreiben eine Intervention für die Fächer Geschichte und Biologie, bei der Schülerinnen und Schüler der 8. Klassstufe eines Gymnasiums und einer Gesamtschule durch entsprechende Lernarrangements eine Unterstützung im Bereich der Fachlexik oder der Bildungslexik erhalten. Die Lernarrangements gehen dabei von der Schriftlichkeit aus: Die Schülerinnen und Schüler bekommen Arbeitsaufträge zu bestimmten Themen und fassen die Ergebnisse ihrer Bearbeitungen zunächst schriftlich zusammen. Die Schülerinnen und Schüler sollen anschließend mündliche monologische Erklärungen zu dem bearbeiteten Sachverhalt abgeben. Die Unterstützung der Bildungslexik erwies sich dabei im Vergleich zu einem Fokus auf der Fachlexik als erfolgreicher zur Förderung mündlicher Erklärungen in der Bildungssprache.

Für die Bereiche *Lesen* und *Schreiben* wird zwar davon ausgegangen, dass basale, hierarchieniedrige Fertigkeiten (Leseflüssigkeit und Schreibflüssigkeit) zentrale Voraussetzungen für hierarchiehöhere Fertigkeiten wie Textverständnis und Textproduktion sind. Die genauen Zusammenhänge zwischen hierarchieniedrigen und -höheren Fertigkeiten sind jedoch im deutschen Sprachraum noch wenig geklärt. Auch die Fragen, wie man jene hierarchieniedrigen Fertigkeiten diagnostizieren und fördern kann und ob deren Förderung wiederum förderliche Effekte auf hierarchiehöhere Fertigkeiten hat, sind bislang weitgehend unbearbeitet. In diese Forschungslücke stößt das Entwicklungsprojekt »Lese- und Schreibflüssigkeit – Konzeption, Diagnostik, Förderung«, das Sabine Stephany, Valerie Lemke, Markus Linnemann, Evghenia Goltsev, Necle Bulut, Pia Claes, Hans-Joachim Roth und Michael Becker-Mrotzek in Kapitel 7 vorstellen. Dabei werden Lese- und Schreibflüssigkeit zunächst als mehrdimensionale Konstrukte formuliert, deren theoretisch angenommene Struktur empirisch belegt wird. Darauf aufbauend wurden Diagnoseverfahren sowie ein Training zur Leseflüssigkeit und zur Schreibflüssigkeit konzipiert. Erste Ergebnisse werden für das Training zur Schreibflüssigkeit berichtet. Dieses führte vor allem bei schwachen Schreiberinnen und Schreibern zu Verbesserungen in zwei Facetten der Schreibflüssigkeit, nämlich der Transkriptionsflüssigkeit und der Formulierungsflüssigkeit.

Kapitel 6:
Förderung des mündlichen bildungssprachlichen Handelns in den Sachfächern der Sekundarstufe I

Torsten Steinhoff, Hendrik Borgmeier, Tim Brosowski & Nicole Marx

In diesem Beitrag wird ein BiSS-Entwicklungsprojekt vorgestellt, in dem untersucht wird, wie das mündliche bildungssprachliche Handeln in den Sachfächern der Sekundarstufe I gefördert werden kann. Dazu wurde eine didaktische Intervention in den Fächern Biologie und Geschichte in der achten Jahrgangsstufe eines Gymnasiums und einer Gesamtschule durchgeführt. Die empirische Begleitstudie umfasste fünf Messzeitpunkte: 1. Prätest – 2. Lernarrangement mit Intervention – 3. Lernarrangement ohne Intervention – 4. Lernarrangement mit Intervention – 5. Lernarrangement ohne Intervention. Alle Lernarrangements führten von der Schriftlichkeit (Aufgaben zum Lesen und Schreiben) in die Mündlichkeit (Aufgaben zum Zuhören und Sprechen). Die Arrangements mit Intervention fanden im »Fokusfach« (Gymnasium: Biologie, Gesamtschule: Geschichte) statt und lenkten die Aufmerksamkeit der Schülerinnen und Schüler auf die Bildungslexik oder die Fachlexik. Die Lernarrangements ohne Intervention fanden im »Begleitfach« (Gymnasium: Geschichte, Gesamtschule: Biologie) statt und waren wie die anderen Arrangements gestaltet, fokussierten aber nicht auf die Bildungs- oder Fachlexik. Einen Tag nach der Durchführung jedes Arrangements trug jede Schülerin und jeder Schüler einzeln eine mündliche monologische Erklärung vor, die videografiert wurde. Diese Erklärungen wurden hinsichtlich der verwendeten Bildungslexik und Fachlexik ausgewertet. Dabei zeigte sich zum einen, dass die Fokussierung auf die Bildungslexik sowohl im Fokus- als auch im Begleitfach zu einem signifikant höheren Gebrauch der Bildungslexik in den mündlichen Erklärungen führte als die Fokussierung auf die Fachlexik. Zum anderen zeigte sich, dass die Fokussierung auf die Fachlexik weder im Fokus- noch im Begleitfach einen signifikant höheren Gebrauch der Fachlexik in den mündlichen Erklärungen zur Folge hatte.

Einleitung

Der »Fokus aller Fördermaßnahmen« der BiSS-Initiative liegt auf der »Bildungssprache Deutsch« (Schneider et al., 2012, S. 23). Die Bildungssprache sei »die leitende Sprache unseres Bildungssystems« und damit für den Bildungserfolg in allen Fächern von großer Bedeutung (a. a. O.). Ihr Erwerb stelle vor allem Kinder und Jugendliche aus bildungsfernen Milieus vor enorme Herausforderungen. Darauf sei mit geeigneten Fördermaßnahmen zu reagieren.

Kaum erforscht ist bislang, wie das *mündliche* bildungssprachliche Handeln in den *Sachfächern* gefördert werden kann. Darauf wird mit dem Entwicklungsprojekt »Transfer des Bildungswortschatzes von der Schriftlichkeit in die Mündlichkeit in den Sachfächern der Sekundarstufe I« (kurz: »TraBi«) reagiert.[1] Es handelt sich um eine Interventionsstudie zur Förderung eines wichtigen Teilbereichs der Bildungssprache: der *Bildungslexik*. Im Weiteren wird zunächst auf die theoretischen Grundlagen des Projekts eingegangen, dann auf die Interventionsstudie und schließlich auf die Ergebnisse und deren Interpretation.

1 Theoretische Grundlagen

Die Bildungssprache ist Gegenstand eines umfassenden wissenschaftlichen Diskurses, an dem die Erziehungswissenschaft und die Psychologie, die Linguistik und die Sprachdidaktik sowie die Didaktiken der Gesellschafts- und Naturwissenschaften und der Mathematik teilhaben.

In einigen Disziplinen wird versucht, die Bildungssprache durch umfangreiche Listen mit vornehmlich lexikalischen und grammatischen Merkmalen zu erfassen, z. B. Komposita, Nominalisierungen oder Passivkonstruktionen (Gogolin & Duarte, 2016; Heppt, 2016; Leisen, 2015).

In der Linguistik und Sprachdidaktik wird dieser Ansatz kritisiert, weil er nicht geeignet erscheint, die bildungssprachliche Wirklichkeit in ihrer *Kulturalität* zu verstehen, zu beschreiben und zu erklären (Pohl, 2016; Redder, 2016). Das liegt u. a. daran, dass ein Großteil der in den Listen genannten Merkmale auf Wörter und Sätze beschränkt ist und zudem auch in zahlreichen Varietäten außerhalb von Bildungskontexten beobachtet werden kann. Ein weiteres Problem besteht darin, dass einige Kategorien aus der angloamerikanischen Fachliteratur übernommen werden, ohne die Unterschiede zwischen dem Englischen und dem Deutschen zu beachten (Marx, 2018).

Für die Erforschung und Förderung von Bildungssprache ist zentral, dass die Bildungssprache ursprünglich eine *konzeptionell schriftliche Sprachdomäne* ist (Ortner, 2009). Sie wird als ›Explizitsprache‹ genutzt, um Texte für zeitlich und räumlich entfernte Leserinnen und Leser verständlich zu machen. Aus diesem Grund begegnet sie jungen Lernerinnen und Lernern insbesondere beim Lesen und Schreiben. Für das TraBi-Projekt ist maßgeblich, dass die bildungssprachlichen Kompetenzen, die

---

[1] Das Projekt ist ein von Nicole Marx und Torsten Steinhoff geleitetes Verbundvorhaben der Universitäten Bremen und Siegen, das von 2015 bis 2018 vom BMBF im Rahmen der BiSS-Initiative gefördert wurde (FKZ: 01JI1601 A/B). Wir danken Lisa Schüler und Lisa-Marie Schmidt für ihre wertvollen Beiträge zum Gelingen des Projekts.

im Zuge dessen erworben werden, eine wertvolle Ressource für ihr mündliches bildungssprachliches Handeln sein können, z. B. bei Präsentationen (Gätje, Krelle, Behrens & Grundler, 2016, S. 9). Pohl (2006, S. 4) spricht in diesem Zusammenhang von »Sekundärer Literalisierung«. Ein solcher Lernprozess ist anspruchsvoll, weil der Gebrauch bildungssprachlicher Mittel mit den medialen Bedingungen der Mündlichkeit harmonisiert werden muss, z. B. ihrer Interaktivität, Flüchtigkeit oder Multimodalität (Fiehler, 2015).

Wie aber können Schülerinnen und Schüler beim Transfer bildungssprachlicher Kompetenzen von der Schriftlichkeit in die Mündlichkeit *didaktisch unterstützt* werden? Um diese Frage zu beantworten, kann an empirische Ergebnisse angeschlossen werden, die in der Schreibforschung zu »Textprozeduren« vorgelegt worden sind (Feilke, 2010; Steinhoff, 2007). Textprozeduren sind textarttypische Handlungen, die auch und gerade in Bildungskontexten verwendet werden. Sie setzen sich aus mehrteiligen sprachlichen Formen (»Textprozedurenausdrücken«, kurz: »Ausdrücken«) und bestimmten kommunikativen Funktionen (»Textprozedurenschemata«, kurz: »Schemata«) zusammen. Beim Argumentieren etwa wird mit einem Ausdruck wie »meines Erachtens« das Schema des Positionierens und mit einem Ausdruck wie »zwar … aber« das Schema des Abwägens realisiert.

Wie bildungslexikalisch das sprachliche Handeln eines Individuums ist, wird daran festgemacht, *was es in welchen Kontexten sprachlich tut und damit erreicht*. Die Ergebnisse zweier Interventionsstudien aus der Schreibforschung zeigen, dass die *Vermittlung von Textprozeduren* zu *besseren Texten* führt. In Ansketis (2019) Studie zum Argumentieren und Beschreiben in der vierten Klasse führten Lernarrangements, in denen zur Schreibaufgabe passende Textprozeduren (Ausdrücke und Schemata) angeboten wurden, zu einer signifikant höheren Textqualität als Lernarrangements, in denen keine Textprozeduren angeboten wurden. Und im Projekt »Schreibförderung in der multilingualen Orientierungsstufe« (Marx & Steinhoff, 2017a; Rüßmann, Steinhoff, Marx & Wenk, 2016; Wenk, Marx, Rüßmann & Steinhoff, 2016) zum Beschreiben in der sechsten Jahrgangsstufe führten Lernarrangements, in denen Textprozeduren (Ausdrücke und Schemata oder nur Schemata) angeboten wurden, zu einer signifikant höheren Textqualität (wenn auch mit kleiner Effektgröße) als Lernarrangements, in denen nur Ausdrücke und keine Textprozeduren angeboten wurden.

Diese Ergebnisse wurden im TraBi-Projekt zum Anlass genommen, die Auswirkungen eines Lernarrangements, in dem auf die *Bildungslexik* im Sinne des Textprozeduren-Konzepts fokussiert wurde, auf mündliche monologische Erklärungen zu untersuchen. Zu Vergleichszwecken wurden parallel dazu die Auswirkungen eines Lernarrangements untersucht, in dem auf die *Fachlexik* fokussiert wurde. Hier wurde die Aufmerksamkeit also auf diejenige Sprachdomäne gelenkt, die in den Sachfächern üblicherweise im Vordergrund steht. Zum Fach Biologie heißt es beispielsweise bei Drumm (2017, S. 39): »Da die Beherrschung der Termini die Grundlage für das Verständnis biologischer Sachverhalte, Zusammenhänge und Prozesse ist, erweist sich die Begriffsarbeit für den Unterricht im Fach Biologie als zentral«. Und zum Fach Geschichte schreibt Hartung (2013, S. 61): »Geschichtslernen bedeutet zumeist, abstrakte Konzepte […] in weniger abstrakte Begriffe […]

aufzuspalten, diese anhand bereits bekannter Ausdrücke zu differenzieren und zu definieren und zu möglichst sinnhaften Aussagen zu verknüpfen.«

Im Folgenden wird auf die Details der Interventionsstudie eingegangen: Ziel, Stichprobe, Interventionsdesign, Datenerhebung, Datenauswertung, Kontrollvariablen, Datenanalyse und Ergebnisse.

2 Interventionsstudie

2.1 Ziel

Ziel des Projekts ist die Beantwortung der Frage,

- wie sich in der 8. Jahrgangsstufe eines Gymnasiums und einer Gesamtschule
- in den Fächern Biologie und Geschichte
- Lernarrangements, die von der Schriftlichkeit in die Mündlichkeit führen
- und in denen entweder auf die Bildungslexik oder die Fachlexik fokussiert wird,
- auf den Gebrauch dieser Bildungslexik und Fachlexik in mündlichen monologischen Erklärungen
- im Fach, in dem interveniert wurde, und im Fach, in dem nicht interveniert wurde,

auswirken.

2.2 Stichprobe

Die Begleitstudie zur Intervention wurde in einem Gymnasium in Bremen und einer Gesamtschule in Nordrhein-Westfalen in den Fächern Biologie und Geschichte in jeweils zwei Regelklassen der Jahrgangsstufe 8 mit insgesamt 90 Schülerinnen und Schülern durchgeführt. Sie erstreckte sich über drei Monate und umfasste fünf Messzeitpunkte (MZP): 1. Prätest – 2. Lernarrangement mit Intervention – 3. Lernarrangement ohne Intervention – 4. Lernarrangement mit Intervention – 5. Lernarrangement ohne Intervention. Zu jedem MZP wurden, jeweils einen Tag nach der Durchführung des Arrangements, die mündlichen monologischen Erklärungen der Schülerinnen und Schüler videografiert. Die Lernarrangements mit Intervention waren auf die Bildungslexik (»BL«) oder die Fachlexik (»FL«) fokussiert, die Lernarrangements ohne Intervention weder auf die Bildungs- noch auf die Fachlexik.

Da sowohl während als auch nach der Durchführung der Lernarrangements Daten erhoben wurden, wurden bei der Datenauswertung nur die Daten derjenigen Schülerinnen und Schüler einbezogen, die an allen Arrangements teilgenommen hatten, nach jedem Arrangement eine Erklärung vorgetragen hatten und von denen vollständige Einverständniserklärungen der Eltern vorlagen. Das hatte insgesamt 35 Datenausfälle zur Folge (39 %). Tabelle 6.1 zeigt, wie sich die verbliebenen 55 Probandinnen und Probanden auf die Schulform und die Interventionsgruppen verteilten:

Tab. 6.1: Probandinnen und Probanden nach Schulform und Intervention

Schulform	Lernarrangements mit Intervention		Gesamt
	Bildungslexik (BL)	Fachlexik (FL)	
Gymnasium	16	14	30
Gesamtschule	16	9	25
Gesamt	32	23	55

Ein Vergleich der relevanten individuellen Merkmale (vgl. Abschnitt 2.4) zeigte, dass bei keinem Merkmal signifikante Unterschiede zwischen den Interventionsgruppen vorlagen. Gleiches galt für den Gebrauch der BL bzw. der FL im Prätest. Die Ausgangsbedingungen für die beiden Interventionsgruppen waren also vergleichbar.

Der Datensatz beinhaltet 275 videografierte monologische Erklärungen, 44 Interviews, 16 Videoaufnahmen von Gruppenarbeiten und 706 Arbeitsdokumente. Im vorliegenden Beitrag wird allein auf die Ergebnisse zu den videografierten Erklärungen eingegangen. Ergebnisse zu den anderen Daten werden in Steinhoff und Marx (2019) referiert.

2.3 Interventionsdesign

Interventionsstudien sind häufig so angelegt, dass eine Interventionsgruppe mit einer Kontrollgruppe verglichen wird. Unter den komplexen Bedingungen der empirischen Bildungsforschung sind solche Vergleiche allerdings oft aussageschwach, weil die erzielten Ergebnisse nicht unbedingt auf die Qualität der Interventionsmaßnahme zurückzuführen sind und deshalb eine geringe interne Validität aufweisen (Marx & Steinhoff, 2017b). Aussagekräftiger ist demgegenüber ein Vergleich zwischen *zwei Interventionsgruppen*, die weitgehend identisch sind und sich *allein hinsichtlich der unabhängigen Variablen* unterscheiden. Dieser Vergleich erlaubt es, die Veränderung der abhängigen Variablen eindeutig auf die unabhängige Variable zurückzuführen und so eine höhere interne Validität zu erzielen.

Diesem Ansatz folgt auch das Interventionsdesign der TraBi-Studie. Um das Design zu erläutern, wird zunächst der Interventionszyklus beschrieben (▶ Tab. 6.2).

An jeder Schule wurden zwei Interventionsgruppen gebildet. In diesen Gruppen nahmen die Schülerinnen und Schüler an insgesamt fünf Erhebungen teil, die abwechselnd im Biologie- und Geschichtsunterricht stattfanden. Abgesehen vom Prätest durchliefen die Schülerinnen und Schüler bei jeder Erhebung Lernarrangements, die sich auf verschiedene Fachthemen bezogen, aber stets gleich aufgebaut

Tab. 6.2: Interventionszyklus

Gymnasium in Bremen: Fokusfach Biologie, Begleitfach Geschichte				
MZP 1	MZP 2	MZP 3	MZP 4	MZP 5
Prätest	Lernarrangement mit Intervention	Lernarrangement ohne Intervention	Lernarrangement mit Intervention	Lernarrangement ohne Intervention
	(BL oder FL)		(BL oder FL)	
Biologie	Biologie	Geschichte	Biologie	Geschichte

Gesamtschule in NRW: Fokusfach Geschichte, Begleitfach Biologie				
MZP 1	MZP 2	MZP 3	MZP 4	MZP 5
Prätest	Lernarrangement mit Intervention	Lernarrangement ohne Intervention	Lernarrangement mit Intervention	Lernarrangement ohne Intervention
	(BL oder FL)		(BL oder FL)	
Geschichte	Geschichte	Biologie	Geschichte	Biologie

waren. Der einzige systematische Unterschied zwischen den Arrangements bestand darin, dass die Aufmerksamkeit der Schülerinnen und Schüler zu den Interventionen entweder auf die BL oder die FL gelenkt wurde.

Um neben den fachspezifischen auch die fächerübergreifenden Effekte der Intervention zu beleuchten, wurden die beiden Fächer in ein bestimmtes Verhältnis gesetzt. Ein Fach diente als »Fokusfach« (Bremen: Biologie, NRW: Geschichte): Hier wurden die Interventionen durchgeführt. Das andere Fach diente als »Begleitfach« (Bremen: Geschichte, NRW: Biologie): Hier fand keine Intervention statt. So war es möglich, die Auswirkungen der Intervention im Fach Geschichte auf Erklärungen im Fach Biologie und umgekehrt untersuchen.

Im Folgenden wird auf die einzelnen Merkmale der Arrangements eingegangen. Dabei wird an ein heuristisches Modell von Steinhoff (2019) angeknüpft (▶ Abb. 6.1).

In diesem Modell wird davon ausgegangen, dass bildungssprachliche Kompetenzen an den Manifestationen bildungssprachlicher Handlungen auf der sprachlichen Oberfläche abgelesen werden können – allerdings nur dann, wenn zugleich die jeweils relevanten kulturellen Bedingungen und individuellen Ressourcen berücksichtigt werden. Zu den kulturellen Bedingungen werden im Modell Domänen, Funktionen, Wissensbereiche, Aufgaben, Interaktionen und Medien gezählt, zu den individuellen Ressourcen werden kognitive, motivationale und volitionale Ressourcen gerechnet. Die kulturellen Bedingungen werden im Folgenden erläutert. Die individuellen Ressourcen werden in Abschnitt 2.4 thematisiert, bei der Darstellung der flankierenden Daten.

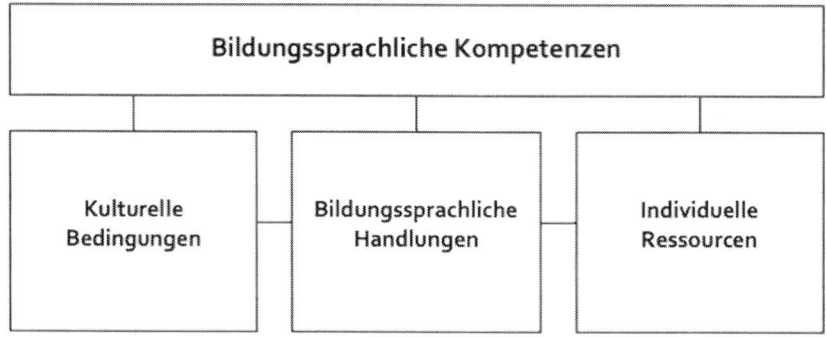

Abb. 6.1: Heuristisches Modell zur Konzeptualisierung bildungssprachlicher Kompetenzkonstrukte
Quelle: T. Steinhoff (2019). Konzeptualisierung bildungssprachlicher Kompetenzen. Anregungen aus der pragmatischen und funktionalen Linguistik und Sprachdidaktik. Zeitschrift für Angewandte Linguistik 71(2), S. 327–352. Hier S. 334.

Domänen

Die Arrangements wurden in der 8. Jahrgangsstufe eines Gymnasiums und einer Gesamtschule in den Fächern Biologie und Geschichte durchgeführt. Diese Jahrgangsstufe und diese Schulformen wurden ausgewählt, weil im Verlauf der Sekundarstufe I curricular der Erwerb relativ elaborierter mündlicher Kompetenzen erwartet wird (MISW NRW, 2008, S. 18; MISW NRW, 2011a, S. 19). Die Fächer wurden ausgewählt, weil sie typische Sachfächer der weiterführenden Schulen sind. In den Projektschulen sind diese Fächer in fächerübergreifende natur- bzw. gesellschaftswissenschaftliche »Bildungspläne« (Bremen) bzw. »Lernbereiche« (NRW) integriert.

Funktionen

Die Arrangements waren auf die kommunikative Funktion des Erklärens ausgerichtet (Gadow, Kulgemeyer & Marx, 2017). Das Erklären wurde ausgewählt, weil es eine »fächer- wie modalitätsübergreifende sprachlich-kommunikative Schlüsselkompetenz« ist (Morek, 2013, S. 71). Ihm wird sowohl im Fach Biologie als auch im Fach Geschichte eine große Bedeutung beigemessen (Feigenspan & Michalak, 2018; Handro, 2013). Die kommunikative Funktion des Erklärens ist dadurch gekennzeichnet, dass jemandem ein »Sachverhalt, Begriff, Zusammenhang oder Prozess« so verdeutlicht wird, »dass er oder sie einen Wissenszuwachs bzw. ein tiefergehendes Verständnis des jeweiligen Erklärgegenstandes (d. h. des *Explanandums*) erlangt« (Morek, 2013, S. 70).

Wissensbereiche

Die Arrangements bezogen sich auf die Vorgaben des Curriculums. In NRW wird im Fach Biologie der 8. Klasse u. a. erwartet, dass sich die Schülerinnen und Schüler »mit dem Lebendigen auf verschiedenen Systemebenen von der Zelle über Organismen bis hin zur Biosphäre« befassen, sich »die wechselseitige Abhängigkeit von Mensch und Umwelt« bewusst machen und »Einblicke in Bau und Funktion des eigenen Körpers« gewinnen (MISW NRW, 2011a, S. 10). Im Fach Geschichte sollen sie u. a. erfahren, »wie menschliche Gesellschaften entstanden sind, wie diese sich in den Dimensionen Zeit und Raum entwickelt haben und welche Entwicklungsprozesse bis in die Gegenwart hinein wirken, gesellschaftliche Verhältnisse prägen und dadurch Urteilen und Handeln der Menschen sowie ihr Planen in die Zukunft beeinflussen.« (MISW NRW, 2011b, S. 11) Im Bundesland Bremen sind die inhaltlichen Schwerpunkte ähnlich.

Die in den Arrangements behandelten Themen waren in den Klassen der Projektschulen für den Erhebungszeitraum vorgesehen und wurden vor den einzelnen MZP auch im Regelunterricht behandelt. Zu drei MZP waren die Themen in den beiden Schulen weitgehend identisch. Zu zwei MZP (beim Prätest und beim letzten Thema im Fach Geschichte) musste schulcurricular bedingten Unterschieden entsprochen werden. Die Reihenfolge der Themen war auf den Interventionszyklus abgestimmt. Sie wird in Tabelle 6.3 dargestellt.

Tab. 6.3: Themen der Lernarrangements

Gymnasium in Bremen: Fokusfach Biologie, Begleitfach Geschichte				
MZP 1 (Prätest) Biologie Blutgruppen	MZP 2 Biologie Immunsystem	MZP 3 Geschichte Französische Revolution	MZP 4 Biologie HIV	MZP 5 Geschichte Napoleon in Deutschland

Gesamtschule in NRW: Fokusfach Geschichte, Begleitfach Biologie				
MZP 1 (Prätest) Geschichte Sklaverei in der Neuzeit	MZP 2 Geschichte Französische Revolution	MZP 3 Biologie Immunsystem	MZP 4 Geschichte Besiedlung Nordamerikas	MZP 5 Biologie HIV

Aufgaben und Interaktionen

Die Arrangements bestanden aus einer Reihe von Aufgaben. Der Großteil dieser Aufgaben war in allen Arrangements identisch (MZP 2 bis 5). Damit sollten für alle Schülerinnen und Schüler ähnlich gute Lernvoraussetzungen geschaffen werden (Marx & Steinhoff, 2017b). Ein Teil der Aufgaben war interventionsspezifisch, d. h. auf die Fokussierung auf die Bildungslexik oder Fachlexik, ausgerichtet (MZP 2 und 4; s. u., »Modi«). Der Interaktionskontext war dadurch gekennzeichnet, dass die Erklärungen an abstrakte und abwesende Adressatinnen und Adressaten mit einem entsprechenden Wissensbedarf gerichtet werden sollten.

Die verschiedenen Aufgaben des Arrangements und der Aufgabenablauf im Fokusfach und Begleitfach sind in Tabelle 6.4 dargestellt.

Tab. 6.4: Teilaufgaben der Lernarrangements

Lernarrangements mit Intervention im Fokusfach (BL oder FL) (MZP 2 & 4)	Lernarrangements ohne Intervention im Begleitfach (MZP 3 & 5)
Arbeitsauftrag	Arbeitsauftrag
Video (nur MZP 2) (BL oder FL)	kein Video
Fachtext (Unterstreichungen) (BL oder FL)	Fachtext (keine Unterstreichungen)
Schreibaufgaben zum Fachtext	Schreibaufgaben zum Fachtext
Schaubild (BL oder FL)	kein Schaubild
Erstellung eines Erklärplans	Erstellung eines Erklärplans
Gruppenarbeit	Gruppenarbeit
Erklärung	Erklärung

Im Folgenden werden die in Tabelle 6.4 genannten Komponenten der Arrangements erläutert. Dabei wird in Klammern und kursiviert darauf hingewiesen, an welche didaktischen Konzepte mit den einzelnen Maßnahmen angeschlossen wurde. Der standardisierte Ablauf der Arrangements wurde durch eine PowerPoint-Präsentation gesichert.

- Arbeitsauftrag (MZP 2 bis 5): Die Probandinnen und Probanden wurden zu Beginn darüber informiert (MZP 2) bzw. später daran erinnert (MZP 3 bis 5), dass der Unterricht Teil einer wissenschaftlichen Studie zum mündlichen Erklären in der 8. Jahrgangsstufe ist. Dann erhielten sie ihren Arbeitsauftrag. Die Arbeitsaufträge waren allesamt gleich aufgebaut. Zum Thema »Immunsystem« etwa lautete der Auftrag: »Erkläre, wie das unspezifische und das spezifische Immunsystem bei der Bekämpfung von Krankheitserregern zusammenwirken und welche besondere Rolle die B-Gedächtniszelle dabei spielt.« Des Weiteren wurden die Probandinnen und Probanden jedes Mal auf den oben erwähnten Interaktionskontext der Erklärung hingewiesen: die Adressierung abstrakter und abwesender Personen mit einem thematischen Wissensbedarf.
- Video (nur MZP 2): Die Probandinnen und Probanden sahen im Rahmen der ersten Intervention ein achtminütiges Video. In diesem Video nahm eine wissenschaftliche Mitarbeiterin die Rolle eines Modells ein (*Modellieren*: Fidalgo, Torrance, Rijlaarsdam, van den Bergh & Alvarez, 2015). Sie trug eine mündliche Erklärung zum Thema des bereits durchgeführten Prätests vor. Die Probandinnen und Probanden waren über das Thema also vorinformiert und hatten bereits eigene Vortragserfahrungen dazu. Anschließend erklärte die Mitarbeiterin, wie sie ihren Vortrag mithilfe genau jenes Lernarrangements vorbereitet hatte, das an-

schließend den Probandinnen und Probanden zur Verfügung gestellt wurde. Die Probandinnen und Probanden erhielten so Gelegenheit, ihr Vorgehen im Prätest mit dem Vorgehen im Video zu vergleichen. Das Video wurde, passend zu den Interventionsgruppen, in zwei Varianten gezeigt. In der Variante für die BL-Gruppe wurden die Aufgaben zur BL (s. u., »Fachtext« und »Schaubild«) thematisiert, in der Variante für die FL-Gruppe die Aufgaben zur FL (s. u., »Fachtext« und »Schaubild«).

- Fachtext (MZP 2 bis 5, aber in unterschiedlichen Varianten): Die Probandinnen und Probanden lasen einen Fachtext. Sämtliche Fachtexte wurden ausgehend von authentischen Schulbuchtexten nach einschlägigen Kriterien der Textverständlichkeitsforschung erstellt (*Textgestaltungsprinzipien*: Dittmar, Schmellentin, Gilg & Schneider, 2017). Die Texte waren ähnlich lang und ähnlich aufgebaut. Sie waren außerdem ähnlich schwierig – gemäß dem »Regensburger Analysetool für Texte« (Wild & Pissarek, n. d.), der »Wiener Satztextformel« (Bamberger & Vanacek, 1984) und den am Ende der Studie per Fragebogen erhobenen Einschätzungen der Schülerinnen und Schülern (siehe Abschnitt 2.4). Sie enthielten des Weiteren sämtliche didaktisierten BL- und FL-Mittel. Die Mittel waren also *bei allen Erhebungen für alle Probandinnen und Probanden zugänglich*. Die Besonderheit der in den Interventionen eingesetzten Fachtexte bestand allein darin, dass die Mittel *unterstrichen* wurden – in der BL-Gruppe die BL-Mittel (z. B. »von entscheidender Bedeutung«) und in der FL-Gruppe die FL-Mittel (z. B. »B-Gedächtniszelle«). Dadurch sollte die Aufmerksamkeit der Lernenden gezielt auf ebenjene Mittel gelenkt werden (*fokussierte Verarbeitung*: Renkl, 2014).
- Schreibaufgaben (MZP 2 bis 5): Die Probandinnen und Probanden bearbeiteten zum Fachtext drei kleine Schreibaufgaben, die sich auf die wichtigsten Inhalte bezogen und der Sicherung des Textverständnisses dienten (*Zusammenfassen*: Philipp, 2017). Wie gut sie die Aufgaben bearbeitet hatten, konnten sie anschließend mithilfe einer Lösungsfolie prüfen.
- Schaubild (MZP 2 und 4): Die Probandinnen und Probanden befassten sich mit einem Schaubild auf einem Arbeitsblatt (s. u., »Modi«). Dieses Schaubild sollte ihre Aufmerksamkeit erneut, aber in anderer Weise auf die BL bzw. FL lenken (*externe Visualisierung*: Renkl & Nückles, 2006). Im BL-Arrangement waren dort die Textprozeduren übersichtlich angeordnet, im FL-Arrangement die Definitionen der Fachtermini. Mithilfe des Schaubilds sollte die BL bzw. FL auf den zuvor gelesenen Fachtext und den anschließend zu erstellenden Erklärplan bezogen werden. Auch hier konnten die Ergebnisse mithilfe einer Lösungsfolie geprüft werden.
- Erklärplan (MZP 2 bis 5): Die Probandinnen und Probanden erstellten auf der Grundlage des bis dahin erworbenen Fach- und Sprachwissens einen »Erklärplan«, d. h. eine schriftliche Skizze zur Vorstrukturierung ihres Vortrags (*epistemisches und materialgestütztes Schreiben*: Schüler, 2017).
- Gruppenarbeit (MZP 2 bis 5): Die Probandinnen und Probanden tauschten sich über ihre Erklärpläne in Kleingruppen aus und überarbeiteten sie (*kollaboratives Lernen*: Johnson & Johnson, 2013).
- Erklärung (MZP 2 bis 5): Die Probandinnen und Probanden trugen, jede und jeder für sich, eine (maximal siebenminütige) mündliche monologische Erklärung vor.

Vor der Durchführung der Lernarrangements fand ein Prätest statt (MZP 1). Die Probandinnen und Probanden erhielten einen Arbeitsauftrag, der den nachfolgenden, oben beschriebenen Arbeitsaufträgen ähnelte und sich auf ein zuvor im Unterricht des Fokusfachs behandeltes Thema bezog. Sie sollten dann die wichtigsten Unterrichtsergebnisse zusammenfassen, einen Erklärplan skizzieren, diesen mündlich in Gruppen besprechen und schließlich eine mündliche monologische Erklärung vorbringen. Die Erhebung dieser Erklärungen erlaubte es, die Klassen auf ihre Vergleichbarkeit sowie den Lernzuwachs während der Intervention zu prüfen.

Medien

Alle Arrangements führten vom Medium der Schriftlichkeit in das Medium der Mündlichkeit: Die ersten Aufgaben waren schriftlich zu realisieren, die letzten mündlich. Das am Ende erwartete Format, die mündliche monologische Erklärung, bot sich aus verschiedenen Gründen an:

- Da Erklärvideos auf Internetportalen bei Schülerinnen und Schülern sehr beliebt sind, kann angenommen werden, dass die Probandinnen und Probanden solche Formate kennen und motiviert sind, ihre Kompetenzen abzurufen.
- Da die Erklärungen monologisch vorzubringen waren, war es möglich, die mündlichen Äußerungen der Probandinnen und Probanden – im Unterschied zu einem Gespräch – eindeutig dem betreffenden Individuum zuzuschreiben und diverse potentielle Störfaktoren auszuschließen.
- Da die erwartete Erklärung eine schriftlich-mündliche ›Hybridform‹ ist, konnte den Probandinnen und Probanden glaubhaft vermittelt werden, dass sowohl die schriftliche Vorbereitung als auch das bildungssprachliche Handeln sinnvoll ist. Des Weiteren konnte ihnen bewusst gemacht werden, dass sie ihr sprachliches Handeln an wesentliche Bedingungen der mündlichen Kommunikation anpassen müssen. Die Erklärungssituation war aufgrund ihrer Monologizität und des Erhebungskontextes (siehe Abschnitt 2.4) zwar nicht prototypisch medial mündlich, wies aber wesentliche Merkmale der mündlichen Kommunikation auf, vor allem die Kurzlebigkeit von Körperbewegungen, die Flüchtigkeit von Lauten, die Zeitlichkeit des Gesagten (Reihung der Äußerungen) und die Multimodalität der zur Verfügung stehenden Zeichen (u. a. Mimik, Gestik und Körperhaltung) (Fiehler, 2015).

Bildungssprachliche Handlungen

Die Unterschiede zwischen den Interventionsgruppen ergaben sich aus der Fokussierung auf die BL und die FL. Diese Fokussierung wurde im Fachtext und im Schaubild vorgenommen.

In der BL-Interventionsgruppe wurde auf die BL fokussiert. Die Operationalisierung der BL wurde mit Bezug zur gestellten Aufgabe, zum Konzept der Textprozeduren und zu einschlägigen Forschungsergebnissen zum Erklären (u. a. Kiel, 1999; Morek, 2013) vorgenommen. Hieraus resultierte eine Zusammenstellung von elf

Textprozeduren: ›Thematisieren‹, ›Orientieren‹, ›Gliedern‹, ›Definieren‹, ›Begründen‹, ›Exemplifizieren‹, ›Schlussfolgern‹, ›Vergleichen‹, ›Hervorheben‹, ›Präzisieren‹ und ›Zusammenfassen‹.

In den Fachtexten wurde die Fokussierung durch eine *Unterstreichung der Ausdrücke* realisiert. Beim Hervorheben im Fach Biologie zum Thema Immunsystem geschah dies z. B. wie folgt:

Fachtext:
»<u>Von entscheidender Bedeutung</u> für die anhaltende Gesundheit des Menschen ist die B-Gedächtniszelle.«

Auf dem Schaubild wurde die Fokussierung wie folgt vorgenommen: Die Textprozeduren wurden aus didaktischen Gründen als »Tricks« bezeichnet und als *Kombinationen aus dem betreffenden Schema und zwei dafür typischen Ausdrücken* dargestellt:

Schaubild:
»Hinweistrick«
Man kündigt an, dass eine wichtige Information folgt. ☐

- … besonders hervorzuheben … ☐
- … von entscheidender Bedeutung … ☐

☐ Text ☐ Plan«

Da im regulären Unterricht die FL im Vordergrund steht, wurde die Reflexion der BL auf dem Schaubild durch zwei zusätzliche Maßnahmen angeregt: eine Zuordnung der Textprozeduren zu einer groben Superstruktur (»Einleitung«, »Hauptteil«, »Schluss«) und zwei Kästchen (»Text«, »Plan«), die die Probandinnen und Probanden dann ankreuzen konnten, wenn sie die Textprozeduren im Fachtext identifiziert bzw. in ihren Erklärplan integriert hatten.

In der FL-Interventionsgruppe wurde zu Vergleichszwecken auf die FL fokussiert. Dafür wurden zu jedem Thema elf relevante Fachtermini bestimmt. Beim Thema »Immunsystem« etwa waren dies die Termini »Schleimhäute«, »Immunsystem«, »spezifisches Immunsystem«, »Flimmerhärchen«, »unspezifisches Immunsystem«, »Makrophagen«, »T-Helferzellen«, »B-Lymphozyten«, »Antikörper«, »T-Killerzellen« und »B-Gedächtniszelle«. In den Fachtexten wurde die Fokussierung auf die FL, wie bei der BL, durch eine *Unterstreichung der Fachtermini* vorgenommen:

Fachtext:
»Von entscheidender Bedeutung für die anhaltende Gesundheit des Menschen ist die <u>B-Gedächtniszelle</u>.«

Auf dem Schaubild wurde die Fokussierung auf die FL vorgenommen, indem elf *Definitionen* zusammengestellt wurden, denen die Probandinnen und Probanden die in Fachtexten unterstrichenen Termini zuordnen sollten:

Schaubild:
»Zelltyp, der sich die Oberflächenstruktur von Erregern ›merken‹ kann.
«

2.4 Datenerhebung

Die Datenerhebung fand zwischen Februar und April 2017 statt. Die sich an den Prätest anschließenden Lernarrangements (MZP 2 bis 5) nahmen 90 Minuten in Anspruch, mit Ausnahme der ersten Intervention (MZP 2): Da dort erstmals der Ablauf des Arrangements erläutert und das Video gezeigt wurde, wurden 180 Minuten benötigt. Die Erklärungen der Schülerinnen und Schüler wurden jeweils am Tag nach der Durchführung des Arrangements videografiert.

Um potentiell relevante individuelle Faktoren zu berücksichtigen, wurden verschiedene flankierende Daten erhoben. Einige dieser Daten betreffen projektrelevante individuelle kognitive, motivationale und volitionale Ressourcen. Mittels des standardisierten und normierten Lesegeschwindigkeits- und -verständnistests (LGVT: Schneider, Schlagmüller & Ennemoser, 2007) wurden das Leseverständnis und die Lesegeschwindigkeit der Teilnehmenden getestet. Mittels eines eigens erstellten Fragebogens wurden außerdem Merkmale zu Schulnoten, zu Familiensprachen (Marx, 2017), zur Affinität zu den Fächern Biologie und Geschichte, zur Affinität zum öffentlichen Sprechen und zur Schwierigkeit der eingesetzten Fachtexte erhoben. Da sich einige Fragen retrospektiv auf die Arrangements bezogen, wurde die Fragebogenerhebung erst am Ende der Intervention durchgeführt.

Die Erklärungen wurden für jede Probandin und jeden Probanden einzeln und außerhalb des Unterrichts durchgeführt. Die Probandin oder der Proband saß in einem Klassenzimmer an einem Tisch und trug ihre bzw. seine Erklärung vor. Die einzige weitere Person im Raum war die Versuchsleiterin bzw. der Versuchsleiter. Sie bzw. er saß von der Probandin oder dem Probanden abgewandt in einer Ecke des Raums und hörte mit Kopfhörern Musik, war also, anders als in einem Gespräch, kein Ko-Aktant. Die Probandin oder der Proband richtete sich also, ähnlich wie in einem YouTube-Video, an ein nicht anwesendes Publikum.

Im Gymnasium in Bremen wurden zudem zu den MZP 2 bis 5 sowohl im BL- als auch im FL-Arrangement je zwei Kleingruppen beim Besprechen der Erklärpläne videografiert (16 Videos). Die Schülerinnen und Schüler der beiden BL-Kleingruppen wurden überdies nach der Aufnahme leitfadengestützt zum Lernarrangement befragt und videografiert (44 Videos). Die Videodaten werden derzeit qualitativ ausgewertet. Gleiches gilt für die zu allen MZP erhobenen Arbeitsdokumente.

2.5 Datenauswertung

Die erhobenen 275 Erklärvideos wurden mithilfe des Verfahrens der halbinterpretativen Arbeitstranskription (HIAT; Ehlich & Rehbein, 1976) transkribiert, mit dem Korpusanalyseprogramm EXMERaLDA aufbereitet und hinsichtlich des Gebrauchs der BL und der FL ausgewertet.

Um den Gebrauch der BL zu untersuchen, wurden die Erklärungen hinsichtlich der elf Textprozeduren untersucht, die im BL-Arrangement didaktisiert worden waren. Dabei wurde nicht der Einsatz bestimmter *Ausdrücke* (z. B. »von entscheidender Bedeutung«), sondern das Vorkommen der betreffenden *Schemata* (z. B. Hervorheben) geprüft. Damit wurde der in Kapitel 1 ausgeführten Einsicht entsprochen, dass für die Einschätzung des bildungslexikalischen Gehalts von Äußerungen das *sprachliche Handeln* maßgeblich ist: dass man thematisiert, orientiert, gliedert etc. Wenn in einer Erklärung ein Schema mindestens einmal realisiert wurde (Schema*type*), wurde ein Punkt vergeben. Für jede Erklärung konnten somit maximal elf Punkte als Summenwert vergeben werden.

Um den Gebrauch der FL zu bestimmen, wurden die Erklärungen hinsichtlich der elf Fachtermini untersucht, die im FL-Arrangement didaktisiert worden waren. Wenn in einer Erklärung ein Fachterminus mindestens einmal grammatisch und inhaltlich korrekt gebraucht wurde, wurde ein Punkt vergeben. Grammatisch wurden alle usuellen Flexionsformen des Terminus akzeptiert. Inhaltlich wurden diejenigen Verwendungen akzeptiert, die mit den Terminusdefinitionen harmonierten (z. B. B-Gedächtniszelle: »Zelltyp, der sich die Oberflächenstruktur von Erregern ›merken‹ kann.«). Auch beim Gebrauch der FL wurden für jede mündliche monologische Erklärung maximal elf Punkte im Summenwert vergeben.

2.6 Kontrollvariablen

Vor der statistischen Auswertung der Daten wurde geprüft, ob allein die Intervention (BL oder FL) einen Einfluss auf den Gebrauch der BL und FL in den Erklärungen hatte oder ob es Störvariablen gab. Dazu wurden für jeden MZP systematische Zusammenhänge zwischen den Summenwerten der Schematypes sowie der Fachtermini und weiteren Prädiktoren untersucht. Es zeigte sich, dass im Gymnasium insgesamt mehr Schemata und Fachtermini als in der Gesamtschule gebraucht wurden. Gleiches zeigte sich beim Vergleich von Schülerinnen und Schülern mit hoher und niedriger Deutschnote.

Da diese Zusammenhänge die Ergebnisse hätten verzerren können, wurden die Variablen Schulform und Deutschnote in die Analyse einbezogen. Bei den weiteren individuellen Faktoren (Ergebnis des LGVT, Familiensprache, Geschichtsnote u. a.) zeigten sich keine systematischen Zusammenhänge mit dem Gebrauch der BL und FL. Sie wurden daher bei der Analyse nicht weiter berücksichtigt.

2.7 Datenanalyse

Im Anschluss an die Auswertung wurden die Daten mit der verallgemeinerten Schätzungsgleichung (*Generalised Estimating Equations*, GEE) in der Statistiksoftware SPSS 25 analysiert. Dieses Verfahren erlaubt eine statistische Analyse abhängiger Variablen verschiedener Skalenniveaus, Ausprägungen und Verteilungen (z. B. dichotom oder polytom, normalverteilt oder nicht normalverteilt) und intraindividuell korrelierter Merkmale (Messwiederholung) (für Details vgl. Steinhoff & Marx, 2019).

2.8 Ergebnisse

Im Folgenden werden die Ergebnisse zum Gebrauch der BL und FL in den Erklärungen der Schülerinnen und Schüler vorgestellt. Damit wird auf die eingangs gestellte Forschungsfrage geantwortet: Wie wirken sich in der 8. Jahrgangsstufe eines Gymnasiums und einer Gesamtschule in den Fächern Biologie und Geschichte Lernarrangements, die von der Schriftlichkeit in die Mündlichkeit führen und in denen auf die Bildungslexik oder die Fachlexik fokussiert wird, auf den Gebrauch dieser Bildungslexik und Fachlexik in mündlichen monologischen Erklärungen im Fach, in dem interveniert wird (»Fokusfach«), und im Fach, in dem nicht interveniert wird (»Begleitfach«), aus?

Gebrauch der Bildungslexik

Die Ergebnisse zum Gebrauch der BL sind in Abbildung 6.2 dargestellt:

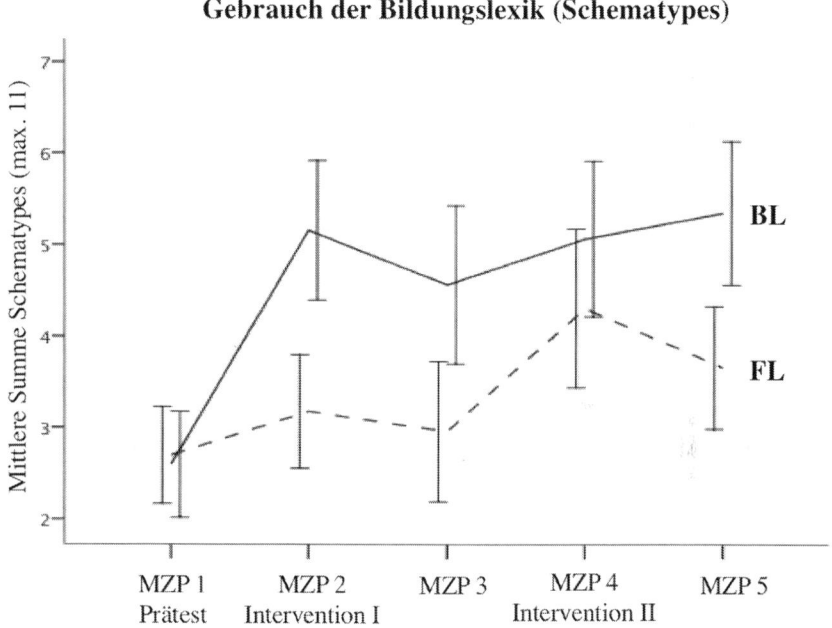

Abb. 6.2: Gebrauch der Bildungslexik (Schematypes) in beiden Gruppen (Gruppenmittelwerte und 95 %-Konfidenzintervalle zu den fünf Messzeitpunkten)

Beide Interventionsgruppen verwendeten im Verlauf der Untersuchung mehr Schematypes, also mehr unterschiedliche Schemata. Dieser Zuwachs begann in der BL-Gruppe früher (MZP 2) als in der FL-Gruppe (MZP 4). Für die Forschungsfrage entscheidend sind allerdings die Unterschiede, die sich zwischen den Gruppen zu den einzelnen Messzeitpunkten zeigen. Obwohl beim Prätest keine Unterschiede zwischen den Gruppen zu verzeichnen waren (Steigungskoeffizient für BL: $b = 0.143$; $p = 0.718$), erzielte die BL-Gruppe, unter Kontrolle möglicher Kovariaten, zu MZP 2 ($b = 2.084, p \leq 0.001$), MZP 3 ($b = 1.708, p \leq 0.001$) und MZP 5 ($b = 1.793; p \leq 0.001$)

signifikant höhere Werte als die FL-Gruppe. Ab dem MZP 2 wurden in der BL-Gruppe im Durchschnitt zwei Schematypes mehr als in der FL-Gruppe gebraucht. Besonders zu betonen sind die Unterschiede zwischen den beiden Gruppen zu den MZP 3 und 5 im Begleitfach: Obwohl dort nicht auf die Bildungslexik fokussiert wurde, gebrauchte die BL-Gruppe mehr Schematypes als die FL-Gruppe.

Gebrauch der Fachlexik

Die Ergebnisse zum Gebrauch der FL sind in Abbildung 6.3 dargestellt:

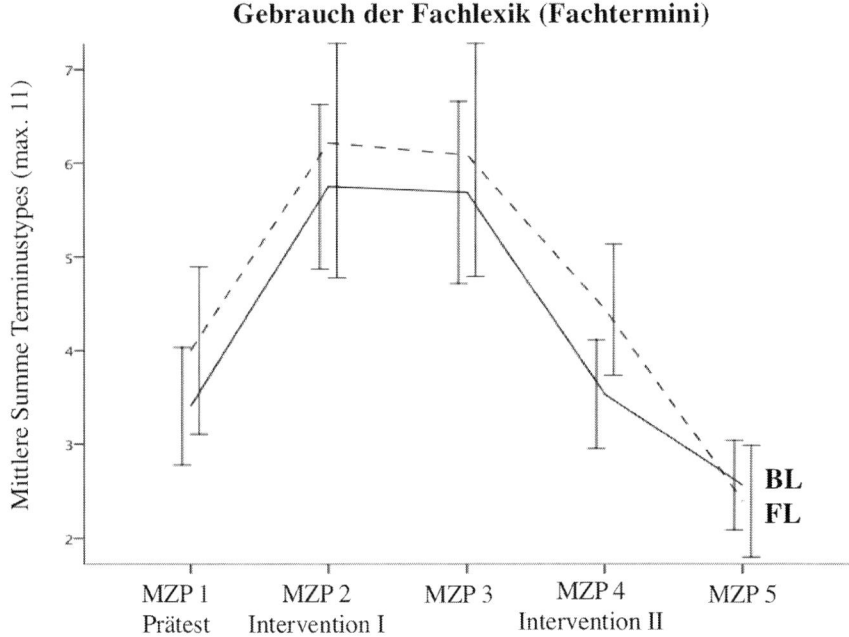

Abb. 6.3: Gebrauch der Fachlexik (Fachtermini) in beiden Gruppen (Gruppenmittelwerte und 95 %-Konfidenzintervalle zu den fünf Messzeitpunkten)

Beide Gruppen verwendeten im Verlauf der Untersuchung nicht mehr Fachtermini als beim Prätest. Nach einem leichten und für beide Gruppen signifikanten Anstieg zu den MZP 2 und 3 nahm der Gebrauch wieder ab. Dieser U-förmige Verlauf der Summenwerte wird an anderer Stelle erläutert (Steinhoff & Marx, 2019). Was den Gebrauch der Fachtermini zu den einzelnen Messzeitpunkten angeht, zeigte sich zwischen den beiden Gruppen kein Unterschied im Verlauf der Summenmittelwerte über die Zeit (Interaktionseffekte: $b = -0.126$ bis -0.765; $p = 0.830$ bis 0.198). Wenn der Gebrauch der Fachtermini stieg oder fiel, so geschah dies in beiden Gruppen. Die FL-Gruppe gebrauchte also nicht mehr Fachtermini als die BL-Gruppe.

3 Interpretation

Die Ergebnisse zeigen, dass bereits eine *minimale Fokussierung* auf die Bildungslexik (Unterstreichen im Fachtext und Thematisieren in einem Schaubild) *direkt und anhaltend* zu einem *höheren Gebrauch* dieser Lexik in der Mündlichkeit führt als eine Fokussierung auf die Fachlexik. Das kann unterschiedliche Gründe haben. Ein erster möglicher Grund ist, dass durch die Fokussierung eine *produktive Reflexion* über die Bildungslexik bewirkt wird, etwa durch Prozesse der »Deautomatisierung«, »Dekontextualisierung« und »Distanzierung« (Bredel, 2013). Ein zweiter möglicher Grund ist, dass die Fokussierung den Erwerb von Strategien für das hierarchiehohe Lesen der Fachtexte bzw. Planen und Realisieren der mündlichen Erklärungen unterstützt (Philipp, 2017).

Bemerkenswert ist, dass sich der höhere Gebrauch der Bildungslexik nicht nur im Fokusfach, sondern auch im *Begleitfach* zeigte. Die bildungslexikalischen Mittel konnten also auch ohne erneute Fokussierung von einem Sachfach in ein anderes Sachfach – sogar von einem natur- in ein gesellschaftswissenschaftliches Fach und vice versa – *transferiert* werden. Das wurde eventuell dadurch begünstigt, dass die Lernarrangements fächerübergreifend gleich gestaltet waren.

Überraschend ist, dass die Fokussierung auf die Fachlexik *nicht* zu einem höheren Gebrauch dieser Lexik führte. Die Fokussierung der Bildungslexik ging also *nicht* zu Lasten des Gebrauchs der Fachlexik. Auch dafür kann es unterschiedliche Gründe geben. Denkbar ist, dass die Schülerinnen und Schüler in der 8. Jahrgangsstufe durch den bisherigen Fachunterricht bereits so darin geübt sind, sich mit der Fachlexik von Fachtexten auseinanderzusetzen, dass eine Fokussierung auf diese Lexik weitgehend wirkungslos ist. Warum zu den MZP 4 und 5 in beiden Gruppen deutlich weniger Fachlexik als zu den MZP 2 und 3 gebraucht wurde, ist im Kontext der erhobenen Kovariaten nicht erklärbar. Unterschiede in der Textschwierigkeit können dafür nicht ursächlich sein, da alle Texte, wie dargelegt, ähnlich anspruchsvoll waren. Auch an nachlassender Motivation kann es nicht gelegen haben, weil dann auch der Gebrauch der Bildungslexik zu diesen MZP hätte zurückgehen müssen. Die zuvor beschriebenen Auswirkungen der Intervention werden durch dieses Ergebnis aber ohnehin nicht tangiert, weil sie in beiden Interventionsgruppen und beiden Schulen festgestellt wurden.

Welche Anschlussfragen resultieren aus diesen Ergebnissen nun für die Forschung, auch und gerade im BiSS-Kontext?

1. Warum führt die Fokussierung auf die Fachlexik nicht zu einem höheren Gebrauch dieser Lexik? Um zu prüfen, ob dies auf die Erfahrung der Schülerinnen und Schüler im Umgang mit der Fachlexik zurückzuführen ist, müsste eine vergleichbare Studie mit jüngeren Schülerinnen und Schülern durchgeführt werden. Um zu prüfen, ob dafür die Fokussierung auf die Bildungslexik ausschlaggebend ist, müssten introspektive, synchrone Daten zu den Prozessen erhoben werden.
2. Wie wirkt sich die Fokussierung auf die Bildungslexik bzw. die Fachlexik auf die fachliche Qualität der mündlichen Erklärungen aus? Dafür müsste ein geeignetes

Ratingverfahren entwickelt werden. Ein solches Verfahren existiert unseres Wissens allerdings bislang weder in der Biologie- noch in der Geschichtsdidaktik.
3. Wie wirkt sich die Fokussierung auf die Bildungslexik bzw. Fachlexik in anderen Sachfächern, anderen Schulformen, anderen Jahrgangsstufen und bei anderen fächerübergreifend relevanten Handlungsmustern aus, etwa beim Argumentieren oder Beschreiben?
4. Wie wirkt sich die Fokussierung auf die Bildungslexik bzw. Fachlexik unter den Bedingungen eines am Lernarrangement orientierten Strategietrainings aus?

Was lässt sich aus den Ergebnissen für den Unterricht ableiten, auch und gerade im BiSS-Kontext?

1. Ein Transfer der Bildungslexik von der Schriftlichkeit in die Mündlichkeit ist möglich. Schülerinnen und Schüler sind in der Lage, bildungslexikalische Mittel, auf die sie im Rahmen von Lernarrangements beim Lesen und Schreiben aufmerksam gemacht werden, in mündlichen monologischen Erklärungen zu verwenden.
2. Die für diesen Transfer zu leistende Fokussierung auf die Bildungslexik ist vergleichsweise unaufwändig. Es genügt, die Bildungslexik in den Fachtexten zu unterstreichen und sie in einem Schaubild zu thematisieren. Bei der Gestaltung der Lernarrangements kann man sich an den in diesem Projekt entwickelten Arrangements orientieren (vgl. Steinhoff & Marx, 2019). Der größte Aufwand ist dabei mit den Fachtexten verbunden. Schulbuchtexte sind nach den im Projekt gesammelten Eindrücken oftmals nicht explizit genug, um damit systematisch auf die Bildungslexik zu fokussieren. Diese Texte müssen deshalb entweder arbeits- und zeitintensiv optimiert oder durch geeignete Texte aus anderen Kontexten ersetzt werden.
3. Die Fokussierung der Bildungslexik ist nicht nur sachfachspezifisch, sondern auch sachfächerübergreifend wirksam – sogar zwischen den Natur- und Gesellschaftswissenschaften. Wenn Schülerinnen und Schüler im Biologieunterricht darauf aufmerksam gemacht werden, wie man mit bildungslexikalischen Mitteln erklärt, können sie davon auch im Geschichtsunterricht profitieren und vice versa.
4. Damit ein Transfer der Bildungslexik von der Schriftlichkeit in die Mündlichkeit innerhalb eines Sachfachs und zwischen Sachfächern gelingt, sollten sich die Lehrkräfte im Unterricht nicht allein auf formal- und fachsprachliche Phänomene konzentrieren, sondern auch das sprachliche Handeln und seine Zwecke thematisieren – ganz im Sinne einer, wenn man so will, ›funktionalen Bildungssprachdidaktik‹. Ein erfolgreicher Transfer setzt vermutlich voraus, dass das Lernen in beiden Fächern ähnlich angeleitet wird, und erfordert mithin eine intensive fächerübergreifende Zusammenarbeit. Dieser Arbeitsaufwand aber dürfte sich mittel- und langfristig rentieren, weil die Lernarrangements in allen Sachfächern zu Übungszwecken immer wieder von neuem eingesetzt werden können, vor allem aber deshalb, weil die Schülerinnen und Schüler so ihre mündlichen fachkommunikativen Kompetenzen erfolgreich ausbauen können.

Literatur

Anskeit, N. (2019). *Schreibarrangements in der Primarstufe. Eine empirische Untersuchung zum Einfluss der Schreibaufgabe und des Schreibmediums auf argumentative und deskriptive Texte und Schreibprozesse in der 4. Klasse.* Berlin, New York: Waxmann.

Bamberger, R. & Vanecek, E. (1984). *Lesen – Verstehen – Lernen – Schreiben. Die Schwierigkeitsstufen von Texten in deutscher Sprache.* Wien: Jugend und Volk Verlagsgesellschaft.

Bredel, U. (2013). *Sprachbetrachtung und Grammatikunterricht* (2., durchges. Aufl.). Paderborn: UTB.

Dittmar, M., Schmellentin, C., Gilg, E. & Schneider, H. (2017). Kohärenzaufbau aus Text-Bild-Gefügen: Wissenserwerb mit schulischen Fachtexten. *Leseforum*, 2017(1), 1–19. Verfügbar unter: https://www.forumlecture.ch/sysModules/obxLeseforum/Artikel/579/2017_1_Dittmar_et%20al.pdf [06.06.2019].

Drumm, S. (2017). Gemischte Zeichenkomplexe verstehen: Arbeiten mit Sachtexten im Fach Biologie. In: B. Ahrenholz, B. Hövelbrinks & C. Schmellentin (Hrsg.), *Fachunterricht und Sprache in schulischen Lehr-/Lernprozessen* (S. 37–53). Tübingen: Narr Francke Attempto.

Ehlich, K. & Rehbein, J. (1976). Halbinterpretative Arbeitstranskriptionen (HIAT). *Linguistische Berichte*, 45, 21–41.

Feigenspan, K. & Michalak, M. (2018). Sprachbewusster Biologieunterricht durch Scaffolding. In: U. Spörhase & W. Ruppert (Hrsg.), *Biologie-Methodik. Handbuch für die Sekundarstufe I und II* (4., überarb. Aufl., S. 94–99). Berlin: Cornelsen Scriptor.

Feilke, H. (2010). »Aller guten Dinge sind drei« – Überlegungen zu Textroutinen und literalen Prozeduren. In: I. Bons, T. Gloning & D. Kaltwasser (Hrsg.): *Fest-Platte für Gerd Fritz* (S. 1–23). Gießen: Universität Gießen. Verfügbar unter: http://www.festschrift-gerd-fritz.de/files/feilke_2010_literale-prozeduren-und-textroutinen.pdf [06.06.2019].

Fidalgo, R., Torrance, M., Rijlaarsdam, G., van den Bergh, H. & Alvarez, M. L. (2015). Strategy-focused writing instruction: Just observing and reflecting on a model benefits 6th grade students. *Contemporary Educational Psychology*, 41, 37–50.

Fiehler, R. (2015). Mündliche Kommunikation. In: M. Becker-Mrotzek (Hrsg.), *Mündliche Kommunikation und Gesprächsdidaktik* (3., unveränd. Aufl., S. 25–51). Baltmannsweiler: Schneider Hohengehren.

Gadow, A., Kulgemeyer, C. & Marx, N. (2017). Wenn »Erklären« nicht gleich »Erklären« ist. Eine Diskursanalyse schulischer Interaktion aus physikdidaktischer und funktionalpragmatischer Perspektive. In: E. Tschirner, K. Cothrun & J. Möhring (Hrsg.), *Deutsch als zweite Bildungssprache in den MINT-Fächern* (S. 55–74). Tübingen: Stauffenburg.

Gätje, O., Krelle, M., Behrens, U. & Grundler, E. (2016). Präsentieren als literale Kompetenz? *Leseforum*, 2016, 1. Verfügbar unter: https://www.leseforum.ch/myUploadData/files/2016_1_Gaetje_et_al.pdf [06.06.2019].

Gogolin, I. & Duarte, J. (2016). Bildungssprache. In: J. Kilian, B. Brouër & D. Lüttenberg (Hrsg.), *Handbuch Sprache in der Bildung* (S. 478–499). Berlin, Boston: de Gruyter.

Handro, S. (2013). Sprache und historisches Lernen. Dimensionen eines Schlüsselproblems des Geschichtsunterrichts. In: M. Becker-Mrotzek, K. Schramm, E. Thürmann & H. J. Vollmer (Hrsg.), *Sprache im Fach. Sprachlichkeit und fachliches Lernen* (S. 317–333). Münster, New York, München & Berlin: Waxmann.

Hartung, O. (2013). *Geschichte Schreiben Lernen. Empirische Erkundungen zum konzeptionellen Schreibhandeln im Geschichtsunterricht.* Berlin: LIT Verlag.

Heppt, B. (2016). *Verständnis von Bildungssprache bei Kindern mit deutscher und nicht-deutscher Familiensprache.* Berlin: Humboldt-Universität zu Berlin. Verfügbar unter: https://edoc.hu-berlin.de/bitstream/handle/18452/18186/heppt.pdf?sequence=1&isAllowed=y [06.06.2019].

Johnson, D. W. & Johnson, R. T. (2013). The impact of cooperative, competitive, and individualistic learning environments on achievement. In: J. Hattie & E. Anderman (Hrsg.), *International handbook of student achievement* (S. 372–374). New York: Routledge.

Kiel, E. (1999). *Erklären als didaktisches Handeln.* Würzburg: Ergon.

Leisen, J. (2015). »Fachlernen und Sprachlernen! Bringt zusammen, was zusammen gehört!«. *Der mathematische und naturwissenschaftliche Unterricht*, 3, 132–137.

Marx, N. (2017). Schreibende mit nichtdeutscher Familiensprache. In: M. Becker-Mrotzek, J. Grabowski & T. Steinhoff (Hrsg.), *Forschungshandbuch empirische Schreibdidaktik* (S. 139–152). Münster/New York: Waxmann.

Marx, N. (2018). Förderung, aber welchen Inhalts? – Didaktische Perspektiven auf Bildungssprache im DaF-Unterricht. *InfoDaF, 45*(4), 401–422.

Marx, N. & Steinhoff, T. (2017a). *Schreibförderung in der multilingualen Orientierungsstufe. Zur Wirksamkeit des wiederholten Einsatzes unterschiedlich profilierter Revisionsarrangements auf die Textproduktion von Schülerinnen und Schülern der 6. Jahrgangsstufe in Oberschulen, Gesamtschulen und Gymnasien in den Erstsprachen Deutsch und Türkisch und in der Zweitsprache Deutsch. Schlussbericht zu dem vom BMBF geförderten Forschungsprojekt. Projektlaufzeit: 10.2013–09.2016.* Verfügbar unter: https://www.tib.eu/de/suchen/id/TIBKAT%3A886945909/ [06.06.2019].

Marx, N. & Steinhoff, T. (2017b). Unterrichtsbezogene Interventionen. In: M. Becker-Mrotzek, J. Grabowski & T. Steinhoff (Hrsg.), *Forschungshandbuch empirische Schreibdidaktik* (S. 253–266). Münster, New York: Waxmann.

Ministerium für Schule und Weiterbildung des Landes Nordrhein-Westfalen (2008). *Kernlehrplan für das Gymnasium – Sekundarstufe I – in Nordrhein-Westfalen. Biologie.* Verfügbar unter: https://www.schulentwicklung.nrw.de/lehrplaene/lehrplan/146/gym8_biologie.pdf [06.06.2019].

Ministerium für Schule und Weiterbildung des Landes Nordrhein-Westfalen (2011a). *Naturwissenschaften. Biologie, Chemie, Physik. Kernlehrplan für die Gesamtschule – Sekundarstufe I in Nordrhein-Westfalen.* Verfügbar unter: http://www.schulentwicklung.nrw.de/lehrplaene/upload/klp_SI/GE/NW/GE_NW_Bio_Che_Phy_Endfassung.pdf [01.06.2019].

Ministerium für Schule und Weiterbildung des Landes Nordrhein-Westfalen (2011b). *Gesellschaftslehre. Erdkunde, Geschichte, Politik. Kernlehrplan für die Gesamtschule – Sekundarstufe I in Nordrhein-Westfalen.* Frechen. Verfügbar unter: http://www.schulentwicklung.nrw.de/lehrplaene/upload/lehrplaene_download/gesamtschule/GE_Gesellschaftslehre_Endfassung.pdf [01.06.2019].

Morek, M. (2013). Erklären. In: B. Rothstein & C. Müller (Hrsg.), *Kernbegriffe der Sprachdidaktik Deutsch. Ein Handbuch* (S. 70–72). Baltmannsweiler: Schneider.

Morek, M. & Heller, V. (2012). Bildungssprache – Kommunikative, epistemische, soziale und interaktive Aspekte ihres Gebrauchs. *Zeitschrift für angewandte Linguistik, 57*(1), 67–101.

Ortner, H. (2009). Rhetorisch-stilistische Eigenschaften der Bildungssprache. In: U. Fix, A. Gardt & J. Knape (Hrsg.), *Rhetorik und Stilistik*. Band 2 (S. 2227–2240). Berlin, New York: de Gruyter.

Philipp, M. (2017). Entwicklung hierarchiehoher Leseprozesse. In: M. Philipp (Hrsg.): *Handbuch Schriftspracherwerb und weiterführendes Lesen und Schreiben* (S. 67–83). Weinheim: Beltz Juventa.

Pohl, T. (2006). Projektskizze Sekundäre Literalisierung/Distanzsprachliche Sozialisierung. *Symposion Deutschdidaktik Mitgliederbrief, 18*, 2–5. Verfügbar unter: http://symposion-deutschdidaktik.de/fileadmin/dateien/downloads/verein/mitgliederbriefe/SDDNewsletter18.pdf [06.06.2019].

Pohl, T. (2016). Die Epistemisierung des Unterrichtsdiskurses – ein Forschungsrahmen. In: E. Tschirner, O. Bärenfänger & J. Möhring (Hrsg.), *Deutsch als fremde Bildungssprache. Das Spannungsfeld von Fachwissen, sprachlicher Kompetenz, Diagnostik und Didaktik* (S. 45–70). Tübingen: Stauffenburg.

Redder, A. (2016). Theoretische Grundlagen der Wissenskonstruktion im Diskurs. In: J. Kilian, B. Brouër & D. Lüttenberg (Hrsg.), *Handbuch Sprache in der Bildung* (S. 297–318). Berlin, Boston: de Gruyter.

Renkl, A. (2014). Lernaufgaben zum Erwerb prinzipienbasierter Fertigkeiten: Lernende nicht nur aktivieren, sondern aufs Wesentliche fokussieren. In: B. Ralle, S. Prediger, M. Hammann & M. Rothgangel (Hrsg.), *Lernaufgaben entwickeln, bearbeiten und überprüfen. Ergebnisse und Perspektiven fachdidaktischer Forschung* (S. 12–22). Münster: Waxmann.

Renkl, A. & Nückles, M. (2006). Lernstrategie der externen Visualisierung. In: H. Mandl & H. F. Friedrich (Hrsg.), *Handbuch Lernstrategien* (S. 135–147). Göttingen: Hogrefe.

Rüßmann, L., Steinhoff, T., Marx N. & Wenk, A. K. (2016). Schreibförderung durch Sprachförderung? Zur Wirksamkeit sprachlich profilierter Schreibarrangements in der mehrsprachigen Sekundarstufe I unterschiedlicher Schulformen. *Didaktik Deutsch*, 40(1), 41–59. Verfügbar unter: http://www.didaktik-deutsch.de/wp-content/uploads/2016/04/Abstract_Ruessmann_et_al_Heft40-1.pdf [06.06.2019].

Schneider, W., Baumert, J., Becker-Mrotzek, M., Hasselhorn, M., Kammermeyer, G., Rauschenbach, T., Roßbach, H.-G., Roth, H.-J., Rothweiler, M. & Stanat, P. (2012). *Expertise Bildung durch Sprache und Schrift (BiSS) (Bund-Länder-Initiative zur Sprachförderung, Sprachdiagnostik und Leseförderung)*. Verfügbar unter: http://www.biss-sprachbildung.de/pdf/BiSS-Expertise.pdf [06.06.2019].

Schneider, W., Schlagmüller, M. & Ennemoser, M. (2007). *LGVT 6–12: Lesegeschwindigkeits- und -verständnistest für die Klassen 6–12*. Göttingen: Hogrefe.

Schüler, L. (2017). *Materialgestütztes Schreiben argumentierender Texte. Untersuchungen zu einem neuen wissenschaftspropädeutischen Aufgabentyp in der Oberstufe*. Baltmannsweiler: Schneider.

Steinhoff, T. (2007). *Wissenschaftliche Textkompetenz. Sprachgebrauch und Schreibentwicklung in wissenschaftlichen Texten von Studenten und Experten*. Tübingen: Niemeyer.

Steinhoff, T. (2019). Konzeptualisierung bildungssprachlicher Kompetenzen. Anregungen aus der pragmatischen und funktionalen Linguistik und Sprachdidaktik. *Zeitschrift für Angewandte Linguistik*, 71(2), 327–352.

Steinhoff, T. & Marx, N. (2019). *Transfer des Bildungswortschatzes von der Schriftlichkeit in die Mündlichkeit in den Sachfächern der Sekundarstufe I (»TraBi«). Schlussbericht*.

Wenk, A. K., Marx, N., Rüßmann, L. & Steinhoff, T. (2016). Förderung bilingualer Schreibfähigkeiten am Beispiel Deutsch-Türkisch. *Zeitschrift für Fremdsprachenforschung*, 27(2), 151–179. Verfügbar unter: http://www.dgff.de/assets/Uploads/ausgaben-zff/ZFF-2-2016-Wenk-Marx-Ruessmann-Steinhoff.pdf [06.06.2019].

Wild, J. & Pissarek, M. (n.d.). *Ratte. Regensburger Analysetool für Texte*. Verfügbar unter: https://www.uni-regensburg.de/sprache-literatur-kultur/germanistik-did/ratte/index.html [01.06.2019].

Kapitel 7:
Lese- und Schreibflüssigkeit diagnostizieren und fördern

Sabine Stephany, Valerie Lemke, Markus Linnemann, Evghenia Goltsev, Necle Bulut, Pia Claes, Hans-Joachim Roth & Michael Becker-Mrotzek

> Eine wesentliche Voraussetzung für eine entwickelte Lese- und Schreibfähigkeit ist das mühelose Beherrschen basaler Fertigkeiten. Hierzu gehören insbesondere die Lese- und Schreibflüssigkeit. Denn erst durch das flüssige Lesen und Schreiben werden u. a. genügend kognitive Kapazitäten im Arbeitsgedächtnis für andere anspruchsvolle Teilaspekte der Textproduktion und -rezeption freigesetzt. Ungeachtet dessen sind die Konstrukte Lese- und Schreibflüssigkeit und ihre genaue Wirkung auf die Lese- und Schreibkompetenz, ebenso wie die Art und Weise der Förderung dieser basalen Fertigkeiten, nicht umfassend geklärt.
>
> Der vorliegende Beitrag zeigt theoretische Hintergründe, Definitionen und Möglichkeiten zur Erhebung der Lese- und Schreibflüssigkeit sowie Zusammenhänge dieser Fertigkeiten mit der Lese- bzw. Schreibkompetenz auf. Die von uns theoretisch angenommenen mehrdimensionalen Konstrukte sowohl von Lese- als auch von Schreibflüssigkeit konnten dabei empirisch belegt werden. Die Zusammenhänge zwischen den Dimensionen der Leseflüssigkeit und den Dimensionen der Schreibflüssigkeit mit Maßen standardisierter Lesekompetenztests bzw. mit der Textqualität lagen im mittleren Bereich.
>
> Basierend auf diesen Erkenntnissen wurden ein Lese- und ein Schreibflüssigkeitstraining entwickelt mit dem Ziel, sowohl die Flüssigkeitsaspekte als auch das Textverstehen und die Schreibkompetenz von Schülerinnen und Schülern zu verbessern. Der Beitrag gibt einen Überblick über das eingesetzte Leseflüssigkeits- und das Schreibflüssigkeitstraining und über die erstellten Fördermaterialien.

Einleitung

Lesekompetenz und Schreibkompetenz sind wesentliche Schlüsselqualifikationen für die gesellschaftliche Teilhabe in literalisierten Gesellschaften. Lesekompetenz ist für die Bewältigung unterschiedlicher schulischer Aufgaben erforderlich, wie der enge Zusammenhang von Lesekompetenz und anderen kognitiven Leistungen zeigt. So ist bei PISA die Leistung im Lesen eng verbunden mit der Leistung in Mathematik und ein »Großteil des Einflusses kognitiver Hintergrundmerkmale [ist] über die

Lesekompetenz vermittelt« (Baumert et al., 2001, S. 185). Auch das Schreiben dient in der Schule als Werkzeug des Lernens. Später findet es sich im Alltag vieler Berufe als Mittel der Kommunikation und der Dokumentation.

Die beiden basalen Kulturwerkzeuge Lesen und Schreiben sind komplexe, mit individuellen und sozialen Systemen vernetzte kognitive Systeme, deren Prozesse und Interdependenzen noch nicht umfassend verstanden sind. Eine wesentliche Voraussetzung für eine entwickelte Lese- und Schreibfähigkeit ist das mühelose Beherrschen basaler Fertigkeiten, die kognitive Ressourcen u. a. im Arbeitsgedächtnis freisetzen, sodass diese für andere Aufgaben, die Aufmerksamkeit erfordern, zur Verfügung stehen. Hierzu gehören insbesondere die Lese- und Schreib*flüssigkeit*. Denn nur wer Texte flüssig lesen und schreiben kann, hat genügend freie kognitive Kapazitäten für andere anspruchsvolle Teilaspekte der Textproduktion und -rezeption wie für das Schlussfolgern beim Lesen oder das Planen während des Schreibens. Die Entwicklung dieser Fertigkeiten sehen die Bildungsstandards in Übereinstimmung mit der Forschung zum Schrift- und Texterwerb für die Grundschule vor, sodass mit dem Übergang in die Sekundarstufe davon ausgegangen wird, dass Schülerinnen und Schüler selbstständig Texte lesen und verfassen können. Die genannten Fertigkeiten werden jedoch nicht von allen Lernenden in Grund- und Sekundarstufe in ausreichendem Maße beherrscht, sodass sie viele alltägliche Aufgaben im Fachunterricht nicht selbstständig bewältigen können. Die schwache Performanz der 15-jährigen Schülerinnen und Schüler in den Lesetests der Schulleistungsstudien PISA 2000 und PISA 2006 sind zum Teil durch einen Mangel an Leseflüssigkeit zu erklären (Artelt, Stanat, Schneider & Schiefele, 2001; Drechsel & Artelt, 2007).

Hier setzt das vom BMBF geförderte Entwicklungsvorhaben »Lese- und Schreibflüssigkeit – Konzeption, Diagnostik, Förderung« an. Ziel des Projektes ist es, die bislang im deutschen Sprachraum noch wenig in den Blick genommenen Aspekte der Lese- und Schreibflüssigkeit genauer zu beschreiben, mögliche Komponenten herauszuarbeiten und mit Leseverstehen und Textqualität in Verbindung zu bringen. Die wenigen Studien zur Lese- und zur Schreibflüssigkeit legen nahe, dass es einen grundsätzlich positiven Zusammenhang zwischen Leseflüssigkeit und Leseverstehen (vgl. Rosebrock & Nix, 2006) und zwischen Schreibflüssigkeit und der Produktion kommunikativ-funktionaler Texte (Neumann & Lehmann, 2008; Sturm, 2017) gibt. Die Flüssigkeitsaspekte sind dabei eine zentrale Voraussetzung einer umfassenden Lese- und Schreibkompetenz (Philipp, 2012; Rosebrock, Nix, Rieckmann & Gold, 2016). Schwierigkeiten beim Lesen und Schreiben von Schülerinnen und Schülern, die diese Voraussetzungen noch nicht mitbringen, müssen entsprechend diagnostiziert und die korrespondierenden Fertigkeiten angemessen aufgebaut werden, damit sie mit den im Unterricht geforderten Texten umgehen können.

Diagnoseinstrumente und Förderkonzepte, die auf theoretischen Erwägungen basieren und die die genannten Voraussetzungen berücksichtigen, liegen bislang nur rudimentär oder informell vor. So gibt es keinen standardisierten Test, der verschiedene Dimensionen der Leseflüssigkeit in den Blick nimmt. Auch gibt es in der (deutschsprachigen) Forschung keinen Konsens zur Struktur oder zur Definition von Schreibflüssigkeit, die auf einem theoretischen Schreib(prozess-)modell beruht.

Zusammengefasst lassen sich folgende Zielsetzungen des Projektes ableiten:

1. Erarbeitung von Konzepten und Definitionen, auf deren Basis Diagnoseinstrumente zur Erfassung der Lese- und Schreibflüssigkeit entwickelt werden können
2. Entwicklung von Materialien, mit deren Hilfe zum einen Lese- und Schreibflüssigkeit hinreichend genau diagnostiziert werden können, um die Wirkung von Lese- bzw. Schreibflüssigkeitstrainings zu überprüfen, und mit deren Hilfe sich zum anderen diagnostische Instrumente für die Schulpraxis weiterentwickeln lassen
3. Überprüfung der Zusammenhänge von Lese- und Schreibflüssigkeit mit Lese- und Schreibkompetenz
4. Entwicklung und Adaptation von Trainingsmaterialien zur Förderung von Lese- und Schreibflüssigkeit auf der Grundlage der erarbeiteten Konzepte
5. Durchführung und Evaluation eines Trainings zur Förderung der Lese- und der Schreibflüssigkeit.

Die ersten drei Ziele wurden in einer ersten Projektphase bearbeitet. Die theoretischen Überlegungen wurden dabei empirisch überprüft. Die Erkenntnisse dieser ersten Phase werden in den folgenden beiden Abschnitten erläutert. Die beiden letztgenannten Projektziele sind Teil der zweiten Projektphase, ihre Beschreibung erfolgt in Abschnitt 3 dieses Kapitels. Darin wird ein Überblick über die für die Intervention entwickelten und eingesetzten Materialien gegeben, die auf der Grundlage der theoretischen Überlegungen entwickelt wurden.

1 Zur Struktur der Lese- und der Schreibflüssigkeit

Ziel war es, in einer ersten Projektphase zunächst Konzepte und Definitionen zur Lese- und zur Schreibflüssigkeit zu erarbeiten und basierend darauf Materialien zu entwickeln, mit deren Hilfe Lese- und Schreibflüssigkeit gemessen werden kann. Des Weiteren wurden die Zusammenhänge von Lese- und Schreibflüssigkeit mit Lese- und Schreibkompetenz analysiert. Hierzu wurden alle erstellten Materialien sowohl zur Überprüfung der Operationalisierungen als auch der Zusammenhänge an einer Stichprobe von 160 Schülerinnen und Schülern aus zwei Grundschulklassen, zwei sechsten und zwei neunten Klassen verschiedener Schulformen erprobt. Im Folgenden wird ein Überblick über theoretische Überlegungen, Konstrukte, Operationalisierungen und über erste Ergebnisse gegeben.[1]

---

1 Für eine detailliertere Beschreibung vgl. Linnemann, Stephany, Lemke, Bulut, Claes, Haider, Roth & Becker-Mrotzek (in Review.).

1.1 Leseflüssigkeit

Leseflüssigkeit gilt im angloamerikanischen Raum seit langem als Brücke zwischen dem Dekodieren und dem Textverstehen (vgl. Kuhn & Stahl, 2003). Im deutschsprachigen Raum findet die Leseflüssigkeit erst in den letzten Jahren vermehrt Beachtung (vgl. Rosebrock & Nix, 2006).

Konstrukt

Texte zu verstehen bedeutet, ihre Oberflächen- und Tiefenstruktur wahrzunehmen und mithilfe des eigenen Wissens so zu verarbeiten, dass ein kohärentes mentales Modell entsteht (vgl. Kintsch, 1998). Die komplexen Prozesse des Textverstehens erfordern ausreichend kognitive Ressourcen; basale Leseprozesse wie das Dekodieren oder der Aufbau lokaler Zusammenhänge innerhalb und zwischen Sätzen sollten daher weitgehend automatisiert ablaufen. Flüssiges Lesen zeichnet sich dadurch aus, dass diese basalen Prozesse mühelos erfolgen. Leseflüssigkeit lässt sich als dreidimensionales Konstrukt verstehen (vgl. Kuhn, Schwanenflugel & Meisinger, 2010; Kuhn & Stahl, 2003; Rasinski, 2004; Rosebrock & Nix, 2006): (1) *Akkuratheit der Wortdekodierung*. Die Leserin oder der Leser ist in der Lage, Wörter mit nur geringen Fehlern zu erkennen und wiederzugeben. (2) *Automatisierung*. Die Leserin oder der Leser darf nur wenige Ressourcen für den Dekodierprozess aufwenden. Das Dekodieren geschieht mühelos und schnell. Akkuratheit und Automatisierung lassen sich auch als Lesegeschwindigkeit zusammenfassen. Die Lesegeschwindigkeit ist zwar eine notwendige, aber keine hinreichende Bedingung von Leseflüssigkeit, denn Lesen ist mehr als das akkurate und schnelle Dekodieren einzelner Wörter. Lesen bedeutet auch, Wörter zu sinnvollen Phrasen zusammenzufassen und morphosyntaktische Hinweise im Text zur Segmentierung zu nutzen. Als Folge der Segmentierung eines Satzes in kleinere Einheiten und der sinnvollen Betonung während des (Vor-)Lesens werden Phrasen schneller erfasst und geordnet. Neben der Akkuratheit und Automatisierung spielt somit noch eine dritte Dimension eine Rolle: (3) *Prosodisches oder sinngestaltendes Lesen*. Die Leserin oder der Leser sollte imstande sein, einen Text in syntaktisch und semantisch korrekte Abschnitte einzuteilen sowie beim lauten Lesen betont und in der richtigen Rhythmik zu lesen. Flüssige Leserinnen und Leser dekodieren also nicht nur exakt und schnell, sie können auch auf Satz- und Textebene betont und sinngestaltend (vor-)lesen.

Die Relevanz der beiden Dimensionen Akkuratheit und Automatisierung für den Leseprozess ist leicht nachvollziehbar: Eine vermehrte Fehleranfälligkeit auf der Silben- und Wortebene und ein langsames und mühevolles Dekodieren einzelner Wörter führen zu einer Überlastung des Arbeitsgedächtnisses, sodass für komplexere Prozesse wie das Textverstehen keine kognitiven Ressourcen mehr zur Verfügung stehen (Samuels, 1994). Dass aber eine ausschließliche Betrachtung der Lesegeschwindigkeit auch unter diagnostischen Gesichtspunkten nicht ausreicht, zeigt sich zum einen daran, dass schwache Leserinnen und Leser bisweilen durchaus akkurat und schnell lesen, Inhaltsfragen zum gelesenen Text aber nicht adäquat beantworten können; im Englischen spricht man in diesem Fall von *poor comprehenders* (vgl.

Oakhill, Cain & Elbro, 2014). Zum anderen verschiebt erst die Berücksichtigung des sinngestaltenden Lesens den Fokus vom Wortlesen hin zum Satz- und Textlesen, weil darüber nicht nur das Dekodieren von Wörtern, sondern das Erlesen größerer Einheiten wie Phrasen und Sätze in den Blick genommen wird. Kuhn et al. (2010, S. 233) sprechen daher auch von einer »*critical component of reading fluency*«. Die Relevanz des sinngestaltenden Lesens für den Leseprozess zeigt sich auch darin, dass das sinngestaltende Lesen von anspruchsvolleren Texten stärker mit dem Textverstehen korreliert als die Dekodierfähigkeit und die Lesegeschwindigkeit (vgl. Kuhn et al., 2010). Eine weitere wichtige Rolle spielt das sinngestaltende Lesen als Prädiktor für zukünftige Leseleistungen. So kann es bei jüngeren Kindern zum einen die spätere Leseflüssigkeit vorhersagen: Angloamerikanische Studien konnten zeigen, dass die Steigerung der Fähigkeit zum sinngestaltenden Lesen vom ersten zum zweiten Schuljahr ein besserer Prädiktor für spätere Flüssigkeitsleistungen ist als das Dekodieren und die reine Lesegeschwindigkeit (vgl. Kuhn et al., 2010). Zum anderen erweist sich das sinngestaltende Lesen als ein Prädiktor des Textverstehens: Sinngestaltendes Lesen von einfachen Texten im ersten Schuljahr sagt das Verstehen von anspruchsvolleren Texten im zweiten Schuljahr voraus (vgl. Kuhn et al., 2010). Schließlich läge ohne eine Berücksichtigung des sinngestaltenden Lesens der Fokus in der Förderung der Leseflüssigkeit auf der Lesegeschwindigkeit und damit ausschließlich auf schnellem Lesen. Dies führt letztlich nicht zum Textverstehen, kann es sogar behindern: »Such an emphasis leaves children in danger of focusing on speed at the expense of comprehension« (Kuhn et al., 2010, S. 243).

Definition

Vor dem Hintergrund der skizzierten theoretischen und empirischen Arbeiten schlagen wir folgende Definition vor: Leseflüssigkeit ist die Fähigkeit, einen Text sowohl laut als auch leise auf Wortebene akkurat, voll automatisiert und damit schnell sowie auf Satz- und Textebene sinngestaltend so zu lesen, dass die mentale (Re-)Konstruktion des Textes und damit sein Verstehen ermöglicht wird (vgl. Kuhn et al. 2010; Kuhn & Stahl, 2003; Rosebrock & Nix, 2006). Im Folgenden wird dargestellt, wie Leseflüssigkeit gemäß dieser Definition gemessen werden kann und wie Leseflüssigkeit im vorliegenden Projekt operationalisiert wurde.

Messung

Zur Messung der Leseflüssigkeit werden zumeist Lautleseprotokolle mit verschiedenen Skalen für die drei genannten Dimensionen genutzt. *Akkuratheit* wird mithilfe eines von der Probandin oder dem Probanden vorgelesenen Texts als »richtig gelesene Wörter« bezogen auf die Gesamtzahl der gelesenen Wörter in einem Text gemessen, wobei Selbstkorrekturen erlaubt sind. Es ist gleichermaßen möglich, die Messung bereits beim ersten Lesen (prima vista) oder nach mehrfachem, meist leisem Lesen, durchzuführen. Was dabei »richtig gelesen« bedeutet, wenn die Aussprache des Wortes dialektal gefärbt oder durch Interferenzen aus anderen Muttersprachen verändert ist, lässt sich oft nicht eindeutig bewerten. Diesem Problem kann mit mehreren Gutachterinnen und Gutachtern bzw. einer hohen Übereinstimmung zwischen ihnen begegnet werden (= Interraterreliabilität). Ähnliches gilt für die *Automatisierung*: Dieser Aspekt wird zumeist als »richtig gelesene Wörter pro Zeiteinheit« gemessen. Für die Messung des sinngestaltenden Lesens liegen im angloamerikanischen Raum mehrere Skalen vor. Die Leseflüssigkeitsskala des US-amerikanischen National Assessment of Educational Progress (NAEP) (vgl. Daane, Campbell, Grigg, Goodman, & Oranje, 2005) ist vierfach abgestuft und fokussiert vor allem das phrasierte Lesen: Während des Leseprozesses wird die richtige Gruppierung von Wörtern in größere, aussagekräftige Phrasen beurteilt von »Liest vorwiegend Wort für Wort. Gelegentlich können Zweiwort- oder Dreiwortphrasen auftreten [...] (nicht flüssig)« bis zu »Liest vorwiegend in größeren, aussagekräftigen Phrasen. Obwohl einige Regressionen, Wiederholungen und Abweichungen vom Text vorhanden sein können, scheint dies die Gesamtstruktur der Geschichte nicht zu beeinträchtigen [...]. (flüssig)« (ebd., S. 28, Übersetzung d. Verf.).

Etwas ausdifferenzierter ist die mehrdimensionale Flüssigkeitsskala nach Rasinski (2004). Sie besteht aus vier vierfach abgestuften Subskalen zu den Dimensionen Betonung, Phrasierung, Rhythmus und Geschwindigkeit. Für den deutschen Sprachraum existieren keine eigenen Bewertungsskalen, meist werden Übersetzungen der englischsprachigen Instrumente genutzt. Kritisch anzumerken ist hier aber, dass im deutschsprachigen Raum das sinngestaltende Lesen in Forschungsprojekten zur Leseflüssigkeit mit großen Stichproben bislang oftmals nicht berücksichtigt wird, möglicherweise wegen des aufwändigen Erhebungsverfahrens.

Da es sich bei der Messung der Leseflüssigkeit nicht um ein standardisiertes Verfahren handelt, werden für die Testung keine Texte vorgegeben. Daraus ergibt sich für die Auswahl der Texte die Problematik der Angemessenheit, denn zu einfache oder zu anspruchsvolle Texte führen zu einer Verzerrung der Ergebnisse. Auch Normwerte für die Lesegeschwindigkeit liegen nicht vor. Wie viele korrekt gelesene Wörter pro Minute jeweils altersangemessen sind, ist umstritten; es liegen zum Teil stark voneinander abweichende Ergebnisse vor, was auch den oft unterschiedlichen Erhebungsmethoden geschuldet ist. Einen absoluten Wert anzugeben, ist auch deshalb nicht sinnvoll, weil die Lesegeschwindigkeit von der Textschwierigkeit abhängt (vgl. Rosebrock et al., 2016). Im angloamerikanischen Raum wird die Passung von Lesegeschwindigkeit und Textschwierigkeit deshalb in Form von drei Niveaustufen beschrieben: Unterschieden wird zwischen dem Unabhängigkeitsniveau, das selbstständiges Lesen ermöglicht, dem Instruktionsniveau, auf dem Texte zwar herausfordernd sind, aber mit Unterstützung bewältigt werden können, und dem Frustrationsniveau, auf dem Texte auch mit Unterstützung nicht verstanden werden und das Lesen eine große Anstrengung ist. Allerdings ist die Forschungslage auch hinsichtlich der Grenzen zwischen den jeweiligen Niveaus widersprüchlich (vgl. Rosebrock et al., 2016).

Im vorliegenden Forschungsprojekt wurden die verschiedenen Dimensionen der Leseflüssigkeit folgendermaßen gemessen: Es wurden zwei altersangemessene Sachtexte entwickelt, die von den teilnehmenden Schülerinnen und Schülern laut vorgelesen wurden (prima vista) und während des Leseprozesses aufgezeichnet wurden. Für die Analysen lagen somit Audioaufnahmen vor, anhand derer die Akkuratheit sowie der Grad der Automatisierung bestimmt wurden. Zur Erfassung des sinngestaltenden Lesens wurde auf eigene Übersetzungen englischsprachiger Instrumente zurückgegriffen. Eingesetzt wurden Übersetzungen der o. g. *NAEP-Skala* zur Leseflüssigkeit (Daane et al., 2005) und der *Multi-dimensional fluency scale* (Rasinski, 2004). Um zu möglichst validen Ergebnissen zu kommen, wurden beide Prosodieskalen eingesetzt, die beide eine ausreichend hohe Interraterübereinstimmung ($ICC_{NAEP} = .84$; $ICC_{MDFS} = .97$) erreichten. Für alle Schülerinnen und Schüler lagen somit Werte für die Akkuratheit, für den Grad der Automatisierung sowie für ihre Fertigkeit im sinngestaltenden Lesen auf verschiedenen Subskalen vor.

Wie theoretisch angenommen, zeigten sich auch empirisch drei Dimensionen der Leseflüssigkeit: Akkuratheit und Automatisierung sowie prosodische Aspekte. Diese Dimensionen hängen gleichwohl zusammen, sie korrelieren mit mittlerer bis großer Höhe ($r_{AK,\,A} = .35$, $p < .001$; $r_{AK,\,P} = .44$, $p < .001$; $r_{A,\,P} = .84$, $p < .001$)[2]. Weitere Analysen ergaben Hinweise auf die Richtung des Zusammenhangs: Erst bei ausreichend genauer und automatisierter Dekodierfähigkeit, also ab einer gewissen Geschwindigkeit, kann potentiell sinngestaltend gelesen werden.

1.2 Schreibflüssigkeit

Neben der Leseflüssigkeit spielt die Schreibflüssigkeit eine wichtige Rolle als basaler Teil einer umfassenden *Literacy*. Anders als die Leseflüssigkeit ist sie jedoch noch weniger erforscht. Im Folgenden werden Konstrukt, Definition und Operationalisierung, wie sie im vorliegenden Projekt »Lese- und Schreibflüssigkeit« diskutiert und empirisch erforscht wurden, dargestellt.

Konstrukt

Schreibflüssigkeit wird in der deutschen und angelsächsischen Literatur auf verschiedene Arten definiert. Im engeren Sinne wird mit dem Begriff, besonders im deutschsprachigen Raum, zumeist handschriftliche Flüssigkeit verbunden. Schreibflüssigkeit im weiten Sinne hingegen, wie der Begriff im Folgenden benutzt wird, umfasst die Fähigkeit zur flüssigen Produktion von Text und wird auf kognitive Prozesse bezogen, wie sie z. B. Hayes (2012a) in seinem Modell zum Schreibprozess darstellt. In diesem Modell wird der Schreibprozess auf drei Ebenen modelliert: Die Ebene der Ressourcen umfasst kognitive Voraussetzungen wie das Arbeitsgedächtnis, die Ebene der Kontrolle Aspekte der Motivation und Zielsetzung. Bestandteile der Ebene des eigentlichen Schreibprozesses sind diejenigen Prozesse, die im engeren Sinne an der Textproduktion beteiligt sind. Zwei dieser Bestandteile sind für die Schreibflüssigkeit, wie sie hier verstanden wird, zentral: der *Translator* und der *Transcriber*. Der *Translator* ›übersetzt‹ Ideen, d. h. Inhalte, die zunächst noch nicht sprachlich sind, aber Teil eines Textes werden sollen, in sprachliche Einheiten, damit diese in den Text eingebettet werden können. Diese

---

2 AK = Akkuratheit, A = Automatisierung, P = Prosodie.

versprachlichte Form muss nun, damit sie als Text sichtbar wird, verschriftet werden. Dies geschieht mithilfe des *Transcribers*.

Schreib*un*flüssigkeit kann somit an verschiedenen Stellen im Modell entstehen: zum einen, wenn abgerufene Inhalte aufgrund der Kapazitätsbeschränkung des *Translators* nicht hinreichend schnell in Sprache umgewandelt werden (vgl. Chenoweth & Hayes, 2001), z. B. wenn mehrere Ideen in schneller Abfolge abgerufen werden, und zum anderen, wenn die versprachlichten Inhalte, die der *Translator* ausgegeben hat, durch den *Transcriber* nicht zügig genug verschriftet werden (Alves & Limpo, 2015). Beide Prozesse sind also gleichermaßen Flaschenhälse für das flüssige Produzieren von Textinhalten. Ihre Arbeitsweise ist allerdings unterschiedlich: Während das Überführen von sprachlichen Einheiten in geschriebenen Text (›transkribieren‹) automatisiert, also mühelos und mit geringer kognitiver Energie sowie weitgehend isoliert von Einflüssen anderer Teilprozesse, geschieht, erfordert die Umsetzung von abgerufenen Inhalten in sprachliche Einheiten (›formulieren‹) Aufmerksamkeit und mentale Kontrolle. Denn beim Prozess des Formulierens müssen von der Schreiberin oder dem Schreiber Entscheidungen über die sprachliche Form getroffen werden, da nichtsprachliche Propositionen unterschiedlich ausgedrückt werden können. So kann eine Information z. B. lexikalisch und/oder syntaktisch unterschiedlich formuliert werden. Die folgenden Beispiele zeigen jeweils zwei Sätze mit annähernd gleicher Information, aber unterschiedlicher lexikalischer und syntaktischer Realisierung:
»Im Frühjahr wird es endlich wieder warm« vs. »Im Frühling wird es endlich wieder warm.«
»Der Junge stellt absichtlich seinen Fuß auf den Gartenschlauch« vs. »Der Junge tritt absichtlich auf den Gartenschlauch.«

Definition

Basierend auf den beschriebenen theoretischen Aspekten wurde im vorliegenden Forschungsprojekt folgende Definition aufgestellt: Schreibflüssigkeit umfasst sowohl (1) die automatisierte Fertigkeit, auf Buchstaben-, Wort- und Satzebene sprachliche Einheiten leserlich und grammatikalisch korrekt sowie mühelos zu verschriften (= Transkriptionsflüssigkeit), als auch (2) auf Textebene das zügige Formulieren kohärenter Propositionen (= Formulierungsflüssigkeit). Flüssigkeit im Allgemeinen lässt sich als Interaktion zwischen automatisierten (unbewussten) und aufmerksamkeitsfordernden (kontrollierten) Prozessen modellieren. Schreibflüssigkeit umfasst damit das Zusammenwirken der automatisierten Transkriptionsflüssigkeit mit der kontrollierten Formulierungsflüssigkeit.

Messung

Zur Messung der Schreibflüssigkeit werden in der Regel entweder produktbezogene (vgl. z. B. Amato & Watkins, 2011) oder prozessorientierte Daten erhoben (vgl. Chenoweth & Hayes, 2001). Nach unserer vorläufigen Definition der Schreibflüssigkeit, die sowohl automatisierte als auch aufmerksamkeitsfordernde Prozesse umfasst, schlagen wir vor, eine je eigene Operationalisierung für diese beiden Facetten vorzunehmen. Nachfolgend wird zunächst die produktbezogene Messung der automatisierten Transkriptionsflüssigkeit auf (a) Buchstaben-, (b) Wort- und (c) Satzebene dargestellt.

Die automatisierte Fertigkeit, (a) Buchstaben mühelos zu verschriften, lässt sich mithilfe der *Alphabet-Task* erheben (vgl. Berninger, Cartwright, Yates, Swanson & Abbott, 1994). Diese Aufgabe verlangt von der Schreiberin oder dem Schreiber, schnell und korrekt so oft wie möglich die Buchstaben des Alphabets in der richtigen Reihenfolge ohne Auslassungen innerhalb einer Minute zu schreiben. Die Fertigkeiten, die hier gefordert sind, sind zum einen die Graphomotorik, zum anderen müssen die Buchstaben schnell aus dem Langzeitgedächtnis abgerufen werden. Gemessen wird in der Regel, wie viele Buchstaben in der richtigen Reihenfolge des Alphabets (leserlich) verschriftet werden können.

Ähnliches wie für die *Alphabet-Task* gilt für die Messung der Fertigkeit, (b) Wörter mühelos zu verschriften. Neben der benötigten graphomotorischen Fertigkeit, Buchstaben zu Wörtern zu verbinden, ist es nötig, schnell und mühelos geläufige Wörter abzurufen. Als Maß für diese Fähigkeit wird zwar in verschiedenen Untersuchungen die Anzahl der in einem Text produzierten Wörter oder Silben genannt (vgl. Sturm, 2014). Allerdings ist dieses Maß unserer Meinung nach nicht valide, weil die Textmenge, die pro Zeiteinheit verschriftet wird, aufgabenabhängig ist. Damit verzerren aufgabenspezifische Planungs- und Revisionsprozesse die Ergebnisse. Im Projekt wurde daher ein eigenes Tool entwickelt: Die Aufgabe, Wörter anhand von Bildern so schnell wie möglich zu verschriften, verlangt einen automatisierten Gedächtniszugriff auf motorische Programme und semantische Strukturen. So musste z. B. das Bild »Hose« erkannt und als Wort so schnell wie möglich verschriftet werden. Die ausgewählten Begriffe entstammen dem Grundwortschatz und müssten Kindern der vierten Klasse bekannt sein. Die Wörter müssen zwar nicht orthografisch richtig verschriftet werden, denn auch ein orthografisch falscher Eintrag im mentalen Lexikon kann automatisiert und damit schnell verschriftet werden. Sie müssen jedoch von der Leserin oder dem Leser bzw. von der Testleiterin oder dem Testleiter erkannt werden. Dies könnte bei verschiedenen Beurteilerinnen bzw. Beurteilern zu unterschiedlichen Ergebnissen führen. Eine hohe Beurteilerübereinstimmung zeigte jedoch, dass dieses Problem vernachlässigbar ist.

Schreibflüssigkeit muss sich auch auf (c) die Satzebene beziehen, d. h. über die Buchstaben- und Wortebene hinaus den Abruf einfacher grammatischer Satzstrukturen beinhalten, allerdings liegen hierzu unseres Wissens bislang keine Arbeiten vor. Für die Messung der Transkriptionsflüssigkeit auf Satzebene wurden daher mithilfe von Bildern einfache Sätze in der Form Subjekt-Prädikat-Objekt evoziert, z. B. »Der Hund steht auf dem Tisch« oder »Der Mann liest ein Buch«. Syntaktisch komplexere Sätze wurden nicht erhoben, da die Unterschiede zwischen den Probandinnen und Probanden dabei schnell zu groß werden und dann eine objektive und reliable Messung nicht mehr möglich ist. Zudem kommt die Produktion komplexer Sätze nicht ohne aufmerksamkeitsfordernde Prozesse aus. Abbildung 7.1 zeigt die drei Untertests zur Messung der Transkriptionsflüssigkeit.

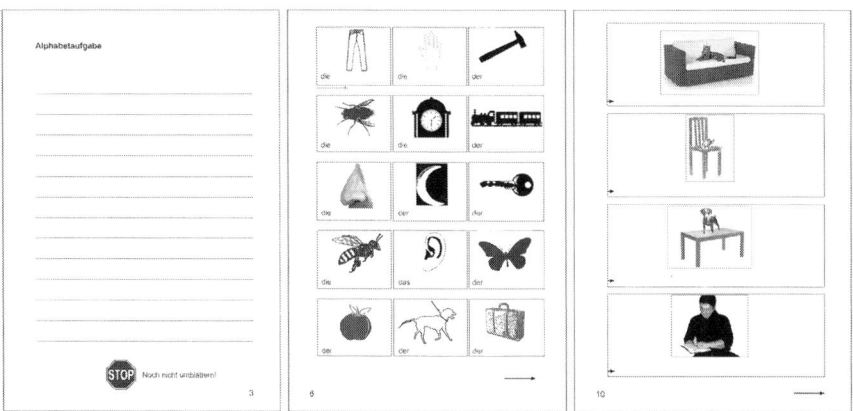

Abb. 7.1: Materialien zur Erfassung der Transkriptionsflüssigkeit auf (a) Buchstaben-, (b) Wort- und (c) Satzebene

Nach der Definition muss neben den automatisierten Fertigkeiten der Transkriptionsflüssigkeit auch die zweite Facette der Schreibflüssigkeit, die Formulierungsflüssigkeit, d. h. das Verschriften kohärenter Propositionen operationalisiert werden. Da es sich es um je neu zu verschriftende Inhalte handelt, können sie nur sehr begrenzt automatisiert werden. Eine Möglichkeit, diese Fertigkeit prozessbezogen während des Schreibens zu messen, ist das Erheben von zeitkritischen Daten im Prozess. Denn Werte wie Pausenzeiten und sogenannte *Bursts*, d. h. Phasen ununterbrochenen Schreibens zwischen zwei längeren, in der Regel mehr als zwei Sekunden dauernden Pausen, geben Aufschluss darüber, wie schnell das Transformieren einer nichtsprachlichen Proposition in sprachliche Einheiten funktioniert (vgl. Chenoweth & Hayes, 2001; Alves & Limpo, 2015). Um diese Werte zu erheben, wurden die folgenden Schreibaufträge adaptiert bzw. entwickelt: (1) Die Beschreibung eines Schultags und (2) das Verschriften einer Bildergeschichte. Zu letzterem lagen zwei parallele Formen mit jeweils vier Bildern vor. Der Schreibprozess wurde jeweils mithilfe eines digitalen Smartpens aufgezeichnet, sodass Schreibpausen und *Bursts* mithilfe der Software *Handspy* (Monteiro & Leal, 2013) analysiert werden konnten. Beim natürlichen Schreibprozess sind Pausen und *Bursts* immer auch Indikatoren von Planungs- und Revisionsprozessen. Damit aber der Schreibprozess nach Möglichkeit nicht zu sehr durch Planungsprozesse während der Textproduktion verzerrt wird, hatten die Schülerinnen und Schüler jeweils eine Minute vor dem Schreiben Zeit zur Planung. Auch sollten die Probandinnen und Probanden nach Möglichkeit den Text nicht revidieren, denn beides, Planen und Revidieren, ist nicht Teil der o. g. Konzeption von Formulierungsflüssigkeit. Die eigentliche Schreibzeit betrug fünf Minuten. Aus den ermittelten Pausen und *Bursts* lassen sich mehrere reliable und valide Indikatoren für die Formulierungsflüssigkeit ableiten, insbesondere mittlere Pausenzeiten, mittlere Burstlänge in Wörtern oder maximale Burstlänge.

Zusammenfassend lässt sich festhalten, dass sich die Schreibflüssigkeit in die beiden Komponenten Transkriptionsflüssigkeit und Formulierungsflüssigkeit differenzieren lässt, die auf verschiedene Arten operationalisiert werden können. Entschieden wurde hier, die Transkriptionsflüssigkeit über die Aufgaben, möglichst schnell Buchstaben, Wörter und einfache Sätze zu verschriften, zu messen. Die Messung der Formulierungsflüssigkeit geschieht prozessbezogen mittels zeitkritischer Maße wie z. B. der Länge der *Bursts*, also der Schreibphasen zwischen zwei längeren Pausen. Explorative und konfirmatorische Faktorenanalysen konnten die zweidimensionale Struktur bestätigen. Weitere Analysen ergaben zudem eine serielle Anordnung: Schülerinnen und Schüler, die nicht die Fähigkeit besitzen, automatisiert sprachliche Inhalte zu verschriften, d. h. die niedrige Werte bei den Aufgaben zur Transkriptionsflüssigkeit zeigen, haben wenig Ressourcen übrig, die sie zur adäquaten Formulierung nutzen können. Während des Schreibprozesses entstehen daher immer wieder kognitiv bedingte Pausen, die den Schreibfluss hemmen, was sich in einer geringeren Anzahl an Wörtern pro *Burst* niederschlägt. Aber auch mit einer automatisierten Fertigkeit zur Transkription kann es zu kognitiven Pausen kommen, wenn das Übersetzen von mentalen Inhalten in sprachliche Einheiten nicht schnell genug gelingt. Letztlich ist es auch das Zusammenspiel dieser beiden Komponenten, die die Schreibflüssigkeit bzw. Schreib*un*flüssigkeit bedingen.

2 Zusammenhänge von Lese- und Schreibflüssigkeit mit Lese- und Schreibkompetenz

Leseflüssigkeit und Schreibflüssigkeit sind Komponenten des Lesens und Schreibens, deren Konzeption, Definition und Messung nicht isoliert betrachtet werden sollten. Für schulischen Erfolg und gesellschaftliche Teilhabe sind letztlich nicht Flüssigkeitsaspekte ausschlaggebend, sondern die Fähigkeit, mit Texten kompetent umzugehen, d. h. Texte rezeptiv und produktiv zu nutzen. Diagnose und Förderung der Lese- und Schreibflüssigkeit sind daher Mittel zum Zweck, das Textverstehen, also die Lesekompetenz, und die Textproduktion, also die Schreibkompetenz, zu unterstützen. Voraussetzung dafür ist allerdings, die theoretisch modellierten Zusammenhänge zwischen den entsprechenden Flüssigkeitsmaßen und den Kompetenzen empirisch substanziell zu belegen. Im Folgenden werden einige Zusammenhänge zwischen den Flüssigkeitsaspekten und der Schreib- bzw. Lesekompetenz begründet und dargestellt.

2.1 Lesekompetenz

Lesekompetenz als universelles Kulturwerkzeug ist im Wesentlichen die Fähigkeit, geschriebene Texte verstehen und nutzen zu können (vgl. Naumann, Artelt, Schneider & Stanat, 2010). Lesen ist ein komplexer kognitiver Prozess, bei dem zahlreiche Teilprozesse integriert werden müssen. So müssen z. B. Buchstaben als Zeichen erkannt, gelesene Wörter mit dem mentalen Lexikon in Verbindung gebracht, Propositionen aus Sätzen erschlossen sowie lokale und globale Kohärenz auf Basis des Weltwissens, des Kommunikationswissens und des Sprachwissens inklusive des Textmusterwissens hergestellt werden (vgl. Groeben & Christmann, 1996; Kintsch, 1998; Müller & Richter, 2014; Schnotz & Dutke, 2004). Lesen lässt sich jedoch nicht nur über die kognitiven Prozesse beschreiben, sondern bedarf der Einbeziehung weiterer Faktoren: So sind Lesemotivation und Leseselbstkonzept zwei relevante Variablen, die den Leseprozess entscheidend beeinflussen und steuern. Hinzu kommt, dass Lesen Anschlusskommunikation in verschiedenen sozialen Systemen wie der Lerngruppe, der Familie oder der Peer Group ermöglicht (vgl. Rosebrock & Nix, 2015).

Leseflüssigkeit wird gewöhnlich als Brücke zum Leseverstehen bezeichnet. Um die Zusammenhänge zwischen der Leseflüssigkeit und dem Leseverstehen zu erheben, wurde die Lesekompetenz u. a. mithilfe der standardisierten Lesetests ELFE (Lenhard & Schneider, 2006) und LGVT (Schneider, Schlagmüller & Ennemoser, 2007) gemessen. Die Korrelation der drei Dimensionen der Leseflüssigkeit mit Maßen der standardisierten Tests lag im mittleren Bereich ($r_{AK,LV} = .34$, $p < .001$; $r = _{A,LV} = .68$, $p < .001$; $r = _{P,LV} = .65$, $p < .001$)[3]. An diesem Zusammenhang hat das sinngestaltende Lesen einen entscheidenden Anteil. Die Ergebnisse liefern deutliche Hinweise darauf, dass sich alle drei Dimensionen der Leseflüssigkeit für ein Training zur Steigerung der Lesekompetenz eignen. Ein solches Training wird in Abschnitt 3.1 näher vorgestellt.

2.2 Schreibkompetenz

Schreibkompetenz bedeutet im Wesentlichen die Fähigkeit, schriftsprachlich zu handeln, d. h. Texte zu verfassen, um sich mit einer Leserin bzw. einem Leser über Sachverhalte zu verständigen. Hierzu bedient sich die Schreiberin bzw. der Schreiber sprachlicher und kognitiver Ressourcen, deklarativen Wissens sowie Kommunikationswissens, um gemäß ihres bzw. seines Kommunikationsziels einen kohärenten Text herzustellen, der wiederum die sprachlichen und kognitiven Ressourcen sowie das Interesse und die Erwartungen einer potentiellen Leserin bzw. eines potentiellen Lesers einbezieht (vgl. Becker-Mrotzek, 2014). Diese umfassende Definition zeigt, wie komplex das Schreiben von Texten ist. Jede einzelne Facette ließe sich weiter ausdifferenzieren und hat ihren Anteil an einem gelingenden Schreibprozess und an einem verständlichen Text.

Eine zentrale Komponente der Schreibkompetenz ist die Schreibflüssigkeit, denn ohne das Umwandeln von nicht-sprachlichen Ideen in sprachliche Einheiten und ohne das Verschriften dieser sprachlichen Einheiten entsteht kein Text. Die Güte dieser Prozesse sollte also Einfluss auf den gesamten Schreibprozess und die Textqualität haben. Ein ›unflüssiges‹ Verschriften, das nicht automatisiert geschieht, bindet kognitive Ressourcen und belastet das Arbeitsgedächtnis, sodass weniger Ressourcen für nicht automatisierbare Prozesse, wie das Generieren von Ideen oder das Überwachen des Kommunikationsziels, zur Verfügung stehen (McCutchen,

---

3 AK = Akkuratheit, A = Automatisierung, P = Prosodie, LV = Leseverstehen.

1996). Gleiches gilt für ein zu ›unflüssiges‹ Umwandeln von Ideen in Sprache. Auch hier wird das Arbeitsgedächtnis zu sehr belastet, um neben der Versprachlichung noch einen komplexen Inhalt aufrechterhalten zu können. Eine Idee, deren Versprachlichung und Verschriftung zu lange dauert, kann verloren gehen. Dies zeigt sich z. B. bei Schreibanfängerinnen und Schreibanfängern, die mitten im Satz vergessen, was sie eigentlich schreiben wollten.

In Abschnitt 1.2 wurde berichtet, dass es starke Hinweise darauf gibt, dass die Komponenten der Schreibflüssigkeit seriell »hintereinander« geschaltet sind. Das bedeutet zum einen, dass die Transkriptionsflüssigkeit sich dergestalt auf die Formulierungsflüssigkeit auswirkt, dass letztere (gemessen als Anzahl an Wörtern pro *Burst*) geringer wird, wenn das Verschriften der sprachlichen Einheiten nicht ausreichend automatisiert ist. Zum anderen kann auch die Formulierungsflüssigkeit selbst gering ausgeprägt sein und so zu einem verstärkten Nachdenken über Formulierungen führen. Auf der Ebene der Messungen bedeutet dies wiederum, dass die Anzahl der Wörter pro *Burst* geringer wird. Eine geringe Anzahl an Wörtern pro *Burst* ist also ein Indikator für einen hohen kognitiven Aufwand auf der Ebene der Schreibflüssigkeit, der verhindert, dass andere für den Schreibprozess relevante Prozesse adäquat ausgeführt werden können. Dies führt letztlich zu einer Verringerung der Textqualität. Verschiedene Untersuchungen zum Zusammenhang zwischen Schreibflüssigkeit und Textqualität zeigen, dass eine Störung der Transkriptionsflüssigkeit (vgl. Alves & Limpo, 2015) oder der Formulierungsflüssigkeit (vgl. Kaufer, Hayes & Flower, 1986) oder von beiden (vgl. Hayes, 2012b) zu schlechteren Texten führt.

Im Projekt »Lese- und Schreibflüssigkeit« wurde die Schreibkompetenz anhand von zwei Schreibaufgaben erhoben: (1) Das Verfassen eines Briefs an einen Zoodirektor bzw. Stadtdirektor, in dem ein Zoo bzw. eine Freizeithalle beschrieben wird, die man gerne besuchen würde; (2) das Verfassen einer Wegbeschreibung zu einem Schatz, sodass die Leserin oder der Leser den Schatz ohne die Schatzkarte finden kann. Beide Aufgaben haben ein kommunikatives Ziel und einen Adressaten. Die entstandenen Texte wurden auf verschiedene Weise bewertet. Die Beschreibung des Zoos bzw. der Freizeithalle wurde mithilfe eines Globalvergleichs (*Comparative judgement*-Methode, vgl. Pollit, 2012) mittels der Software *Digital Platform for the Assessment of Competences*, D-PAC (2018), bewertet. Bei diesem Verfahren bewerten Beurteilerinnen und Beurteiler immer zwei Texte gleichzeitig und entscheiden sich für den jeweils besseren Text. Dieses Verfahren wird mit einer großen Anzahl an Vergleichen verschiedener Beurteilerinnen und Beurteiler wiederholt, sodass sich letztlich eine stabile Reihenfolge und eine hohe Reliabilität einstellt. Um dieses Verfahren in unserem Projekt zu validieren, wurden zusätzlich Experteneinschätzungen von 10 % der Texte über die gesamte Skala hinweg mit verschiedenen Textbewertungskriterien (z. B. Kohärenz, sprachliche Angemessenheit, Wagnis) vorgenommen. Die Ergebnisse der globalen Ratings und der Experteneinschätzungen zeigten eine sehr hohe Übereinstimmung. Die Wegbeschreibung wurde keinem Globalvergleich unterzogen. Hier wurden stattdessen analytische Ratings vorgenommen, die inhaltliche und formale Kriterien enthielten. Die inhaltlichen Kriterien ergaben sich zum größten Teil durch die Wegmarken auf dem Weg zum Schatz, die richtig beschrieben sein mussten. Formale Kriterien beinhalteten Grammatik, Textkohärenz und Satzbau.

Die Zusammenhänge zwischen der Textqualität als Indikator für die Schreibkompetenz und den beiden Dimensionen der Schreibflüssigkeit zeigten sich positiv im mittleren Bereich. Die Korrelation zwischen der Transkriptionsflüssigkeit und der Schreibkompetenz betrug $r = .39$, $p < .01$, die zwischen der Schreibkompetenz und der Formulierungsflüssigkeit, gemessen in Wörtern pro *Bursts*, $r = .34$, $p < .01$. Höhere Zusammenhänge wurden nicht erwartet, da Textqualität bzw. Schreibkompetenz von weiteren Faktoren abhängt. Die Höhe der Zusammenhänge lässt es lohnenswert erscheinen, beide Dimensionen der Schreibflüssigkeit zu fördern, um letztlich die Schreibkompetenz der Schülerinnen und Schüler zu verbessern.

3 Förderung von Lese- und Schreibflüssigkeit

Nachdem in der ersten Projektphase konzeptionelle Grundlagen und Möglichkeiten der Operationalisierung von Lese- und Schreibflüssigkeit erarbeitet wurden, war es das Ziel der zweiten Projektphase, zunächst Materialien zur Förderung der einzelnen Teilkomponenten der Lese- und Schreibflüssigkeit zu entwickeln. Erstellt wurden jeweils ein Lese- und ein Schreibflüssigkeitstraining. In einem weiteren Schritt wurden die entwickelten Materialien evaluiert, um erste Erkenntnisse darüber zu erhalten, welche Effekte die Trainingsverfahren auf die Flüssigkeitsaspekte sowie die Lese- und Schreibkompetenz haben. Hierzu wurde das Material mit insgesamt 180 Schülerinnen und Schülern der sechsten Jahrgangsstufe in einem Zeitraum von neun Wochen erprobt. Die Ergebnisse liefern Anhaltspunkte, wie eine Förderung der Teilkomponenten der Lese- und Schreibflüssigkeit beschaffen sein kann und welches Potential sie für die Lese- und Schreibentwicklung bietet.

3.1 Training der Leseflüssigkeit

Leseflüssigkeit wurde beschrieben als dreidimensionales Konstrukt, das aus den Dimensionen Akkuratheit, Automatisierung und sinngestaltendes Lesen besteht. Bestehende Trainingsverfahren zur Leseflüssigkeit schulen diese drei Dimensionen in unterschiedlicher Weise und Stärke, oft ohne genau zu verdeutlichen, welche Dimension fokussiert wird. Die Trainingsverfahren lassen sich in *Lautleseverfahren* und *Vielleseverfahren* unterscheiden. Lautleseverfahren sind Verfahren, bei denen Schülerinnen und Schüler meist kurze Texte oder Abschnitte laut vorlesen. Bei Vielleseverfahren handelt es sich um Verfahren, bei denen in freien Lesezeiten während des Unterrichts von den Schülerinnen und Schülern selbstgewählte Bücher oder Texte, die nichts mit dem Unterrichtsgeschehen zu tun haben, gelesen werden.

Lautleseverfahren lassen sich weiter differenzieren in ›wiederholtes Lautlesen‹, das darauf setzt, dass der gleiche Text mehrmals so lange laut vorgelesen wird, bis durch das Automatisieren von Worterkennungsprozessen eine bestimmte Anzahl von gelesenen Wörtern pro Minute erreicht wird. Beim ›begleitenden Lautlesen‹ dient die

Lehrkraft oder ein kompetenter Peer als Lesemodell. Beim *Paired Reading-Verfahren* (vgl. Topping, 1987), einem begleitenden Lautleseverfahren, übernimmt jeweils eine gute Leserin oder ein guter Leser die Tutorenrolle und liest mit richtiger Betonung und angemessener Lesegeschwindigkeit chorisch mit einer schwächeren Leserin oder einem schwächeren Leser, bis diese oder dieser ohne Unterstützung längere Textpassagen flüssig lesen kann. Ein weiteres Beispiel für ein begleitendes Lautleseverfahren ist der *Reading-while-listening-Ansatz*. Er fokussiert das simultane halblaute (Mit-)Lesen und Hören von Texten bzw. Hörbüchern, bis die Schülerinnen und Schüler in der Lage sind, den Text ohne Audioquelle flüssig vorzulesen. Eine Kombination aus wiederholtem und begleitendem Lautlesen stellen die Laut-Lese-Tandems (vgl. Nix, 2011; Rosebrock et al., 2016) dar, die ähnlich wie das *Paired Reading-Verfahren* ablaufen, die Texte werden jedoch wiederholt gelesen. Der Umgang mit Lesefehlern ist hier in Form einer »Verbesserungsroutine« klar geregelt.

Ein explizites Training des sinngestaltenden Lesens ist in den genannten Lautleseverfahren in der Regel nicht vorgesehen; für die Lautlese-Tandems wird angenommen, dass durch die Zusammenarbeit mit dem Lesevorbild auch Betonung und Phrasierung erlernt werden (vgl. Rosebrock et al., 2016). Für den deutschsprachigen Raum gibt es unseres Wissens kein Trainingsverfahren zum sinngestaltenden Lesen, das explizit prosodische Aspekte fokussiert; international lassen sich nur vereinzelt Studien finden, die die Wirksamkeit einer Förderung solcher Aspekte für die Leseflüssigkeit und das Leseverstehen untersuchen.

Die Befundlage zur Wirksamkeit von Leseflüssigkeitstrainings ist heterogen. Für Lautleseverfahren lassen sich abhängig vom Verfahren und von der Zielgruppe (z. B. der Klassenstufe oder der Schulform) kleine bis mittlere Effekte auf die Leseflüssigkeit ausmachen. Häufig wird hier nur die Lesegeschwindigkeit gemessen, die Frage nach der Wirkung auf prosodische Aspekte des Lesens bleibt in der Regel unberücksichtigt. Effekte auf das Leseverständnis sind bisher ungeklärt, manche Studien können kleine Effekte zeigen, in anderen findet sich wiederum kein Einfluss auf das Leseverstehen (vgl. u. a. Chard, Vaughn & Tyler, 2002; Gold, Nix, Rieckmann & Rosebrock, 2010; Kuhn & Stahl, 2003; NICHD, 2000; Nix, 2011; Trenk-Hinterberger, Nix, Rieckmann, Rosebrock & Gold, 2008). Die heterogene Befundlage zur Effektivität von Lautleseverfahren lässt einige Desiderata erkennen. Hierzu gehören Fragen nach der einzusetzenden Textsorte, der Textschwierigkeit, der Textlänge, der Dauer des Trainings und der Zielgruppe. Unklar bleibt auch der Effekt auf das sinngestaltende Lesen und auf das Textverstehen. Bei aller Unklarheit besteht aber weitgehend Einigkeit darin, dass für eine effektive Förderung der Leseflüssigkeit folgende Aspekte Berücksichtigung finden sollten: der Einsatz eines kompetenten Lesemodells, die Möglichkeit zu wiederholtem lauten Lesen von bekannten Texten, korrektives Feedback, kooperative Lernformen und eine auf die Zielgruppe abgestimmte Textschwierigkeit.

Im Unterschied zu den Lautleseverfahren lassen sich für Vielleseverfahren keine positiven Effekte auf die Lesekompetenz feststellen (vgl. NICHD, 2000; Rosebrock & Nix, 2015). Gerade bei schwachen Leserinnen und Lesern erzielt eine alleinige Steigerung der Lesemenge keine Verbesserung des Leseverstehens. Die Befundlage zu Trainingsverfahren, die explizit die Prosodie in den Blick nehmen, ist sehr dünn, da bisher so gut wie keine Forschung in diesem Bereich existiert. Calet, Gutiérrez-

Palma und Defior (2017) konnten z. B. für spanische Grundschulkinder zeigen, dass ein Prosodietraining einem Automatisierungstraining, das Geschwindigkeit und Akkuratheit fokussiert, hinsichtlich seiner Effekte auf das Satzverstehen und das prosodische Lesen überlegen ist. Das eingesetzte Prosodietraining beinhaltete Feedback beim wiederholten Lesen durch ein Lesevorbild zu Betonung, Pausen, Intonation und Phrasierung sowie ergänzende Übungen zur Sensibilisierung ebendieser Aspekte. Calet et al. (2017) folgern aus ihren Ergebnissen, dass prosodische Fähigkeiten systematisch trainiert werden müssten.

Basierend auf den o. g. theoretischen Überlegungen zur Relevanz der Prosodie für das Textverstehen und ersten, wenn auch nur vereinzelten Hinweisen auf positive Effekte einer Prosodieförderung lässt sich an dieser Stelle festhalten, dass eine Berücksichtigung prosodischer Aspekte im Rahmen einer Förderung der Leseflüssigkeit durchaus vielversprechend scheint.

Im Folgenden wird ein von uns entwickeltes Leseflüssigkeitstraining vorgestellt, das beide Aspekte verbindet: Die positiv evaluierten Merkmale der Lautleseverfahren kombiniert mit konkreten Übungsformaten zum prosodischen Lesen.

Konzept des Leseflüssigkeitstrainings

Das Leseflüssigkeitstraining besteht aus verschiedenen Elementen. Technisches Kernelement des Trainings ist der sogenannte *Anybook-Reader*, ein digitaler Stift, auf dem von einem kompetenten Vorleser gelesene Texte gespeichert wurden, die von den Schülerinnen und Schülern durch das Antippen von speziellen Stickern mit QR-Codes im Fördermaterial abgespielt werden. In Anlehnung an den *Reading-while-listening-Ansatz* können die Schülerinnen und Schüler so halblaut mit einem Audiovorbild mitlesen. Der vorgelesene Text kann in zwei verschiedenen Geschwindigkeitsstufen ausgewählt werden, um ein individuell angemessenes Lesetempo zu ermöglichen. Neben dem Einsatz eines Lesevorbilds werden weitere Elemente der o. g. Lautleseverfahren aufgegriffen: Die Texte werden wiederholt gelesen, außerdem werden ergänzend zur Arbeit mit dem *Anybook-Reader* dieselben Texte einer Lesepartnerin oder einem Lesepartner (»Trainer/in«) vorgelesen, deren bzw. dessen Aufgabe es ist, auf Lesefehler zu achten und der »Sportlerin« bzw. dem »Sportler« Feedback zu geben. Die Anzahl der richtig gelesenen Wörter pro Minute wird dabei nach jedem Lesen notiert. Der Lernzuwachs wird so für die Schülerinnen und Schüler beobachtbar und Leseflüssigkeit als »trainierbar« wahrgenommen.

Da Lautleseverfahren durch das Automatisieren von Worterkennungsprozessen in erster Linie auf eine Steigerung der Automatisierung und Akkuratheit abzielen, nicht aber explizit das prosodische Lesen fördern, wurden in das vorliegende Training Aufgaben zum sinngestaltenden Lesen integriert, die sich inhaltlich am Textmaterial orientieren. Fokussiert wurden die Aspekte Phrasierung, Intonation, Betonung und Pausen. Auch diese Aufgaben wurden durch Audiomaterial unterstützt.

Jede der 18 Trainingseinheiten umfasste 15 Minuten reine Bearbeitungszeit und bestand sowohl aus Lautleseelementen als auch aus Übungen zum sinngestaltenden Lesen.

Exemplarische Darstellung von Aufgabenformaten

Im Folgenden werden beispielhaft einige Aufgaben vorgestellt, deren Ziel es ist, das prosodische Lesen zu fördern. Übungen zur Phrasierung sollen das Einhalten bzw. Wahrnehmen von Phrasengrenzen und die »Vergrößerung« der Phrasen beim Lesen, von Ein- oder Zweiwortphrasen hin zu bedeutungsvollen Einheiten, unterstützen. Dies geschieht im Wesentlichen durch Aufgaben zum Ausbau von Phrasen (▶ Abb. 7.2).

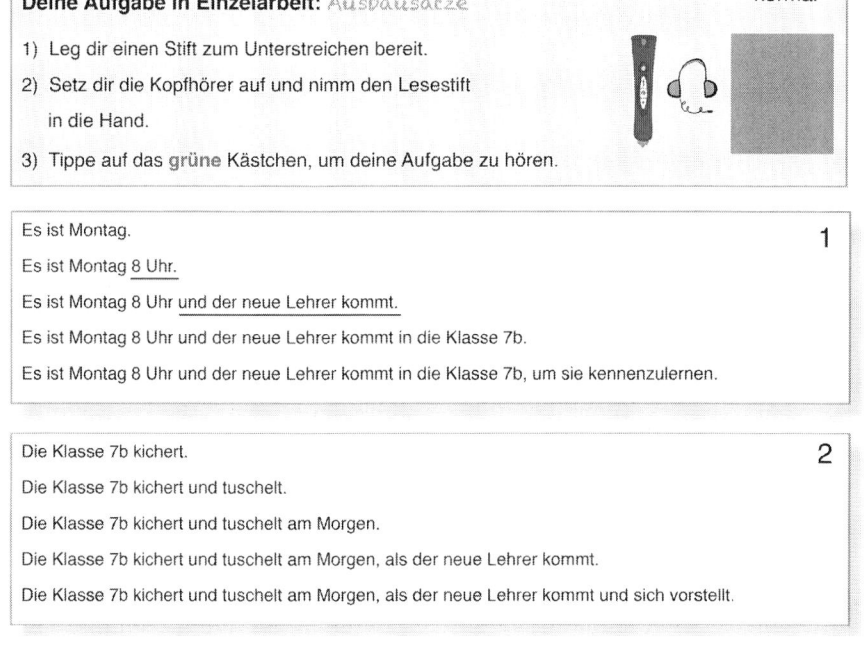

Abb. 7.2: Aufgabe zum Ausbau von Phrasen

Eng verknüpft mit Aufgaben zur Phrasierung sind Übungen zur Wahrnehmung bzw. zum Setzen von notwendigen Pausen beim Lesen. Entsprechende Aufgaben trainieren dies rezeptiv und produktiv, indem sie zum einen die Aufmerksamkeit während des Mitlesens mit dem Audiovorbild auf markierte Pausen im Text lenken. Zum anderen müssen Pausen im vorgelesenen Audiotext erkannt und im vorliegenden Text markiert werden.

Aufgaben zur Intonation zielen auf das Erkennen der Interpunktion und ihrer Bedeutung für die Intonation beim Lesen. Trainiert werden beispielsweise das Erkennen der Interpunktion durch »hörbares« Vorlesen (▶ Abb. 7.3).

Ergebnisse zur Wirksamkeit des Trainings liegen aktuell noch nicht vor.

Deine Aufgabe im Team: Satzmelodie

Lest euch die 13 Sätze gegenseitig vor. Lest jeden Satz als einen Aussagesatz ✓ , Fragesatz ✓ und Ausrufe- bzw. Aufforderungssatz ✓ . Setzt ein Häkchen nach jedem erledigten Satz in das farbige Kästchen.

💡 **Hinweis:** Satzzeichen helfen dir, beim Lesen den Sinn leichter zu erfassen und zu transportieren. Du kannst durch Veränderungen der Stimmmelodie, der Betonung und der Pausen in einem Satz, den Sinn des Satzes unterschiedlich für deinen Zuhörer gestalten.

Aussage.	Frage?	Ausruf!/Aufforderung!	
☐	☐	☐	1) Dein Eis war einst meins
☐	☐	☐	2) Frische Früchte erfrischen
☐	☐	☐	3) Der Spatz spaziert früh und spät im Spinat

Abb. 7.3: Übung zur Intonation

3.2 Training der Schreibflüssigkeit

Über die Effekte von Schreibflüssigkeitstrainings ist bisher wenig bekannt. Die wenigen Studien, die sich mit Schreibflüssigkeit beschäftigen, lassen sich zudem nicht miteinander vergleichen, da die Konstrukte, die den Trainings zugrunde liegen, zu unterschiedlich sind. So fokussieren Limpo, Parente und Alves (2018) sowie Hurschler Lichtsteiner, Wicki und Falmann (2018) die Flüssigkeit der Handschrift. Alves et al. (2016) nehmen nur die Transkriptionsflüssigkeit in den Blick. Übungsformate, die auf einer ähnlichen theoretischen Konzeption von Schreibflüssigkeit beruhen, wie sie hier vorgeschlagen wurde, liegen bisher bei Sturm und Lindauer (2014) vor.

Als Desiderat lässt sich festhalten, dass insgesamt unklar ist, welches Konstrukt genau gefördert werden soll und kann. Aus der bestehenden Forschungsliteratur lassen sich aber zumindest einige Grundprinzipien ableiten (vgl. Graham, 2010; Sturm, 2017), *wie* basale Fertigkeiten gefördert werden sollten, um substantielle Wirkeffekte zu erzielen. Hierzu gehört, dass basale Fertigkeiten nur während einer kurzen Zeitspanne, aber wenn möglich in engen Abständen, z. B. täglich, trainiert werden sollten. Die Trainingsaufgaben sollten sich zudem mehrfach wiederholen. Die Förderung basaler Schreibfertigkeiten sollte eingebettet sein in einen übergreifenden Kontext, d. h., die Trainingsaufgaben zu basalen Schreibfertigkeiten sollten mit Textproduktionsaufgaben verbunden werden. Das im Folgenden beschriebene Schreibflüssigkeitstraining greift die genannten Punkte auf.

Unsere Arbeitsdefinition zur Schreibflüssigkeit mit den beiden Komponenten Transkriptions- und Formulierungsflüssigkeit bildet die Grundlage für die Konzeption des Schreibflüssigkeitstrainings. Da Schreibflüssigkeit hier als eine Fähigkeit aufgefasst wird, die auf der Interaktion zwischen automatisierten (unbewussten) und aufmerksamkeitsfordernden (kontrollierten) Prozessen beruht, ergeben sich zwei Unterziele für die Intervention: (1) die Förderung des automatisierten und damit weitgehend unbewussten Abrufs auf Buchstaben-, Wort- und Satzebene (Transkriptionsflüssigkeit) und (2) die Förderung der aufmerksamkeitsfordernden Formulierungsflüssigkeit. Die Aufgabentypen zielen im Wesentlichen darauf ab, diese beiden Komponenten zu fördern, indem im Langzeitgedächtnis bereits vorhandene assoziative Verknüpfungen genutzt und verstärkt werden sollen, sodass der Abruf schneller gelingt. Die Anwendung während der Bearbeitung der Aufgaben verstärkt die Verknüpfungen im Langzeitgedächtnis und fördert damit den schnellen Zugriff.

Rahmenkonzeption des Schreibflüssigkeitstrainings

Die Schreibflüssigkeitsförderung wurde in Anlehnung an ein Sporttraining konzipiert. Dies hatte zum einen motivationale Gründe, zum anderen sollten die Schülerinnen und Schüler so die Erfahrung machen, dass flüssiges Schreiben eine trainierbare bzw. lernbare Fähigkeit ist. Die Förderung wurde als Training konzipiert, das auf einen Wettkampf vorbereitet, entsprechend ist jede Trainingssitzung in die drei Phasen *Aufwärmen*, *Üben* und *Auslaufen* gegliedert. Das Training besteht aus drei dreiwöchigen Themenblöcken. Jeder der drei Themenblöcke endet mit einer Textproduktionsaufgabe, dem *Wettkampf*. Der Wettkampf besteht aus dem Schreiben einer Geschichte zu einem Bildimpuls, der zum Rahmenthema des jeweiligen Trainingsblocks passt und dem Training einen funktionalen Bezug gibt. Alles, was vorher trainiert wird, kann nun im Wettkampf, also zum Schreiben einer Geschichte, genutzt werden. Die Trainingsaufgaben wiederholen sich – wie im Sport –, und der eigene Lernfortschritt wird für ausgewählte Übungen in einem Trainingstagebuch dokumentiert und kann am Ende des Trainings als Leistungskurve abgelesen werden. Bei Aufgaben zur Automatisierung geht es vielfach um Schnelligkeit, die Aufgaben müssen in einer vorgegebenen Zeit bearbeitet werden. Während des Trainings wechseln sich Einzelaufgaben und Partnerarbeit ab.

Vor Beginn des Trainings gibt es eine Einführungssitzung, in der, neben einer Einführung in das Trainingsmaterial, Schreibflüssigkeit und ihre Funktion für das Schreiben von guten Texten erarbeitet und Trainingsziele aufgestellt werden, sodass den Schülerinnen und Schülern die Ziele und die Funktion der Förderung transparent sind. Die darauf folgenden, zweimal pro Woche stattfindenden Trainingssitzungen umfassen jeweils 15 Minuten reine Bearbeitungszeit. Insgesamt besteht das Training aus 18 Trainingssitzungen.

Inhaltliche und (schreib-)didaktische Einbettung der Trainingsaufgaben

Die Trainingsaufgaben werden in ein ganzheitliches didaktisches Konzept eingebettet. Im Rahmen des Trainings sollen der automatisierte Abruf und der basale Formulierungsprozess, d. h. die Transformation von Ideen zu sprachlichen Einheiten, im Fokus stehen, die Schülerinnen und Schüler sollen also möglichst schnell in den Formulierungsprozess einsteigen. Sie sollen lernen, ihre Gedanken zügig zu

Papier zu bringen, also bereits bekannte Einheiten möglichst schnell abzurufen. Um dies sicherzustellen, wurden folgende Aspekte bei der Entwicklung des Trainings berücksichtigt:

Herstellung von geteiltem Welt- und Sprachwissen. Um den schnellen Einstieg in den Formulierungsprozess zu garantieren, sind zwei Bedingungen wichtig: Zum einen muss Weltwissen vorhanden sein; es sollte nicht erst im Rahmen des Trainings (z. B. über die Rezeption von Texten oder den Aufbau von Wortschatz) konstruiert werden. Zum anderen muss sprachliches Wissen vorhanden sein, vor allem in den Bereichen Lexik, Orthografie und Textsorten. Damit geteiltes Weltwissen und sprachliches Wissen aus dem Langzeitgedächtnis als Wissensquelle genutzt werden können, wurden drei den Schülerinnen und Schülern vertraute Lebenswelten (Zuhause, Schulweg und Schule) als thematischer Hintergrund ausgewählt und zu den Themen passende Bildimpulse und literarische Vorlagen eingesetzt. Das in den Aufgaben eingesetzte Wortmaterial passt in diese thematischen Kontexte.

Herstellung von geteilten Textsortenkenntnissen. Für die Textproduktionsaufgaben wurde die Textsorte Erzählung gewählt, eine in der Schule dominante Textsorte, sodass davon ausgegangen werden kann, dass die Lernenden zum Verfassen narrativer Texte keine explizite Instruktion benötigen.

Bezug zur Lebenswelt der Schülerinnen und Schüler. Motivationale Aspekte werden berücksichtigt, indem die Schülerinnen und Schüler von einer jugendlichen Figur, der Hexe Mila, durch das Material begleitet werden, deren Geschichte die Rahmenhandlung für das Training liefert. Verbunden wird Milas Geschichte mit inhaltlich passenden Auszügen aus literarischen Vorlagen, die als Abschreibtexte dienen.

Funktionaler Bezug. Da Schreibflüssigkeit an sich kein Selbstzweck ist, sondern funktional für das Verfassen von Texten, wird das Training an ausgewählten Stellen mit Textproduktionsaufgaben verknüpft (vgl. Boscolo, 2012; Sturm, 2017; Sturm & Weder, 2016).

Exemplarische Darstellung von Aufgabenformaten

Es gibt prototypische Aufgaben, die sich innerhalb der Trainingseinheiten mit unterschiedlichem Wortmaterial wiederholen. Die Aufgaben nehmen alle Teilkomponenten der Schreibflüssigkeit in den Blick, lassen sich aber nicht immer trennscharf trainieren. Sie fördern sowohl (1) den automatisierten Abruf als auch (2) das flüssige Formulieren, der Übergang ist fließend.

Zu Beginn jeder Trainingseinheit wird als »Aufwärmübung« die Graphomotorik durch das Abschreiben von wiederkehrenden Textabschnitten aus literarischen Vorlagen und durch den Einsatz der *Alphabet-Task,* verbunden mit einer Selbstevaluation, geschult (▶ Abb. 7.4).

Die automatisierte Produktion von Wörtern (vgl. Barry, 1994; Brown & Loosemore, 1994) wird beispielsweise durch Wortproduktionsaufgaben, wie das Benennen von Gegenständen oder das Ergänzen von Verben gefördert (▶ Abb. 7.5), die automatisierte Produktion von einfachen Sätzen durch das wiederholte Schreiben von Sätzen des Satzschemas Subjekt-Nominalphrase – Verb – Objekt-Nominalphrase.

Aufwärmtraining: Text abschreiben

Schreibe den Textabschnitt so schnell und so leserlich wie möglich ab.
Beginne mit der Überschrift.
Zeichne im Text einen senkrechten Strich hinter das letzte Wort, das du abgeschrieben hast.

⏱ Achtung Zeitnahme! Du hast 2 Minuten Zeit.

Wie viele Wörter hast du heute geschrieben? _____

	1	2	3	4	
Wie leserlich ist der abgeschriebene Text? Kreuze an.	nicht leserlich ☐	☐	☐	☐	sehr leserlich

Datum _____

ZWISCHENSTAND

Abb. 7.4: Aufgabenstellungen zu den Abschreibaufgaben

Einzeltraining

Ergänze passende Verben und schreibe anschließend Sätze dazu.

⏱ Achtung Zeitnahme!

1. Ergänze passende Verben.

Skateboard fahren   Musik _____

Lippenstift benutzen   Fernsehen _____

Fußball _____   Blumen _____

Rollschuh _____   Bücher _____

Abb. 7.5: Aufgabenformat zur automatisierten Wortproduktion

Die Formulierungsflüssigkeit wird durch Aufgabenformate, die die Phrasen-, Satz- und Textebene fokussieren, gefördert. Hier werden beispielsweise Phrasen erweitert oder einfache Sätze durch Konnektoren zu komplexen Sätzen verbunden (vgl. Saddler, 2012) (▶ Abb. 7.6). Die Formulierungsflüssigkeit wird auch beim Schreiben von Sätzen oder Minitexten durch das bewusste Auswählen von passenden Formulierungsalternativen trainiert.

der Schatz

der _____ Schatz

der _____, _____ Schatz

der _____, _____ Schatz _____

> **der Schatz**
> vergraben, wertvoll,
> aus Goldmünzen

die Insel

die _____ Insel

die _____, _____ Insel

die _____, _____ Insel _____

> **die Insel**
> ???

> **Einzeltraining**   1 2
> Formuliere Widersprüche mit den Sätzen im Kasten:
> Bilde aus zwei passenden Sätzen immer einen Satz mit „aber".
> Verbinde zuerst alle passenden Sätze. Schreibe dann wie im Beispiel.
> **Beachte:** Deine Sätze müssen Sinn ergeben.

Mila hat Unordnung in ihrem Zimmer.	Etwas geht schief.
Mila soll aufräumen.	Die Gegenstände werden lebendig.
Mila wendet einen Zauberspruch an.	Mila weiß den Zauberspruch nicht.
Eigentlich sollen alle Sachen an ihren Platz zurück.	Mila stört das nicht.
Mila will den Zauber beenden.	Mila hat keine Lust.

Mila hat Unordnung in ihrem Zimmer, **aber** das stört sie nicht.

Abb. 7.6: Aufgaben zur Förderung der Formulierungsflüssigkeit

Erste Ergebnisse des Schreibflüssigkeitstrainings

Schreibflüssigkeit wurde – wie oben dargestellt – konzeptionell und empirisch in die Facetten Transkriptionsflüssigkeit und Formulierungsflüssigkeit zerlegt. Dies diente neben dem Erlangen grundlegender Erkenntnisse auch dazu, die Möglichkeiten zur Diagnose und Förderung der Schreibflüssigkeit zu erweitern. Die dargestellten

Materialien fokussieren entweder die eine, die andere oder auch beide Komponenten. Erste Ergebnisse zeigen, dass das so konzipierte Training vor allem für ›schwache‹ Schreiberinnen und Schreiber wirksam ist, es lässt sich eine Steigerung in beiden Komponenten der Schreibflüssigkeit ausmachen. Dies bedeutet zum einen, dass sie Buchstaben, ihnen bekannte Wörter und kurze Sätze schneller als vor dem Training abrufen und verschriften. Ein schneller, automatisierter Abruf dieser Komponenten ist eine wesentliche Voraussetzung für schnelles und kohärentes Formulieren. Zum anderen konnten insbesondere ›schwache‹ Schreiberinnen und Schreiber ihre Formulierungsflüssigkeit steigern, es fällt ihnen somit leichter, Formulierungen während des Schreibprozesses abzurufen. Weitere Analysen müssen zeigen, ob sich diese Verbesserungen auch auf die Textqualität auswirken.

4 Zusammenfassung und Ausblick

Lese- und Schreibflüssigkeit wurden als wesentliche Voraussetzung für eine entwickelte Lese- und Schreibfähigkeit beschrieben. *Leseflüssigkeit* wurde dabei in Einklang mit der gängigen theoretischen Meinung als die Fähigkeit definiert, Wörter und Sätze akkurat und automatisiert sowie sinngestaltend zu lesen, und gilt als Brücke zum Textverstehen. *Schreibflüssigkeit* wurde, beruhend auf dem kognitiven Schreibprozessmodell von Hayes (2012a), konzipiert als eine Fertigkeit, die zwei Facetten umfasst: die automatisierte *Transkriptionsflüssigkeit* als Fertigkeit, Buchstaben, Wörter und einfache Sätze zügig abzurufen und zu verschriften, und die aufmerksamkeitsfordernde *Formulierungsflüssigkeit* als Fertigkeit, Inhalte kohärent und zügig zu verschriftlichen. Für beide Fertigkeiten, das flüssige Lesen und das flüssige Schreiben, gilt, dass ihre Beherrschung kognitive Ressourcen u. a. des Arbeitsgedächtnisses freisetzt, sodass für andere, komplexere Aufgaben, die größere Aufmerksamkeit erfordern, mehr Ressourcen zur Verfügung stehen. Für das Lesen bedeutet dies, dass bei hoher Leseflüssigkeit der Fokus während des Lesens auf das Textverstehen und die Textinterpretation gelegt werden kann. Für das Schreiben lässt sich annehmen, dass bei zunehmender Schreibflüssigkeit letztlich qualitativ höhere, also adressatengerechte, inhaltlich gehaltvollere, kohärentere und funktionalere Texte produziert werden können. Diese Zusammenhänge sind deshalb von großer Bedeutung, da letztlich nicht die Lese- bzw. Schreibflüssigkeit, sondern erst die Fähigkeiten zum Textverstehen und zur Textproduktion dem Individuum zu einer vollständigen Teilhabe an Bildungsprozessen und am zunehmend literal strukturierten gesellschaftlichen Leben verhelfen.

Die hier dargelegten theoretischen und empirischen Ausführungen zeigen die hohe Relevanz der Flüssigkeitsaspekte für den Lese- und Schreiberwerb. Umso erstaunlicher ist es, dass insbesondere die Schreibflüssigkeit im deutschsprachigen Raum in der sprachdidaktischen Forschung sowie in der Unterrichtspraxis bisher nur geringe Beachtung findet. Trainingsverfahren für die Lese- und Schreibflüssigkeit, die auf den jeweiligen o. g. theoretischen Konzeptionen beruhen, liegen bislang kaum vor. Daher wurden im Entwicklungsprojekt »Lese- und Schreibflüssigkeit – Konzeption, Diagnostik, Förderung« eigene Förderverfahren sowohl für das Lesen als auch für das Schreiben entwickelt. Über die Wirksamkeit des erstellten Leseflüssigkeitstrainings können hier noch keine Aussagen gemacht werden. Für das Schreibflüssigkeitstraining zeigen erste Ergebnisse, dass vor allem ›schwache‹ Schreiberinnen und Schreiber vom Training profitieren. Sie steigerten sich in beiden Facetten der Schreibflüssigkeit. Damit sind relevante Grundlagen für eine bessere Textproduktion gelegt. Diese ersten Ergebnisse sind ermutigend auch für die Annäherung an weitere Desiderate. Inwieweit sich nämlich eine Verbesserung der Flüssigkeitsaspekte auf eine Verbesserung der Lese- und Schreibkompetenz insgesamt auswirkt, kann an dieser Stelle nicht abschließend beantwortet werden. Die in der ersten Projektphase gemessenen positiven Zusammenhänge der Flüssigkeitsaspekte mit den hierarchiehohen Lese- und Schreibkompetenzen lassen zumindest darauf schließen. Zu beachten ist allerdings, dass zum Leseverstehen und zur Produktion qualitativ guter Texte mehr gehört als nur das flüssige Lesen bzw. Schreiben. Wie diese einzelnen Prozesse genau ineinandergreifen, müssen weitere Forschungen zeigen.

Literatur

Alves, R. A. & Limpo, T. (2015). Progress in written language bursts, pauses, transcription, and written composition across schooling. *Scientific Studies of Reading*, 19(5), 374–391. DOI: 10.1080/10888438.2015.1059838.

Alves, R. A., Limpo, T., Fidalgo, R., Carvalhais, L., Pereira, L. Á. & Castro, S. L. (2016). The impact of promoting transcription on early text production: Effects on bursts and pauses, levels of written language, and writing performance. *Journal of Educational Psychology*, 108(5), 665–679. DOI: 10.1037/edu0000089.

Amato, J. M. & Watkins, M. W. (2011). The predictive Validity of CBM Writing Indices for Eighth-Grade Students. *The Journal of Special Education*, 44(4), 195–204. DOI: 10.1177/0022466909333516.

Artelt, C., Stanat, P., Schneider W. & Schiefele, U. (2001). Lesekompetenz: Testkonzeption und Ergebnisse. In: Deutsches PISA-Konsortium (Hrsg.), *PISA 2000. Basiskompetenzen von Schülerinnen und Schülern im internationalen Vergleich* (S. 69–137). Opladen: Leske & Budrich.

Barry, C. (1994). Spelling Routes (or Roots or Rutes). In: G. D. A Brown & N. C. Ellis (Hrsg.), *Handbook of spelling: Theory, process and intervention* (27–49). Chichester: Wiley.

Baumert, J., Klieme, E., Neubrand, M., Prenzel, M., Schiefele, U., Schneider, W., Stanat, P., Tillmann, K. J. & Weiß, M. (Deutsches PISA-Konsortium) (Hrsg.) (2001). *PISA 2000. Basiskompetenzen von Schülerinnen und Schülern im internationalen Vergleich*. Opladen: Leske & Budrich. DOI: 10.1007/978-3-322-83412-6.

Becker-Mrotzek, M. (2014). Schreibkompetenz. In: J. Grabowski (Hrsg.), *Sinn und Unsinn von Kompetenzen. Fähigkeitskonzepte im Bereich von Sprache, Medien und Kultur* (S. 51–71). Opladen: Budrich.

Berninger, V. W., Cartwright, A. C., Yates, C. M., Swanson, H. L. & Abbott, R. D. (1994). Developmental skills related to writing and reading acquisition in the intermediate grades. *Reading and Writing: An Interdisciplinary Journal*, 6, 161–196.

Boscolo, P. (2012). Teacher-based writing research. In: V. W. Berninger (Hrsg.), *Past, present, and future contributions of cognitive writing research to cognitive psychology* (S. 61–86). New York: Psychology Press.

Brown, G. D. A. & Loosemore, R. P. W. (1994). Computational approaches to normal and impaired spelling. In: G. D. A. Brown & N. C. Ellis (Hrsg.), *Handbook of spelling: Theory, process and intervention* (319–335). Chichester: Wiley.

Calet, N., Gutiérrez-Palma, N. & Defior, S. (2017). Effects of a fluency training on reading competence in primary school children: The role of prosody. *Learning and Instruction, 52.* 59–68.

Chard, D. J., Vaughn, S. & Tyler, B. J. (2002). A synthesis of research on effective interventions for building reading fluency with elementary students with learning disabilities. *Journal of Learning Disabilities*, 35(5), 386–406.

Chenoweth, N. A. & Hayes, J. (2001). Fluency in writing. Generating text in L1 and L2. *Written Communication*, 18(1), S. 80–98.

Daane, M. C., Campbell, J. R., Grigg, W. S., Goodman, M. J. & Oranje, A. (2005). *Fourth-grade students reading aloud: NAEP 2002 special study of oral reading*. U.S. Department of Education. Institute of Education Sciences, National Center for Education Statistics. Washington, D. C.: Government Printing Office.

Drechsel, B. & Artelt, C. (2007). Lesekompetenz. In: M. Prenzel, C. Artelt, J. Baumert, W. Blum, M. Hammann, E. Klieme & R. Pekrun (Hrsg.), *PISA 2006. Die Ergebnisse der dritten internationalen Vergleichsstudie* (S. 225–247). Münster: Waxmann.

D-PAC (2018). *D-PAC [computer software]*. Antwerpen: University of Antwerp. Online erhältlich unter: http://www.d-pac.be/english.

Gold, A., Nix, D., Rieckmann, C. & Rosebrock, C. (2010). Bedingungen des Textverstehens bei Leseschwachen 12-Jährigen mit und ohne Zuwanderungshintergrund. *Didaktik Deutsch*, 28, 59–74.

Graham, S. (2010). Want to improve children's writing? Don't neglect their handwriting. *Education Digest: Essential Readings Condensed for Quick Review*, 76(1), 49–55.

Groeben, N. & Christmann, U. (1996). *Textverstehen und Textverständlichkeit aus sprach-/denkpsychologischer Sicht* (S. 67–89). Tübingen: Narr.

Hayes, J. R. (2012a). Modeling and remodeling writing. *Written Communication*, 29(3), 369–388. DOI: 10.1177/0741088312451260.

Hayes, J. R. (2012b). Evidence From Language Bursts, Revision, and Transcription for Translation and its Relation to Other Writing Processes. In: M. Fayol, D. Alamargot, & V. W. Berninger (Hrsg.), *Translation of thought to written text while composing: Advancing theory, knowledge, methods, and applications* (S. 15-26). East Sussex: Psychology Press.

Hurschler-Lichtsteiner, S., Wicki, W. und Falmann, P. (2018). Impact of handwriting training on fluency, spelling and text quality among third graders. *Reading and Writing*, 31(6), 1295–1318. DOI: 10.1007/s11145-018-9825-x.

Kaufer, D. S., Hayes, J. R. & Flower, L. (1986). Composing Written Sentences. *Research in the Teaching of English*, 20(2), 121–140.

Kintsch, W. (1998). *Comprehension. A paradigm for cognition*. Cambridge: University Press.

Kuhn, M. R. & Stahl, S. A. (2003). Fluency: A review of developmental and remedial practices. *Journal of Educational Psychology*, 95(1), 3–21.

Kuhn, M. R., Schwanenflugel, P. J. & Meisinger, E. B. (2010). Aligning Theory and Assessment of Reading Fluency: Automaticity, Prosody, and Definitions of Fluency. *Reading Research Quarterly*, 45, 230–251. DOI:10.1598/RRQ.45.2.4.

Lenhard, W. & Schneider, W. (2006). *ELFE 1–6. Ein Leseverständnistest für Erst- bis Sechstklässler*. Göttingen: Hogrefe.

Limpo, T., Parente, N. und Alves, R. A. (2018). Promoting Handwriting in fifth graders with slow handwriting: a single-subject design study. *Reading and Writing: An Interdisciplinary Journal*, 31(6), 1343–1366.

Linnemann, M., Stephany, S., Lemke, V., Bulut, N., Claes, P., Haider, H., Roth, H. J. & Becker-Mrotzek, M. (in Review). The Dimensionality of Writing and Reading Fluency and its Impact on Composition and Comprehension, Journal of Writing Research.

McCutchen, D. (1996). A Capacity Theory of Writing: Working Memory in Composition. *Educational Psychology Review*, 8(3), 299–325.

Monteiro, C., & Leal, J. P. (2013). Managing experiments on cognitive processes in writing with Handspy. *Computer Science and Information Systems*, 10(4), 1747–1773. DOI: 10.2298/CSIS12 1130061M.

Müller, B. & Richter, T. (2014). Lesekompetenz. In: J. Grabowski (Hrsg.), *Sinn und Unsinn von Kompetenzen. Fähigkeitskonzepte im Bereich von Sprache, Medien und Kultur* (S. 51–71). Opladen: Budrich.

National Insitute of Child Health and Human Development (NICHD) (2000). *Report of the National Reading Panel: Teaching children to read – an evidence-based assessment of the scientific research literature on reading and its implications for reading instruction*. Washington: US-Government Printing Office.

Naumann, J., Artelt, C., Schneider W. & Stanat, P. (2010). Lesekompetenz von PISA 2000 bis PISA 2009. In: E. Klieme, C. Artelt, J. Hartig, N. Jude, O. Köller, M. Prenzel, W. Schneider, & P. Stanat (Hrsg.), *PISA 2009. Bilanz nach einem Jahrzehnt* (S. 23–65). Münster: Waxmann.

Neumann, A. & Lehmann, R. H. (2008). Schreiben Deutsch. In: DESI-Konsortium (Hrsg.), *Unterricht und Kompetenzerwerb in Deutsch und Englisch. Ergebnisse der DESI-Studie* (S. 89–103). Weinheim: Beltz.

Nix, D. (2011). *Förderung von Leseflüssigkeit. Theoretische Fundierung und empirische Überprüfung eines kooperativen Lautlese-Verfahrens im Deutschunterricht*. Weinheim, München: Juventa.

Oakhill, J., Cain, K., & Elbro, C. (2014). *Understanding and teaching reading comprehension: A handbook*. London: Routledge.

Pollitt, A. (2012). Comparative judgement for assessment. *International Journal of Technology and Design Education*, 22(2), 157–170. DOI: 10.1007/s10798-011-9189-x.

Philipp, M. (2012) *Besser lesen und schreiben. Wie Schüler effektiver mit Sachtexten umgehen lernen*. Stuttgart: Kohlhammer.

Rasinski, T. (2004). Creating fluent readers. *Educational Leadership*. 61(6), 46–51.

Rosebrock, C. & Nix. D. (2006). Forschungsüberblick: Leseflüssigkeit (Fluency) in der amerikanischen Leseforschung und -didaktik. *Didaktik Deutsch*, 20, 90–112.

Rosebrock, C. & Nix, D. (2015). *Grundlagen der Lesedidaktik und der systematischen Leseförderung* (7. überarb. Aufl.). Hohengehren: Schneider.

Rosebrock, C., Nix, D., Rieckmann, C. & Gold, A. (2016). *Leseflüssigkeit fördern. Lautleseverfahren für die Primar- und Sekundarstufe* (4. Aufl.). Seelze: Kallmeyer.

Saddler, B. (2012). *Teacher's Guide to Effective Sentence Writing*. New York: Guilford Press.

Samuels, S. J. (1994). Toward a theory of automatic information processing in reading, revisited. In: R. B. Ruddell, M. R. Ruddell, & H. Singer (Hrsg.), *Theoretical models and processes of reading* (S. 816–837). Newark: International Reading Association.

Schneider, W., Schlagmüller, M. & Ennemoser, M. (2007). *LGVT 6–12. Lesegeschwindigkeits- und -verständnistest für die Klassen 6–12*. Göttingen: Hogrefe.

Schnotz, W. & Dutke, S. (2004). Kognitionspsychologische Grundlagen der Lesekompetenz: Mehrebenenverarbeitung anhand multipler Informationsquellen. In: C. Artelt, U. Schiefele, W. Schneider & P. Stanat (Hrsg.), *Entwicklung, Bedingungen und Förderung der Lesekompetenz Jugendlicher. Vertiefende Analysen der PISA-2000-Daten* (S. 61–100). Wiesbaden: Verlag für Sozialwissenschaften.

Sturm, A. (2014). Basale Lese- und Schreibfertigkeiten bei BerufsschülerInnen und die Notwendigkeit kompensatorischer Fördermaßnahmen. *Leseforum* 1, 1–19. Verfügbar unter: https://www.leseforum.ch/sysModules/obxLeseforum/Artikel/508/2014_1_Sturm.pdf [19.12.2018].

Sturm, A. (2017). Förderung hierarchieniedriger Schreibprozesse. In: M. Phillip. (Hrsg.), *Handbuch Schriftspracherwerb und weiterführendes Lesen* (S. 266–284). Weinheim: Beltz Juventa.

Sturm, A. & Lindauer, T. (2014). *Musteraufgaben: basale Schreibfertigkeiten (1.–3. Klasse). Didaktischer Kommentar*. Brugg, Zürich: Bildungsdirektion Kanton Zürich & Zentrum Lesen der Pädagogischen Hochschule FHNW.

Sturm, A. & Weder, M. (2016). *Schreibkompetenz, Schreibmotivation, Schreibförderung. Grundlagen und Modelle zum Schreiben als soziale Praxis*. Seelze: Kallmeyer.

Topping, K. J. (1987). Peer tutored paired reading: Outcome data from ten projects. *Educational psychology*, 7(2), 133–145.

Trenk-Hinterberger, I., Nix, D., Rieckmann, C., Rosebrock, C. & Gold, A. (2008). Förderung der Leseflüssigkeit bei schwachen Leser(inne)n in der sechsten Jahrgangsstufe: Erste Ergebnisse einer Interventionsstudie. In: B. Hofmann & R. Valtin (Hrsg.), *Checkpoint Literacy. Tagungsband zum 15. Europäischen Lesekongress* (S. 183–194). Berlin: Deutsche Gesellschaft für Lesen und Schreiben.

Die Autorinnen und Autoren

Prof. Dr. Michael Becker-Mrotzek
Mercator-Institut für Sprachförderung und Deutsch als Zweitsprache
Universität zu Köln | Triforum
Albertus-Magnus-Platz, 50923 Köln
becker.mrotzek@mercator.uni-koeln.de

Hendrik Borgmeier
Landesamt für Schule und Bildung
Großenhainer Straße 92, 01127 Dresden
h.borgmeier@icloud.com

Dr. Janin Brandenburg
DIPF | Leibniz-Institut für Bildungsforschung und Bildungsinformation
Rostocker Straße 6, 60323 Frankfurt am Main
brandenburg@dipf.de

Tim Brosowski
Universität Bremen
Institut für Psychologie, Abteilung Glücksspielforschung
Grazer Straße 2, 28359 Bremen
timbro@uni-bremen.de

Dr. Necle Bulut
Mercator-Institut für Sprachförderung und Deutsch als Zweitsprache
Universität zu Köln | Triforum
Albertus-Magnus-Platz, 50923 Köln
necle.bulut@gmail.com

Pia Claes
Anwärterin im Vorbereitungsdienst
Seminar für das Lehramt sonderpädagogische Förderung Jülich
Bastionstr. 11–19, 52428 Jülich

Prof. Dr. Peter Cloos
Universität Hildesheim
Institut für Erziehungswissenschaft

Universitätsplatz 1, 31141 Hildesheim
cloosp@uni-hildesheim.de

Dr. Jan-Henning Ehm
DIPF | Leibniz-Institut für Bildungsforschung und Bildungsinformation
Rostocker Straße 6, 60323 Frankfurt am Main
ehm@dipf.de

Dr. Katrin Gabler
Freie Universität Berlin
Schwendenerstraße 33, 14195 Berlin
katrin.gabler@fu-berlin.de

Dr. Sabrina Geyer
Goethe-Universität Frankfurt
Norbert-Wollheim-Platz 1, 60323 Frankfurt am Main
geyer@em.uni-frankfurt.de

Anika Göbel
Paritätischer Wohlfahrtsverband LV Berlin e. V.
Kollwitzstraße 94-96, 10435 Berlin
goebel@paritaet-berlin.de

Dr. Evghenia Goltsev
Mercator-Institut für Sprachförderung und Deutsch als Zweitsprache
Universität zu Köln | Triforum
Albertus-Magnus-Platz, 50923 Köln
evghenia.goltsev@mercator.uni-koeln.de

Prof. Dr. Ilonca Hardy
Goethe-Universität Frankfurt am Main
Theodor-W.-Adorno-Platz 6, 60323 Frankfurt am Main
hardy@em.uni-frankfurt.de

Prof. Dr. Marcus Hasselhorn
DIPF | Leibniz-Institut für Bildungsforschung und Bildungsinformation
Rostocker Straße 6, 60323 Frankfurt am Main
hasselhorn@dipf.de

Dr. Sofie Henschel
Humboldt-Universität zu Berlin
Institut zur Qualitätsentwicklung im Bildungswesen (IQB)
Unter den Linden 6, 10099 Berlin
sofie.henschel@iqb.hu-berlin.de

Die Autorinnen und Autoren

Dr. Birgit Heppt
Humboldt-Universität zu Berlin
Unter den Linden 6, 10099 Berlin
birgit.heppt@hu-berlin.de

Dr. Rosa Hettmannsperger-Lippolt
Hessische Lehrkräfteakademie
Walter-Hallstein-Straße 3-7, 65197 Wiesbaden
Rosa.Hettmannsperger-Lippolt@kultus.hessen.de

Dr. Oliver Hormann
Technische Universität Braunschweig
Institut für Erziehungswissenschaft
Bienroder Weg 97, 38106 Braunschweig
o.hormann@tu-bs.de

Sina Simone Huschka
DIPF | Leibniz-Institut für Bildungsforschung und Bildungsinformation
Rostocker Straße 6, 60323 Frankfurt am Main
sina.huschka@dipf.de

Prof. Dr. Katja Koch
Universität Braunschweig
Institut für Erziehungswissenschaften
Bienroder Weg 97, 38106 Braunschweig
KatKoch@tu-bs.de

Prof. Dr. Diemut Kucharz
Goethe-Universität Frankfurt
Institut für Pädagogik der Elementar- und Primarstufe
Theodor-W.-Adorno-Platz 6, 60323 Frankfurt am Main
kucharz@em.uni-frankfurt.de

Alina Lausecker
Goethe-Universität Frankfurt
Norbert-Wollheim-Platz 1, 60323 Frankfurt am Main
lausecker@em.uni-frankfurt.de

Valerie Lemke
Mercator-Institut für Sprachförderung und Deutsch als Zweitsprache
Universität zu Köln | Triforum
Albertus-Magnus-Platz, 50923 Köln
valerie.lemke@uni-koeln.de

Dr. Rabea Lemmer
Goethe-Universität Frankfurt
Norbert-Wollheim-Platz 1, 60323 Frankfurt am Main
lemmer@em.uni-frankfurt.de

Jun.-Prof. Dr. Markus Linnemann
Universität Koblenz-Landau
Institut für Grundschulpädagogik
Universitätsstraße 1, 56070 Koblenz
mlinnemann@uni-koblenz.de

Prof. Dr. Claudia Mähler
Universität Hildesheim
Institut für Psychologie
Universitätsplatz 1, 31141 Hildesheim
maehler@uni-hildesheim.de

Dr. Susanne Mannel
Goethe-Universität Frankfurt am Main
Theodor-W.-Adorno-Platz 6, 60323 Frankfurt am Main
mannel@em.uni-frankfurt.de

Prof. Dr. Nicole Marx
Universität zu Köln
Institut für Deutsche Sprache und Literatur II
Albertus-Magnus-Platz, 50923 Köln
n.marx@uni-koeln.de

Prof. Dr. Hans-Joachim Roth
Mercator-Institut für Sprachförderung und Deutsch als Zweitsprache
Universität zu Köln | Triforum
Albertus-Magnus-Platz, 50923 Köln
hans-joachim.roth@mercator.uni-koeln.de

Prof. Dr. Maria von Salisch
Universität Lüneburg
Institut für Psychologie
Universitätsallee 1, 21335 Lüneburg
salisch@leuphana.de

Dr. des. Kristina Schierbaum
Goethe-Universität Frankfurt
Institut für Pädagogik der Elementar- und Primarstufe
Theodor-W.-Adorno-Platz 6, 60323 Frankfurt am Main
schierbaum@em.uni-frankfurt.de

Prof. Dr. Petra Schulz
Goethe-Universität Frankfurt am Main
Norbert-Wollheim-Platz 1, 60323 Frankfurt am Main
p.schulz@em.uni-frankfurt.de

Merle Skowronek
Universität Hildesheim
Institut für Psychologie
Universitätsplatz 1, 31141 Hildesheim
skowrone@uni-hildesheim.de

Dr. Christine Sontag
Freie Universität Berlin
Habelschwerdter Allee 45, 14195 Berlin
christine.sontag@fu-berlin.de

Prof. Dr. Petra Stanat
Humboldt-Universität zu Berlin
Institut zur Qualitätsentwicklung im Bildungswesen (IQB)
Unter den Linden 6, 10099 Berlin
petra.stanat@iqb.hu-berlin.de

Prof. Dr. Torsten Steinhoff
Universität Siegen
Hölderlinstr. 3, 57076 Siegen
steinhoff@germanistik.uni-siegen.de

Dr. Sabine Stephany
Mercator-Institut für Sprachförderung und Deutsch als Zweitsprache
Universität zu Köln | Triforum
Albertus-Magnus-Platz, 50923 Köln
sabine.stephany@uni-koeln.de

Katharina Voltmer
Universität Lüneburg
Institut für Psychologie
Universitätsallee 1, 21335 Lüneburg
kvoltmer@leuphana.de